Die Bibel erklärt

—

Psalmen – Kommentar

Christopher Ash

INHALT

VORWORT ZUR REIHE

Jeder Band dieser Reihe bietet dir einen Zugang zu einem Buch der Bibel. Jeder Band verfolgt dabei vier Ziele:

- Die Bibel ins Zentrum stellen
- Christus verherrlichen
- Relevante Anwendungen auf das Leben bieten
- Leicht lesbar sein

Wie kannst du dieses Buch verwenden?

Für deine Lektüre. Du kannst das Buch einfach von vorne bis hinten lesen. Dieser Band beschäftigt sich mit den Aussagen eines bestimmten biblischen Buches und will dich dadurch ermutigen und herausfordern.

Für deine Stille Zeit. Du kannst dieses Buch in deiner persönlichen Stillen Zeit durcharbeiten oder zur Vorbereitung auf eine Predigt oder Predigtserie in deiner Gemeinde verwenden. Jedes Kapitel ist in zwei Abschnitte unterteilt und enthält am Ende Fragen zum Nachdenken.

Für deinen Hauskreis. Du kannst dieses Buch als Hilfsmittel verwenden, um Gottes Wort in einer Kleingruppe oder in der Gemeinde zu lehren. Schwierige Verse oder theologische Konzepte werden hier einfach erklärt. Du findest in dem Buch außerdem hilfreiche Illustrationen und Vorschläge für die Anwendung auf unser Leben.

Die Bücher dieser Reihe sind keine wissenschaftlichen Kommentare. Sie setzen weder ein Verständnis der Originalsprachen der Bibel oder ein hohes Maß an biblischem Wissen voraus.

Neben dem Kommentar liegt ein Arbeitsheft vor, das von Kleingruppen oder zum Selbststudium genutzt werden kann. Gruppenleiter können kostenlos eine passende Arbeitshilfe auf unserer

Webseite herunterladen. Die Arbeitshilfe für Gruppenleiter bietet historische Hintergrundinformationen, Erläuterungen der zu behandelnden Bibeltexte, Ideen für Extra-Aktivitäten und Hilfen, wie man Menschen am besten dabei unterstützen kann, die Wahrheiten des Wortes Gottes zu entdecken.

Wir beten, dass du letztlich nicht vom Inhalt dieses Buches, sondern vom Inhalt der Bibel beeindruckt sein wirst. Unser Lob gebührt nicht dem Autor dieses Buches, sondern dem Autor der Bibel.

EINLEITUNG

LASST UNS BETEN LERNEN

In weiten Teilen der heutigen christlichen Kirche sind die Psalmen ein vergessener Schatz: Viele Gemeinden gleichen einem verarmten Haus, auf dessen Dachboden unermessliche Reichtümer liegen – aus den Augen verloren, unbeachtet, von den Motten zerfressen und verstaubt. Lasst uns die Psalmen wieder hervorholen und in dem Wunder schwelgen, das in ihnen steckt – in einer Fülle und einem Reichtum der Beziehung zu Gott, an die so viele von uns halb verhungerten Christen nicht einmal im Traum denken.

Ich möchte dich einladen, mit mir auf eine Reise zu gehen, um beten zu lernen. Genau dafür sind die Psalmen in der Bibel gedacht. Sie geben uns Einblick, wie Jesus in seinem Leben als Mensch beten lernte. Mit ihnen soll auch das Volk Jesu beten, denn durch die Psalmen leitet der Geist Jesu uns im Gebet und im Lobpreis an.

Die Psalmen stehen in der Bibel, damit das *ganze* Volk Jesu lernt, *alle* Psalmen zu *jeder* Zeit zu beten. Was meine ich damit? Betrachten wir das Gegenteil: Jemand erzählte mir begeistert von einem Pastor, der sagte, er lese gewöhnlich so lange durch die Psalmen, bis ihn ein Vers anspreche. Dort halte er so lange inne, bis dieses Angesprochensein verblasst. Dann lese er weiter. Das hörte sich wunderbar an – und trotzdem könnte man kaum einen verkehrteren Ansatz finden, um die Psalmen zu lesen! Wenn ich diesen Ansatz übernehme, setze ich mich ans Steuer. Ich entscheide, was mich anspricht und welche Verse ich behandle. Dabei besteht die Gefahr, dass in den Psalmen (oder Versen), die ich auswähle, nur meine eigenen Sehnsüchte und Gedanken widerhallen. Sie verstärken meine Empfindungen – welcher

Art auch immer – und hinterfragen niemals mein Denken oder meine Ansichten.

Die Absicht der Psalmen ist jedoch eine ganz andere. In den Psalmen lernen wir, gemeinschaftlich zu beten – zusammen mit Jesu Kirche aller Zeitalter. Wir lernen, christozentrisch zu beten: Wir lassen uns in unseren Gebeten von Jesus Christus leiten, durch dessen Geist wir die Psalmen beten. Wir lernen, einfühlsam zu beten, indem wir uns mit der größeren Gemeinde identifizieren und uns weniger auf unsere individualistischen (und oft um uns selbst kreisenden) Anliegen konzentrieren. Das ist für viele von uns ein Paradigmenwechsel – besonders für jene, die in individualistischen westlichen Kulturen aufgewachsen sind, in denen das christliche Leben als eine Angelegenheit zwischen Gott und mir verstanden wird, wobei die Betonung auf »mir« liegt. Die Psalmen singen und beten zu lernen, ist eine herausfordernde Angelegenheit und eine aufrüttelnde Erfahrung. Dennoch ist es eine Übung, die uns in das Bild des Gottessohnes, des Herrn Jesus, verwandelt, dessen Gebetsleben von diesen herrlichen Dichtungen geprägt war.

LASST UNS FÜHLEN LERNEN

Ich möchte dich auch einladen, mit mir auf eine Reise zu gehen, um fühlen zu lernen. Hast du dich jemals gefragt, was wir im Christenleben mit unseren Gefühlen anstellen sollen? Ungefähr seit den 1960er-Jahren, als die charismatische Bewegung einen großen Teil der evangelikalen Welt erfasste, gibt es eine traurige Trennung zwischen dem, was wir »Kopf« (Denken) und dem, was wir »Herz« (Fühlen) nennen. Die einen widmen sich mit Energie und Enthusiasmus den Emotionen. Im Gegenzug halten andere den Verstand hoch. »Du denkst doch nur, aber empfindest nichts!«, sagt ein Christ zum anderen. »Na gut, aber du fühlst nur und denkst nicht nach!«, erwidert der andere. Keines von beiden ist hilfreich.

Die Psalmen sind der von Gott gewählte Weg, unser Denken und unser Fühlen auf eine Weise anzuregen, die leidenschaftlich, wohlüberlegt, richtig und authentisch ist. Sie zeigen uns, wie wir unsere unterschiedlichsten Gefühle ausdrücken können. Mehr noch: Die Psalmen bringen unsere ungeordneten Empfindungen wieder in die rechte Ordnung. Wir entwickeln eine tiefere Sehnsucht nach dem, was wir ersehnen sollen, eine stärkere Abneigung gegen das, wovor wir fliehen müssen, und ein größeres Verlangen nach der Ehre Gottes im Wohlergehen der Gemeinde Christi. Die Psalmen erschaffen in uns eine reichhaltige Palette an korrekt ausgerichteten Emotionen. Es geht weniger darum, dass wir uns in den Psalmen wiederfinden, sondern vielmehr darum, dass sie uns prägen, damit jene gottgegebenen Sehnsüchte, die in ihnen so bewegend zum Ausdruck kommen, tief in uns widerhallen.

WER SCHRIEB DIE PSALMEN WANN UND WARUM?

Die Psalmen wurden über einen langen Zeitraum der alttestamentlichen Geschichte von sehr unterschiedlichen Menschen geschrieben. Der älteste Psalm, dessen Entstehungszeit wir kennen, stammt von Mose (Ps 90), etwa aus der Zeit des Auszugs aus Ägypten. König David, der Jahrhunderte nach Mose lebte, ist der bedeutendste Psalmist, nach dem der Psalter auch pauschal mit »die Psalmen Davids« überschrieben wird. Etwa die Hälfte der Psalmen nennt in der Überschrift seinen Namen. Seit der Salbung durch den Propheten Samuel (vgl. 1 Sam 16), als der Geist Gottes auf ihn kam, sang David Lieder, die vom Geist jenes gesalbten Königs inspiriert waren, der einst kommen sollte (siehe z. B. 2 Sam 22, woraus dann Ps 18 wurde).

König David organisierte Gruppen von Musikern, die Psalmen schrieben und Israel im Tempel beim Gesang anleiteten (siehe z. B. 1 Chr 16 und 25). Seit dieser Zeit schrieben vom Geist inspirierte Dichter während der gesamten Königszeit, im babylonischen Exil und danach Psalmen. Viele stammen von den nachfolgenden Generationen jener Musikgruppen, die David ins Leben rief (z. B. die Psalmen, die mit *»Von Asaf«* überschrieben sind). Viele andere sind anonym. Ob wir nun den Autor kennen oder nicht, diese Psalmisten *»weissagten«* (vgl. 1 Chr 25,1–3). Das bedeutet, dass ihr Schreiben und Singen durch den Geist Gottes geschah, welcher der Geist des kommenden Christus ist (vgl. 1 Petr 1,10–12). Wir wissen nicht genau, wie und wann die Psalmen durch Gottes Geist inspiriert in ihrer jetzigen Reihenfolge zusammengestellt wurden. Die Anordnung der Psalmen wird unter Theologen heiß diskutiert. Wir wissen jedoch, dass die letzten Psalmen frühestens im babylonischen Exil geschrieben wurden (siehe z. B. Ps 74 und 137). Wahrscheinlich bestand die erste Sammlung aus den Büchern I und II. Das Buch III wurde dann im oder nach dem Exil zusammengestellt. Als Letztes entstanden auch noch die Bücher IV und V.

Gottes Volk sang diese Lieder im Land Israel, im Exil und als es wieder ins Land zurückkehrte. Es sang sie immer noch, als Jesus durch Judäa wanderte. Er und die Autoren des Neuen Testaments machten reichlich Gebrauch von den Psalmen, wie die Liste der wichtigsten neutestamentlichen Psalmzitate im Anhang dieses Buches zeigt. Die Art und Weise, wie sie zitiert werden, bestätigt, dass diese Psalmen ihre Erfüllung in den Worten, dem Leben, dem Tod, der Auferstehung und der Himmelfahrt des Herrn Jesus Christus finden. Die Psalmen sind die von Gott geschenkten Worte, durch die Jesus seine Gemeinde anleitet, zum Vater zu beten und diesen zu loben.

EIN GEFÜHRTER RUNDGANG

Manche Museen bieten einen Audioführer an. Dieser hebt Exponate hervor und kommentiert sie. Man bleibt vor jedem Objekt stehen, zu denen Informationen verfügbar sind, betrachtet es genau, hört aufmerksam zu und geht dann weiter zum nächsten. In gleicher Weise werden wir uns nicht jeden Psalm ansehen, sondern

32 Psalmen betrachten, und zwar als 16 zusammenhängende Paare. Ich habe einige sehr bekannte Psalmen ausgewählt, aber auch manch andere, die für die große Zahl der weniger bekannten Psalmen stehen. Es ist unsere Aufgabe, auch diese beten zu lernen. Teils ist meine Auswahl willkürlich (sogar persönlich). Ich habe mich aber bemüht, eine repräsentative Mischung verschiedener Arten von Psalmen aus allen fünf Büchern zusammenzustellen.

Es mag frustrierend sein, an so vielen Psalmen nur eilig vorüberzugehen. Ich bete jedoch, dass du dich am Ende unseres Rundgangs besser gerüstet fühlen wirst, um auch jene Psalmen zu untersuchen, die wir außen vor gelassen haben. Auch bete ich, dass du den tiefen Wunsch haben wirst, sämtliche Psalmen für den Rest deines Lebens immer und immer wieder zu deinen Gebeten zu machen – und dass du anderen hilfst, dasselbe zu tun.

Folgende drei Dinge werden wir berücksichtigen, wenn wir bei den einzelnen Psalmen innehalten:

1. *Wir werden überlegen, wer da spricht.*
   In den Psalmen gibt es verschiedene Stimmen. Manchmal hören wir eine autoritäre Stimme, die aus Gottes Höhe zu uns »herab« spricht. An anderen Stellen hören wir einen Menschen, der »nach oben« zu Gott in der Höhe spricht – durch den Geist Gottes, den Geist Christi. Auch hören wir manchmal, wie das Volk Gottes im Gebet oder im Lobpreis gemeinsam oder miteinander spricht. Wir werden stets fragen, was es wohl für den damaligen Psalmisten bedeutet hat, diesen Psalm zu sprechen. Ob es nun König David, ob es ein anderer, namentlich genannter Psalmist oder ob es ein anonymer Gläubiger war – wir müssen überlegen, welche Bedeutung der Psalm damals für den Autor hatte.

2. *Wir werden überlegen, was der Psalm zur Zeit des Alten Bundes bedeutete.*

Die Psalmen wurden sorgfältig in fünf Büchern angeordnet. Wir können nicht immer genau sagen, weshalb sie exakt die Reihenfolge haben, in der wir sie vorfinden. Es ist aber oft bedeutsam, in welchem Buch ein Psalm platziert wurde. Ich werde jeweils kurz darauf eingehen, wenn wir bei unserem Rundgang zu den einzelnen Büchern kommen. Das ist eine Hilfe für die Überlegung, was es wohl für einen Gläubigen des Alten Bundes (wie Simeon oder Hanna in Lk 2,25–38) bedeutet hat, diesen Psalm vor Christi Kommen zu sprechen oder zu singen.

3. *Wir werden überlegen, was der Psalm für Jesus bedeutet hat und was er nun für uns in Christus bedeutet.* Welche Bedeutung hatte es für Jesus von Nazareth, während seines Erdenlebens diesen Psalm zu singen? Das ist vermutlich die wichtigste Frage überhaupt. Wieder und wieder erschließt sie uns die Bedeutung und die Kraft eines Psalms. Was bedeutete es für Jesus als wahren Menschen, als Vorläufer unseres Glaubens und als vollkommenen Gläubigen, diesen Psalm zu beten?
   Das wird uns beim Nachdenken darüber helfen, welchen Unterschied es macht, diesen Psalm jetzt nach Leben, Tod und Auferstehung Christi zu singen. Wie lässt sich die Sprache des Alten Bundes, die der Psalm spricht, in die Erfüllung des Neuen Bundes übertragen? Wie hilft uns die gesamte Bibel, zu erkennen, was die Muster und Vorschattungen des Alten Bundes bedeuten? Ich werde versuchen, uns ein Gefühl dafür zu vermitteln, denn all das wird uns helfen, zu erfassen, was es heute für uns bedeutet, einen Psalm als Gläubige in Christus zu singen – sei es nun allein oder gemeinsam.

IN CHRISTI CHOR EINSTIMMEN

—

Stell dir vor, du sitzt in einem großen Konzertsaal. Mitten auf der Bühne siehst du Jesus Christus, den Dirigenten und Chorleiter des Volkes Gottes. Hinter ihm steht ein riesiger Chor: seine Gemeinde aller Zeitalter. Dieser Chor singt die Psalmen als die Lieder Jesu, von Jesus geleitet, von Jesus gestaltet, von Jesus geführt und gelehrt.

Was benötigst du, um dort einzustimmen? Du musst die Worte der Psalmen verstehen. Du musst die »Melodie« der Psalmen erfassen. (Damit meine ich die Gefühle und Empfindungen, die sie vermitteln.) Du musst erkennen, welcher Einsatz von dir verlangt wird, um dich dem Chor Jesu anzuschließen und in ihn einzustimmen, denn jeder Psalm verlangt von uns einen gewissen Einsatz. Zuletzt musst du dich von deinem Platz im Publikum erheben und dem Chor beitreten! Das ist das Ziel dieses Buches: uns zu helfen, dies zu tun.

Anmerkung:

In meinem zweibändigen Werk *Teaching Psalms* (erschienen bei Christian Focus: Bd. 1, 2017; Bd. 2, 2018) habe ich mich ausführlicher mit den Psalmen befasst. Band 1 ist ein Handbuch dafür, wie man die Psalmen in Christus singt, wobei die größten Schwierigkeiten dabei angesprochen werden. Es enthält mehrere Kapitel zu den großen Themen der Biblischen Theologie. Band 2 beinhaltet eine kurze christuszentrierte Einführung in jeden Psalm und ein Kapitel über die generelle Struktur der fünf Bücher des Psalters. Die beiden Bände sind eine nützliche Ergänzung zu diesem Buch. Die Verwendung von Material aus diesen Bänden erfolgt mit Genehmigung. Weitere Quellen sind im Literaturverzeichnis aufgeführt.

PSALM 1 UND 2

—

1. AM EINGANGSTOR

In den Kapiteln 1 bis 4 dieses Buches werden acht Beispiele aus Buch I des Psalters, das die Psalmen 1 bis 41 umfasst, vorgestellt. Abgesehen von Psalm 1 und 2 sind fast alle diese Psalmen mit *»Von David«* überschrieben. Gemeinsam mit Buch II (Ps 42 bis 72) bildet dies die größte Sammlung jener *»Von David«*-Psalmen. Ein Schwerpunkt dieser Psalmen liegt auf Gottes gesalbtem König – das ist zunächst David, dann die Nachfolger Davids und schließlich »des großen Davids größerer Sohn«, der Herr Jesus Christus. Das Wort *»Gesalbter«* lautet auf Hebräisch *Messias* und auf Griechisch *Christus*. David und seine Nachfolger waren gewissermaßen kleine »Messiasse«. Sie zeigen uns etwas von dem Charakter und der Bestimmung des schlussendlichen Messias, des Herrn Jesus Christus.

Psalm 1 und 2 sind wie zwei große Säulen zu beiden Seiten des Eingangstors, das in die fünf Bücher der Psalmen hineinführt. Sie leiten Buch I ein und sind dem gesamten Psalter vorangestellt. Der Kirchenvater Hieronymus (342–420 n. Chr.) beschrieb Psalm 1 als »die Einleitung zu den Psalmen, wie sie der Heilige Geist inspirierte«, und verglich diesen Psalm mit der Haupttür in das Gebäude des Psalters (vgl. Waltke und Houston, *The Psalms as Christian Worship*, S. 118). Tatsächlich erfüllen Psalm 1 und 2 diese einleitende Funktion jedoch gemeinsam. Im Gegensatz zu fast jedem anderen Psalm in Buch I haben sie keine Überschrift. Nahezu alle anderen sind mit *»Von David«* überschrieben. Außerdem sind diese beiden Psalmen von Seligpreisungen eingeklammert und schließen jeweils mit Warnungen. Psalm 1 beginnt mit einer Seligpreisung (1,1: *»Wohl dem …«*) und Psalm 2 endet mit einer Seligpreisung (2,12: *»Wohl allen …«*). Beide warnen gegen Ende vor einem *»Weg«*, der *»vergeht«* bzw. auf dem man *»umkommt«* (1,6; 2,12). Gemeinsam stecken sie den Rahmen ab und geben entscheidende Hinweise für unseren gesamten Rundgang.

PSALM 1

Psalm 1 ist simpel, problematisch und auf den ersten Blick schlichtweg falsch. Er verkündet eine Seligpreisung (1,1–3), warnt vor dem Verderben (V. 4–5) und schließt damit, beides nochmals mit anderen Worten auszusagen: die Seligpreisung in V. 6a und das Verderben in V. 6b. Die zweifache Stoßrichtung des Psalms ist nicht zu übersehen.

DER GLÜCKLICHE

Mit den Worten *»Wohl dem, der …«* (V. 1) wird die Zuversicht ausgedrückt, dass derjenige, der hier beschrieben wird, unter Gottes Gunst steht. Er ist rundum zufrieden und mit Leben, Freude, Frieden und Wohlergehen beschenkt. Es wird festgestellt, dass man diesen Menschen glücklich schätzen wird und dass dieses Glück nirgends sonst gesucht und gefunden werden kann. Das ist eine außerordentlich tiefgründige Feststellung. Sie verlangt eine Entscheidung des Willens und des Herzens: »Jawohl, ich glaube wirklich, dass dieser Mensch – und zwar einzig ein solcher Mensch, wie er hier beschrieben wird – von Gott gesegnet werden wird.« Es ist also eine beachtliche Herausforderung, überhaupt nur in die ersten Worte dieses ersten Psalms einzustimmen!

Der Glückliche wird zunächst durch das beschrieben, was er *nicht* tut. Das geschieht in drei Stufen, die sich wie ein Crescendo steigern: Erstens ist er derjenige, *»der nicht wandelt im Rat der Gottlosen«*. Die *»Gottlosen«* begegnen uns häufig in den Psalmen und in anderen Büchern der Weisheitsliteratur, besonders in den Sprüchen. Es sind Menschen, die sich in den Dienst des Bösen gestellt haben. Die gesamte Ausrichtung ihres Lebens wendet sich gegen Gott. Sie sind mit rebellischem Schritt unterwegs. Von Natur aus möchten wir mit ihnen im Gleichschritt gehen, denn wir mögen es nicht, wenn es so aussieht, als wären wir anders. Vom Schulhof bis zum Seniorenheim wollen wir instinktiv die gleichen Dinge sagen wie die Gottlosen. Wir möchten über die gleichen Witze lachen, die gleichen Werte vertreten und die gleichen Lebensentscheidungen treffen wie die Gottlosen. Egal, wie alt du bist, in welcher Lebensphase du dich befindest, aus welchem Volk oder welcher Kultur du stammst – das ist eine heimtückische Versuchung für dich. Es wird nie leicht sein, in einer unnachgiebigen Welt aus der Reihe zu tanzen. Dennoch wird derjenige gesegnet, der sich entschieden weigert, nach dem Takt dieser Welt zu marschieren.

Zweitens ist der Glückliche jemand, *»der nicht ... tritt auf den Weg der Sünder«*. Das Wort, das hier mit *»tritt«* übersetzt wird (wörtl. *»steht«*), deutet auf etwas Beständigeres hin als »gehen«. Jedes Leben ist ein *»Weg«*, den man »geht«: ein Weg, der durch Entscheidungen geformt wird – große Entscheidungen (wen man heiratet, wo man lebt, welchen Beruf man wählt) wie auch kleinere Entscheidungen. Sünder – Menschen, deren Herz vor Gott nicht recht ist – gehen einen bestimmten *»Weg«*. Sie sind auf diesem Weg vielleicht gar nicht eilig unterwegs. Möglicherweise *»stehen«* sie dort bloß als Zeichen der Loyalität – in dem Sinn, wie wir uns bei jemandem erkundigen: »Wo stehst du in dieser Frage?« Diese Leute haben einen »Standpunkt«, eine Einstellung, eine feste Überzeugung. Viele von uns sind von Natur aus schwach. Wir spiegeln das wider, was angeblich einmal ein Medienmogul gesagt hat: »Das sind meine Prinzipien. Aber wenn du diese nicht magst, habe ich auch noch andere.« Wir haben flexible

»Prinzipien«, die an den Standpunkt der Menschen um uns herum angepasst werden können. Dennoch wird derjenige gesegnet, der bewusst und absichtlich nicht bei ihnen *»steht«*.

Drittens wird er beschrieben als jener, *»der nicht ... sitzt, wo die Spötter sitzen«*. Das ist noch gefestigter und noch konfrontativer. Es ist gefestigter, weil sie nicht nur gegangen sind und dann standen, sondern mittlerweile sitzen. Das Sitzen war in der Antike die Körperhaltung, in der man juristische Beratungen vornahm: Ein Richter *saß* zu Gericht, wie man es auch heute noch kennt. Es war außerdem die Haltung für autoritatives Lehren. Man setzte sich, um zu lehren, wie Jesus es bei der Bergpredigt (vgl. Mt 5,1) und in der Synagoge (vgl. Lk 4,20) tat. Es geht also um eine gefestigte Position, in der diese Leute nicht nur ihre eigenen Entscheidungen treffen, sondern auch Autorität beanspruchen. Diese Position ist ausdrücklich konfrontativ. Sie entscheiden sich nicht nur selbst gegen Gottes Weg, sondern sie sind *»Spötter«*, die für den, der Gottes Weg geht, nur Hohn und Spott übrighaben. Das erleben wir ständig von der moralisch liberalen und theologisch pluralistischen Elite unserer Gesellschaft. Sie verspotten uns – und wie schon der Christ William Paley im 18. Jh. klagte: »Wer kann schon einem Spott widerstehen?«

Es ist sehr schwer, derjenige zu sein, *»der nicht«* im Gleichschritt geht und sich nicht zu diesen Leuten stellt. Immerhin folgt daraus, dass man den Spott dieser Menschen auf sich zieht. Man mag gesegnet sein, aber der Segen hat seinen Preis.

Damit ist nun gesagt, was der Glückliche *nicht* tut. Wie kann man diesen Menschen aber positiv beschreiben? Das steht in Psalm 1,2. Er *»hat Lust am Gesetz des HERRN«*. Von tiefstem Herzen liebt er den HERRN (den Gott des Bundes), und deshalb liebt er dessen *»Gesetz«*. Der Begriff *»Gesetz«* (hebräisch *Torah*) bedeutet »Unterweisung« oder »Lehre«. Wahrscheinlich bezieht sich das hier vor allem auf die ersten fünf Bücher der Bibel (den Pentateuch) und auf die Botschaften der Propheten, die diese Bundes-Unterweisung verkündigten. Jener Mensch freut sich an der von Gott gegebenen biblischen Unterweisung. Daher *»sinnt [er] über seinem Gesetz Tag* *und Nacht«*. Der hebräische Begriff, der hier mit *»sinnt«* übersetzt ist, bedeutet mehr als nur stilles Nachdenken. Er hat den Unterton, Gottes Lehre und Wahrheit hörbar auszusprechen. Damit geht die Überzeugung einher, dass das, was ausgesprochen wird, die tiefste Herzenshaltung ausdrückt. Dieser Mensch macht nicht nur schöne Worte und sagt das, was man von einem frommen Menschen eben erwartet. Seine Worte entspringen vielmehr der tiefsten Sehnsucht und Freude seines Herzens. Das heißt, dieser Mensch glaubt wirklich, dass derjenige glücklich zu preisen ist, der Gott liebt und auf Gottes Weg geht. Er bekennt und glaubt: *»Wohl dem, der …«*

In Vers 3 finden wir ein schönes Bild für dieses Glücklichsein. In einem heißen Klima ist die einzige Pflanze, die zuverlässig Frucht bringt, ein Baum, dessen Wurzeln tief hinunter bis zum lebensspendenden Wasser reichen. Damit wird jemand beschrieben, der tief in Gott, der Quelle des Lebens, verwurzelt ist. Deshalb bleibt seine *»Frucht«* nicht aus. In seinem Leben sieht man Frucht. Was auch immer er tut, *»gerät wohl«*. (Wenn wir die gesamte Bibel lesen, stellen wir fest, dass »Erfolg« tiefgründiger definiert wird, als wir vielleicht meinen. Entgegen unserer Erwartung beinhaltet er auch Leid, mündet aber schließlich in Herrlichkeit, weil der Mensch dadurch nach Gottes Wohlgefallen geformt wird.) Ein solcher Mensch zeigt Liebe, Freude, Geduld, Freundlichkeit, unerschütterliche Treue, Frieden usw. – und zwar beständig.

In den Versen 1–3 wird ein schönes Bild dieses glücklichen Menschen gezeichnet. Sein Wohlergehen ist jedoch hart erkämpft. Schließlich wird er zwangsläufig zur Zielscheibe für den grausamen Spott jener, die ihm seine Weigerung übel nehmen, bei ihrer Gottlosigkeit mitzumachen.

SELIGPREISUNG UND WARNUNG GEHEN HAND IN HAND

—

Die Verse 4–5 warnen, dass es keinen anderen Weg des Segens gibt. Das Gericht wird kommen. Es gibt eine *»Gemeinde«*, zu der die *»Gerechten«* (diejenigen, auf welche die Beschreibung aus V. 1–3 zutrifft) gehören. Wer heute auf dem Weg der Sünder steht, wird im Gericht nicht bestehen. Er mag solide erscheinen, sogar gewichtig und bedeutsam. An jenem Tag wird er sich aber als zu leicht erweisen. Er wird zur Zeit der Ernte wie Spreu davongeblasen. Das ist angesichts der selbstbewussten Zuversicht jener, die sich nicht um Gottes Gesetz scheren, schwer zu glauben, aber es ist wahr. Der Reformator Johannes Calvin schrieb im 16. Jh.:

> *»[D]en gemeinen Verächtern Gottes aber droht zuletzt ein schreckliches Ende, mögen sie sich eine Zeitlang auch glücklich schätzen.«*
>
> *(Der Psalmenkommentar, S. 43)*

In Vers 6 finden wir den eigentlichen Grund, weshalb sowohl die Seligpreisung als auch die Warnung zutrifft. Der »HERR«, der Bundesgott, ist der Grund. Er »kennt« (in liebevoller, vorsehender Weisheit und Fürsorge) »den Weg der Gerechten«. Dieser Weg verläuft in die entgegengesetzte Richtung wie der »Weg der Sünder« (V. 1). Es ist ein schmaler Weg, der zum Leben führt (vgl. Jesu Worte in Mt 7,14), und Gott kennt jene, die diesen Weg gehen. Es gibt aber auch noch einen anderen Weg: »der Gottlosen Weg vergeht« im kommenden Gericht.

WIE KÖNNEN WIR DIESEN PSALM HEUTE LESEN?

—

Der Psalm stellt uns also einen einfachen Gegensatz vor Augen und beschreibt in anschaulicher Sprache zwei Herzensmotive, zwei Auswirkungen im Leben und zwei Schicksale. Der Psalm ist aber auch zutiefst problematisch, denn wir – du und ich – wollen zwar zu den Glücklichen gehören, aber wir wissen, dass wir von Natur aus durch und durch gottlos sind. Wir gehen im Gleichschritt mit den Gottlosen und übernehmen die Gepflogenheiten dieser Welt. Wir stellen uns auf den Weg der Sünder. Tatsächlich sind wir so sehr darauf aus, Bestätigung für den von uns gewählten Weg zu bekommen, dass wir jeden verspotten, der einen anderen Weg geht. Schließlich fühlen sich unsere eigenen Lebensentscheidungen durch diesen Spott besser an. Wir glauben nicht wirklich, dass wir auf keinem anderen, als dem hier beschriebenen Weg das Glück finden. Deshalb ist das Verderben unser Schicksal. Das ist kein angenehmer Psalm.

Hinzu kommt, wie wir bereits festgestellt haben, dass dieser Psalm auf den ersten Blick offenkundig inkorrekt ist. Wie andere Psalmen einräumen, geht es den Gottlosen oft prächtig (vgl. Ps 73 oder Hiob 21). Eine der großen Spannungen, die sich durch den Psalter ziehen, ist die zwischen der Bejahung von Psalm 1 und den geschichtlichen Tatsachen, die ihm rundheraus zu widersprechen scheinen. Wie können wir mit dieser Spannung umgehen?

Die Bibel lehrt, dass es einen – und nur einen – Menschen gibt, auf den die Beschreibung aus Psalm 1 wirklich zutrifft und der es verdient, dieses Glück zu erben. Wenn Jesus von Nazareth sang: *»Wohl dem, der …«*, glaubte er es mit jeder Faser seines Seins. Er glaubte es, er lebte es, und er suchte das Glück an keinem anderen Ort. Er erfuhr von allen Seiten Druck, mit den Gottlosen im Gleichschritt zu gehen, sich auf den Weg der Sünder zu stellen und bei den Spöttern zu sitzen. Doch er stellte sich entschieden gegen ihre Werte, ihren Hohn und ihr Handeln. Er wurde aufs Schärfste verspottet und empfand den Schmerz über diesen Spott mit einer Intensität, die wir kaum nachvollziehen können. Dennoch freute er sich an der Unterweisung seines Vaters und verkündete sie Tag und Nacht mit Herzenslust und unerschütterlicher Entschlossenheit. Er ist es, der Frucht bringt. Der Bundesgott, sein Vater, kannte seinen Weg. Deshalb ist Jesus der Mensch, auf dem der Segen Gottes, des Vaters, ruht, und der Eine, an dem Gott, der Vater, Wohlgefallen hatte und hat (vgl. Mt 3,17; 17,5). Bruce Waltke und James Houston haben recht, wenn sie sagen: »Jesus Christus entspricht als Einziger dem Bild des Gerechten« (*The Psalms as Christian Worship*, S. 143).

Die Erkenntnis, dass Jesus die Erfüllung von Psalm 1 ist, bewahrt uns vor der Tyrannei des Moralismus. Wo der Moralismus herrscht, macht er uns entweder selbstgefällig und selbstgerecht (wenn wir meinen, es geschafft zu haben) und irgendwann heuchlerisch sowie auf äußere Konformität fixiert (denn äußere Konformität ist alles, was wir imstande sind zu erreichen). Oder er bewirkt in uns verzweifelte Hoffnungslosigkeit (wenn wir erkennen, dass wir ständig versagen). Ohne Jesus spornt uns Psalm 1 nur an, uns noch mehr Mühe zu geben, gut zu sein. Erst wenn wir Jesus als den Gesegneten aus Psalm 1 erkennen, besteht Hoffnung. Denn in ihm – und nur in ihm – ist jegliches Glück zu finden.

Wenn wir Psalm 1 in Christus singen, wird unsere Reaktion deshalb ein Wohlgeruch des Evangeliums und eine Mischung aus mindestens zwei Melodien sein. Zuerst freuen wir uns daran, dass Jesus Christus der Glückliche aus Psalm 1 ist und dass der ganze Segen Gottes auf ihm ruht – und auf uns, wenn wir in ihm sind. Manchmal haben wir das Gefühl, einen Bibeltext erst dann angemessen angewendet zu haben, wenn wir eine messbare Veränderung in unserem äußeren Verhalten feststellen. Es ist jedoch keine Zeitverschwendung, innezuhalten und über das Wunder nachzusinnen, dass Jesus von Nazareth völlig davon überzeugt war, dass Glück tatsächlich allein im freudigen Gehorsam gegenüber dem Gesetz seines Vaters zu finden ist. Seine Gerechtigkeit wird uns aus Gnade durch den Glauben angerechnet. Durch seine Gerechtigkeit sind wir von der Verdammnis errettet.

Außerdem bewegt uns sein Geist, der in uns wohnt: Als solche, die unter der Gnade stehen, beschließen wir mit freudigem Herzen, dass wir ebenfalls mehr und mehr die Eigenschaften dieses Glücklichen aufweisen wollen. Unsere Entschlossenheit, uns vom Druck einer sündigen Welt abzugrenzen, wird gestärkt. Unsere Freude an Gottes Gesetz wird umfassender und tiefer. Unser Vertrauen, dass es schließlich Glück und Frucht geben wird, wird gefestigt. Vielleicht quält uns der Druck einer Welt, die von uns Konformität fordert. Dann wird der in uns wohnende Geist Jesu das Beten dieses Psalms gebrauchen, um unsere Entscheidung zu festigen, anders zu sein. Vielleicht kämpfen wir mit kalter Gesetzlichkeit. Dann wird der Geist Jesu diesen Psalm gebrauchen, um die freudige Liebe zu Gottes Gesetz neu in unseren Herzen zu entzünden. Vielleicht haben wir Angst und sind versucht, Gott zu betrügen, indem wir uns als Christen bezeichnen, dabei aber auf Nummer sicher gehen und weiterhin die Götter der Welt anbeten. Dann wird dieser Psalm unsere Zuversicht darin stärken, dass der Weg Jesu – der Weg von Psalm 1 – wirklich der einzig gute und glückliche Weg für unser Leben ist.

ZUM NACHDENKEN

1. In welcher Hinsicht gehst, stehst oder sitzt du auf dem Weg der Sünder?
2. Wie kannst du Gottes Wort so anwenden, dass es dir hilft, dich von diesen Wegen abzuwenden?
3. Wie würdest du anhand dieses Psalms zusammenfassen, was es bedeutet, glücklich zu sein?

PSALM 2

Es wird angenommen, dass die Absicht von Psalm 2 darin besteht, die Krönung (oder Salbung) eines Königs aus dem Geschlecht Davids zu feiern. Wie wir sehen werden, ist diese Krönung von massiven Konflikten überschattet. Während Psalm 1 von einer gelassenen und reflektierten Klarheit geprägt ist, konfrontiert uns Psalm 2 in eindringlicher Intensität mit gegensätzlichen Wahrheiten.

Der Psalm beginnt mit einem gemeinsamen Wunsch (2,1–3). Dieser Wunsch wird mit einer zweifachen Deklaration beantwortet (V. 4–9), die in eine folgenschwere Entscheidung mündet (V. 10–12).

DAS MURREN NACH »FREIHEIT«

Das Verlangen der ersten Verse betrifft das, was die Welt »Freiheit« nennt. Wir erfahren, wer dieses Verlangen hat (V. 1–2a), gegen wen es sich richtet (V. 2b) und was es erreichen möchte (V. 3).

»Warum toben die Völker und murren die Nationen so vergeblich?« (V. 1). *»Völker«* und *»Nationen«* sind gängige Bezeichnungen für den Rest der Welt, der nicht zum Volk Gottes gehört. Diese Menschen – von Natur aus wir alle – *»toben«*: Wir sind uns nicht über vieles einig, aber in diesem Punkt stimmen wir überein! Sie (wir) *»murren«*. Das Wort, welches hier mit *»murren«* übersetzt wird, ist das gleiche, das in Psalm 1,2 mit *»sinnen«* wiedergegeben wird. Es beschreibt ein hörbares Flüstern oder Murmeln. Der Gerechte aus Psalm 1 richtet sein Nachsinnen hörbar murmelnd auf die Freuden, die er im Gesetz Gottes findet. Diese Menschen hingegen zischeln hörbar rebellierend gegen dieses Gesetz. Das ist *»vergeblich«*, und wir werden später in diesem Psalm sehen, warum es so ist. Der Begriff *»vergeblich«* macht deutlich, dass die Frage *»Warum?«* nicht Ausdruck der Angst,

sondern des Erstaunens ist – des Erstaunens über die Torheit dessen, was gleich beschrieben wird: Wie dumm kann man sein?!

Psalm 2, 2a spitzt die Beschreibung der *»Völker«* und *»Nationen«* zu und richtet den Blick auf jene, die die größte Macht haben: *»Die Könige der Erde lehnen sich auf, und die Herren halten Rat miteinander«*. Mit den Begriffen *»Könige«* und *»Herren«* ist mehr gemeint als nur Regierungschefs. Sie schließen alle Menschen ein, soweit sie Macht besitzen oder Einfluss nehmen können. Darunter fallen Medienmogule, Filmregisseure und -produzenten, Nachrichtensprecher und -redakteure, Blogger, Stars und alle, die man »Influencer« nennt. Jeder, der in dieser Welt etwas bewirken kann – also so ziemlich jeder lebende Mensch –, ist darin eingeschlossen. Sie alle führen eine gemeinsame Rebellion an und *»halten Rat miteinander«*. Solange wir unter uns bleiben, streiten wir uns ziemlich viel. Wenn wir jedoch mit der Autorität Gottes konfrontiert sind, dann sind wir uns einig, dass wir uns dagegen auflehnen müssen.

Vers 2b bringt ans Licht, gegen wen sich Feindseligkeit und Rebellion der Menschen richtet. Wir lehnen uns auf *»wider den HERRN und seinen Gesalbten«*. Das heißt, wir rebellieren gegen den Bundesgott im Himmel (*»den HERRN«*) und seine Herrschaft auf Erden, die durch *»seinen Gesalbten«* zum Ausdruck kommt – seinen gesalbten König, den König aus dem Geschlecht Davids, der von Zion aus regiert. Wir wollen nicht, dass dieser König über uns herrscht. Wir glauben an uns selbst. Wir erklären unsere Unabhängigkeit, beanspruchen unser souveränes, individuelles Recht, unsere eigenen Entscheidungen zu treffen und selbst über unser Leben zu herrschen.

Freiheit definieren wir als Abwesenheit von Einschränkungen, als Freiheit *von* Gottes Gesetz. Dieser Psalm wird uns aber davon überzeugen, dass diese sogenannte Freiheit uns auf einen schrecklichen Weg des Verderbens bringt. Wahre Freiheit bedeutet nicht, frei *von* Einschränkungen zu sein. Sie bedeutet, frei *dafür* zu sein, auf die rechte Weise, in fröhlichem Gehorsam gegen Gottes Gesetz, zu leben. Das war die Vision, die uns Psalm 1 vor Augen geführt hat.

BEGEGNE DEINEM KÖNIG

Dieses universelle menschliche Streben nach Freiheit, das in Psalm 2,1–3 so energisch zum Ausdruck kommt, wird in den Versen 4–9 mit einer zweifachen Deklaration beantwortet. Im ersten Teil spricht der HERR: Gott im Himmel *»lacht«* und *»spottet«* über diese Rebellen. Im Himmel ertönt ein spöttisches Gelächter. Diese Leute (zu denen auch wir gehören) mögen zwar in den Chor der Spötter (vgl. Ps 1,1) einstimmen, doch dieser Spott wird mit dem schrecklichen Spott des himmlischen Hofes beantwortet. Es handelt sich um einen Spott, der in einen furchtbaren Tadel mündet. In rasendem Zorn erklärt Gott: *»Ich aber habe meinen König eingesetzt auf meinem heiligen Berg Zion«* (2,6).

Von uns wird nicht nur erwartet, dass wir verstehen, was dieser Tadel bedeutet. Wir sollen einen abgrundtiefen Schrecken empfinden, wenn wir ihn hören. Der Gott, der die Welt gemacht hat und in dessen Hand jeder einzelne unserer Atemzüge liegt (vgl. Apg 17,24–25), ist rasend vor Zorn über unsere Rebellion. Er sagt: »Nein! Ich habe *›auf meinem heiligen Berg Zion‹* einen Beschluss gefasst. Ich habe meinen König *›eingesetzt‹*. Es gibt keine Chance, Einspruch einzulegen. Ich werde es mir nicht noch einmal überlegen oder die Sache revidieren. Er ist der *›Gesalbte‹*, gegen den ihr euch auflehnt.« Zion ist die Stadt Davids (vgl. 2 Sam 5,7). Viele Stellen des Alten Testaments verknüpfen Zion und die Bundesverheißungen mit König David (Ps 132 ist ein gutes Beispiel dafür). Hier wird ein König beschrieben, der ganz anders sein wird als die aufrührerischen Könige aus Psalm 2,1–3. Dieser König wird der Eine sein, der Gottes souveräne Herrschaft auf Erden ausübt, der das Königreich Gottes herbeibringt. Außerdem ist dieser König der Glückliche aus Psalm 1. Das Zeugnis über diesen König, formuliert Calvin,

> *»erschallt täglich in der ganzen Welt. Zuerst haben die Apostel es bezeugt, daß Christus von Gott dem Vater zum Könige erwählt ist; dann haben die Lehrer nach ihnen dieses Amt übernommen.«*
>
> *(Johannes Calvins Auslegung der Heiligen Schrift, Bd. 4, S. 23)*

Im zweiten Teil der Deklaration, in den Versen 7–9, spricht der gesalbte König selbst. Er teilt uns mit, was Gott im Himmel zu ihm gesagt hat: *»Du bist mein Sohn, heute [am Tag der Krönung/Salbung des Königs] habe ich dich gezeugt«* (V. 7).

Der König aus Davids Geschlecht erbt die Verheißung aus 2. Samuel 7: Es wird eine vertraute Vater-Sohn-Beziehung zwischen dem König und dem himmlischen Bundesgott geben. Der König wird der im Ebenbild des himmlischen Gottes geschaffene Mensch sein, der Gottes Regierung auf Erden ausüben wird, zu der Adam in 1. Mose 1 berufen worden war. Dieser König wird den gleichen Charakter besitzen wie Gott im Himmel, so wie ein Sohn dem Vater gleicht.

Der wichtigste Segen, den der Bundesgott seinem gesalbten Sohn, dem König, gibt, ist das Vorrecht des Gebets: *»Bitte mich«* (Ps 2,8). Dieser gesalbte König ist der Eine, der das folgende Gebet beten kann und dabei weiß, dass Gott im Himmel es hören und erhören wird – und das ist ein erstaunliches Gebet! In den Versen 8b–9 steht, wie Gott ihm antworten wird:

> *»[Ich will] dir Völker [die rebellischen Völker aus den Versen 1–3] zum Erbe geben und der Welt Enden zum Eigentum. Du sollst sie mit einem eisernen Zepter [oder Stab] zerschlagen [d. h. ihre stolze Rebellion zerschlagen], wie Töpfe sollst du sie zerschmeißen.«*

Der gesalbte König wird aufgefordert, um die Eroberung der Welt zu beten – darum, dass er sämtliche Rebellion aus den Versen 1–3 niederwerfen, alles erben und über die Schöpfung im Namen Gottes, des Vaters, regieren wird. Wenn er dies erbittet, wird sein Gebet vollständig erhört werden.

EINE FOLGENSCHWERE ENTSCHEIDUNG

Hier gilt es nun, eine gewichtige Entscheidung zu treffen. In den Versen 10–12 wendet sich die gebietende Stimme des Psalms an die *»Könige«* und *»Herren«* aus den Versen 1–3, nämlich an uns alle, soweit wir über Macht oder Einfluss verfügen. Sie (und wir) werden eindringlich gewarnt:

> *»Dienet dem HERRN [gegen den ihr euch auflehnt, vgl. V. 2] mit Furcht [ehrerbietiger Furcht] und freut euch mit Zittern [eine frohe, aber ehrfürchtige Kapitulation]. Küsst den Sohn [den gesalbten König, mit dem Kuss der Huldigung] …«*

Die furchtbare Alternative ist, *»umzukommen«*. Das ist eine ernüchternde und eindringliche Warnung. Kehrt um, wendet euch ab von der stolzen Unabhängigkeit der Verse 1–3. Statt euch *»wider«* den Bundesgott und seinen gesalbten König zu stellen, kehrt um und beugt euch mit frohem Herzen unter die Herrschaft Gottes im Himmel, die in seiner Herrschaft auf Erden durch seinen gesalbten König zum Ausdruck kommt. Wenn ihr das nicht tut, wenn ihr den *»Weg«* weiterverfolgt, den diese Verse beschreiben, dann werdet ihr umkommen, ebenso wie die am Ende von Psalm 1 beschriebenen Gottlosen auf einem *»Weg«* sind, der *»vergeht«*.

Der Psalm endet jedoch mit einer Einladung, mit einer Seligpreisung: *»Wohl allen, die auf ihn trauen!«* (2,12) – auf ihn, Gottes gesalbten König, den Sohn.

Die Entscheidung, Psalm 2 zu singen oder zu beten, beginnt mit einer bewussten Abkehr von der Rebellion, die in den Versen 1–3 beschrieben wird. Wir singen diese Verse mit einer Haltung der Distanzierung. Wir beobachten, hören und bedenken es, aber wir möchten selbst nicht mehr mit jenen identifiziert werden, die in diesen Versen so rebellisch reden.

Sodann hören wir – demütig und nüchtern – auf die zuverlässige zweifache Deklaration Gottes im Himmel (V. 4–6) und des gesalbten Königs auf Erden (V. 7–9). Wenn wir die Warnung und die Seligpreisung der Verse 10–12 hören, bewegt uns das, uns durch die Warnung aufrütteln und durch die Seligpreisung herbeilocken zu lassen. Haben wir den Psalm zu Ende gesungen, dann knien wir zu den Füßen von Gottes gesalbtem König nieder, um auf ihn zu vertrauen und bei ihm unsere Zuflucht vor dem zukünftigen Zorn zu nehmen. Durch den Geist Christi bewirkt das Singen von Psalm 2 in uns, dass unser stolzes Streben nach Unabhängigkeit überwunden wird. Der Psalm vertieft die Überzeugung in uns, dass Jesus wirklich der Herr ist und nichts etwas daran ändern kann. Er bewegt uns dazu, unsere Knie jetzt vor ihm zu beugen, ehe es zu spät ist.

DER MENSCH AUS PSALM 1 IST DER KÖNIG AUS PSALM 2

Zu Beginn der Psalmen halten wir Ausschau nach einem Menschen, der den Merkmalen aus Psalm 1 entspricht, und der König aus Psalm 2 sein wird – ein König, der gerecht ist, und ein Gerechter, der König ist. Die Psalmen 1 und 2 haben uns ein gutes Lebensprinzip und einen guten Herrscher vor Augen geführt. Das gute Lebensprinzip besteht im Gesetz Gottes und dem Segen, den der erfährt, der sowohl Gott als auch sein Gesetz liebt (Ps 1). Damit dieses gute Lebensprinzip in dieser Welt aber zur Entfaltung kommen soll, wird auch ein guter Herrscher benötigt: der König aus Psalm 2, der zugleich der Liebhaber von Gottes Gesetz aus Psalm 1 ist. Diese Kombination aus einem guten König und einem guten Gesetz ist für das Beten der Psalmen von zentraler Bedeutung. Die gleiche Kombination finden wir in 5. Mose 17,18–20, wo der König angewiesen wird, sich mit Hingabe dem Studium von Gottes Gesetz und dem Gehorsam gegenüber diesem Gesetz zu widmen. Das ist der König, den wir benötigen. Der Grund, weshalb jener glücklich zu preisen ist, der auf den König von Psalm 2 traut (Ps 2,12), ist, dass die Vorgabe des Königs exakt aus dem guten Gesetz aus Psalm 1 besteht. Die beiden Seligpreisungen (hier und in 1,1) sind untrennbar miteinander verbunden. Nur der Gerechte aus Psalm 1 kann der Weltherrscher aus Psalm 2 sein.

Die Verheißung aus Psalm 2 wurde in David und seinen Nachkommen vorgeschattet. Sie hallte in der alttestamentlichen Geschichte wider und hat wohl häufig einen absurden Eindruck erweckt, da Davids Erben weit hinter der Gerechtigkeit aus Psalm 1 und der Herrschaft aus Psalm 2 zurückblieben. Dann aber kam der Mann, der die Gerechtigkeit aus Psalm 1 vorlebte und die Verheißungen aus Psalm 2 erbte. Der Rest der Welt verbündete sich und tobte gegen Jesus, den Messias (vgl. Apg 4,25–26; Offb 11,18). Doch sowohl bei seiner Taufe (vgl. Mt 3,17; Mk 1,11; Lk 3,22) als auch bei seiner Verklärung (vgl. Mt 17,5; Mk 9,7; Lk 9,35) erklärte Gott, dass er sein Sohn ist. Diese Deklaration wird in Apostelgeschichte 13,33, Hebräer 1,5 und 5,5 aufgegriffen. Das ist der Mann, der die Völker erben (Ps 2,8 klingt in Hebr 1,2 an – im Sohn als dem *»Erben über alles«*) und über sie mit einem eisernen Stab herrschen wird (Ps 2,9 klingt in Offb 12,5 und 19,5 an).

Wenn wir Psalm 2 singen, bekennen wir uns mindestens zu drei Willensentscheidungen. Zuerst und vor allem bestätigen wir, dass auch wir an das allumfassende Königtum Jesu, des Messias, glauben. Eines Tages werden die Königreiche dieser Welt zum Reich unseres Herrn und seines Christus werden (vgl. Offb 11,15). Wir glauben das und bekennen es ausdrücklich und öffentlich.

Zweitens bekräftigen wir, dass wir Anteil an seiner Herrschaft über die Völker haben werden. Der aufgefahrene Christus verheißt dem, der *»überwindet«* (d. h. demjenigen, der ihm *»bis ans Ende«* vertraut und in glaubendem Gehorsam beharrt), dass er ihm *»Macht … über die Völker«* geben wird, um über sie *»mit eisernem Stabe«* zu herrschen (Offb 2,26–27). Er gebraucht die Formulierungen aus Psalm 2,8–9 für jeden Gläubigen, der im neuen Himmel und auf der neuen Erde mit ihm regieren wird.

Schließlich bekunden wir, auch die Warnung zu beherzigen, dass Rebellion vergeblich ist und unausweichlich ins Verderben führt. Wir fliehen vor dem sinnlosen Stolz, der gegen Gott und seinen Christus aufbegehrt, weil wir die Sinnlosigkeit und das unvermeidliche Scheitern jeglicher stolzen menschlichen Unabhängigkeit durchschaut haben.

Wir standen nun in der Eingangshalle des Psalters. Wir haben über den Glücklichen aus Psalm 1 und den siegreichen König aus Psalm 2 gestaunt. Wir haben darüber nachgedacht, dass ein einziger Mensch – und nur dieser eine Mensch – perfekt diesen beiden Psalmen entspricht: Jesus Christus, der Gerechte, der König aus dem Geschlecht Davids, ist jener gerechte König, den diese Psalmen uns so schön und kraftvoll vor Augen malen. Der Segen wird vom Vater auf ihn ausgegossen. Gesegnet sein heißt, in ihm gefunden zu werden – in ihm allein.

ZUM NACHDENKEN

1. Wie reagierst du darauf, wie Jesus in diesem Psalm beschrieben wird?
2. Wie ermutigt dich Psalm 2, für diejenigen unter deinen Bekannten zu beten, die bewusst gegen Gott rebellieren?
3. Welche Gebetsanliegen für dich und für die Welt werden dir durch diesen Psalm wichtig?

PSALM 11 UND 20

2. DER SIEG DES KÖNIGS

Wenn wir den Psalter durch das Eingangstor betreten, erklingt die Botschaft der beiden Säulen, von Psalm 1 und Psalm 2. Sie verkünden, dass die beste und glücklichste Art zu leben darin besteht, Gottes Gesetz mit Freude und Hingabe zu halten (Ps 1), und dass Gottes guter König die Welt regieren wird (Ps 2). Dann jedoch werden wir ab Psalm 3 in eine Welt geworfen, in der keine dieser vermeintlich beruhigenden Bekundungen wahr zu sein scheint. Ganz im Gegenteil: Den Gottlosen geht es prächtig und Leute, die keine Zeit für Gottes Gesetz haben, verfügen über viel Macht und Einfluss. Das war die Welt, in der David lebte, nachdem er vom Propheten Samuel zum König gesalbt worden war (vgl. ab 1 Sam 16). Das war die Welt, in der König Jesus lebte. Und das ist auch unsere Welt heute.

Als nächstes Psalmen-Paar habe ich zwei Psalmen Davids gewählt, in denen es um den Sieg des Königs trotz Widerstand geht.

PSALM 11

In Psalm 11 begegnet König David einer mächtigen, plausiblen und anhaltenden Versuchung – nämlich der Versuchung wegzulaufen. Der Psalm ist mit *»Von David«* überschrieben (was generell und auch hier heißt, dass er von David geschrieben wurde) und mit

»vorzusingen« (was bedeutet, dass er in der gesungenen Anbetung des Volkes Gottes verwendet wurde).

EIN VOGEL IM STURM

Davids Überschrift (V. 1a) lautet: *»Ich traue auf den Herrn.«* In den Versen 1b–3 erfahren wir, warum das wichtig ist. Er fährt fort: *»Wie sagt ihr denn zu mir: ...?«* (V. 1). Gewisse Leute haben etwas zu David gesagt, worauf die Antwort lautet, dass er sich dem Bundesgott als seiner Zuflucht anvertraut. Was hatten sie gesagt? *»Flieh wie ein Vogel auf die Berge!«* (V. 1). Sie sagten: »Lauf weg!« Man kann beobachten, wie Küstenvögel bei Sturm in eine Felsspalte fliehen und sich dort verbergen, ganz in Sicherheit. »Tu das, König David«, drängen sie ihn. »Gib den Versuch auf, der König zu sein, der du gemäß Gottes Auftrag sein sollst.«

Warum ist das eine plausible Versuchung? Das steht in den Versen 2 und 3. Bei Luther 2017 werden diese Verse noch als Worte von Davids Versuchern dargestellt. Das ist gut möglich. Im Hebräischen gibt es keine Anführungszeichen für wörtliche Reden. Es könnten aber auch – wie in anderen Übersetzungen – Davids eigene Worte sein, mit denen er bei sich selbst erwägt, den Versuchern zuzustimmen und wegzulaufen. Wer auch immer es gesagt hat, die Aussage ist jedenfalls wahr und eindrücklich. Das ist ein Grund für Gottes König, seinen Posten zu verlassen! »Sieh doch«, sagt die Stimme, »rings um dich her stehen Bogenschützen bereit, um tödliche Pfeile auf dich abzuschießen.«

In Vers 2 geht es um eine Personengruppe, eine Vorbereitung, eine Handlung und ein Ziel. Die Personen sind *»die Frevler«*. Wir begegnen jenen Frevlern (oder »Gottlosen«) häufig, besonders in Buch I der Psalmen, wo etwa die Hälfte aller ihrer Erwähnungen im Psalter zu finden ist. Die *»Gottlosen«* tauchen zum ersten Mal in Psalm 1,4 auf und sind dann in Psalm 2 das rebellische Volk, das Gottes König nicht über sich herrschen lassen will. In Psalm 11 erscheinen sie in den Versen 2, 5 und 6, spielten zuvor aber auch schon in den Psalmen 9 und 10 eine Rolle. Dort wurden sie *»Frevler«* oder *»die Völker«* genannt und fügten dem Gerechten großes Leid zu. Auch in den Psalmen 12 und 14 treiben sie ihr finsteres Unwesen. Diese Gottlosen sind nicht einfach nur Leute, die falsche Dinge tun. Es sind Menschen, die sich mit der gesamten Ausrichtung ihres Lebens gegen Gott stellen.

Ihre Vorbereitung wird anschaulich als die von Bogenschützen beschrieben – sie machen sich bereit, tödliche Pfeile abzuschießen. Da stehen sie, mit angelegten Pfeilen und gespannten Bogen, bereit zum Schuss.

Ihre Handlung besteht darin, *»zu schießen«* (natürlich – das tun Bogenschützen nun einmal!). Doch damit nicht genug, sie schießen *»heimlich«*. Es handelt sich hier nicht um einen offenen Kampf, sondern einen Hinterhalt. Es ist bereits ziemlich ernüchternd, wenn Bogenschützen mit ihren Pfeilen auf dich zielen. Absolut furchterregend wird die Sache aber, wenn sich diese Bogenschützen irgendwo versteckt haben. Du hast keine Ahnung, aus welcher Richtung der tödliche Pfeil kommen wird.

Ihre Ziele sind *»die Frommen«*: jene, deren Lebensausrichtung und Entschluss es ist, so zu handeln, wie es vor Gott und den Menschen recht ist. Obwohl es sich hier um ein persönliches Gebet handelt (vgl. 11,1: *»zu mir«*), wird es im Kontext des Kampfes zwischen zwei Gruppen gebetet. Die eine Gruppe sind *»die Frevler«*, die andere sind *»die Frommen«* oder *»Gerechten«*. Mit Letzteren ist der gerechte König aus Psalm 1 und 2 gemeint, gemeinsam mit allen, die zu ihm halten. Diese tauchen hier in den Versen 2, 3, 5 und 7 auf.

Vers 3 macht deutlich, was vor sich geht: *»sie reißen die Grundfesten um«*. Wenn in der biblischen Poesie von den *»Grundfesten«* die Rede ist, sind damit die moralischen Grundlagen der Gesellschaft gemeint. Man bezeichnet das auch als »Schöpfungsordnung« – die Pfeiler, auf denen die moralische Ordnung der Welt ruht; die Bollwerke, die die Menschheit vor Chaos, Übel, Krankheit und Tod schützen. Diese Grundfesten werden in den Zehn Geboten zusammengefasst. Das siebte Gebot beschreibt zum Beispiel als eine der moralischen

Grundfesten der Gesellschaft, dass sexuelle Intimität ausschließlich auf die Ehe beschränkt ist, innerhalb des festen Bundes zwischen einem Mann und einer Frau. Von den Zehn Geboten ist dies in unserer Gesellschaft vermutlich dasjenige, das am stärksten abgelehnt und verspottet wird. Allerdings werden auch alle anderen Gebote verworfen. So gäbe es beispielsweise keine Lotterie, wenn die menschliche Begierde nicht dadurch angestachelt würde. Rings um David her wurden diese guten Gebote – das Gesetz, das in Psalm 1 gefeiert wurde – über den Haufen geworfen. Beim Bemühen, seinen Auftrag als Gottes König auszuführen, fühlte sich David wie jemand, der mitten im Erdbeben versucht, ein einstürzendes Haus zu stabilisieren. Der Theologe Hans-Joachim Kraus beschreibt das als eine Zeit, in der »alle Ordnungen umgestoßen sind und das Chaos in der Form roher Gewalt losbricht« (*Psalmen*, Bd. 1, S. 230).

Es scheint ein aussichtsloser Auftrag zu sein: *»[W]as kann da der Gerechte ausrichten?«* (V. 3). David und die, die auf der Seite des Königs stehen, sind mit etwas weit Schlimmerem als einem harten Kampf konfrontiert. Sie haben einen völlig unerfüllbaren Auftrag. Rings um König David und seine Getreuen herum stürzt die moralische Ordnung der Welt ein, sodass nur noch Chaos und Ruinen bleiben. Es sieht nicht so aus, als gebe es hier etwas, das sie tun könnten.

Bevor wir den Psalm weitersingen, müssen wir die Wucht dieser Situation spüren. König David fühlte sie heftig. König Jesus fühlte sie mit verzweifelter Intensität und Stärke, war er doch von Gottlosigkeit aller Art umringt: dem Bösen, das in seiner Gesellschaft, seinem Volk und seiner Welt zu Hause war (vgl. Mt 17,17). Was sollte der König hier tun können? Nichts! »Lauf einfach weg, gib auf, verlass deinen Posten!« Das ist die Versuchung. Sie ist stark und plausibel. Auch wir spüren ihre Macht. Es gibt wenig, das uns mehr entmutigt als das Gefühl, in einer nicht zu bewältigenden Aufgabe zu stehen. Wir sehen uns die Statistiken über den Kirchenbesuch an: das gleichmäßige Bild einer demographischen Entwicklung, in der der Glaube dahinschwindet, die Gläubigen langsam älter werden und nur wenige junge Leute Christus als Herrn annehmen. Wenn wir ehrlich sind, ist das zutiefst entmutigend. Warum sollte ich morgens aus dem Bett steigen, wenn alles doch zum Scheitern verurteilt ist? Was können du und ich schon im Werk von Gottes König Jesus tun, das Aussicht auf Erfolg hätte in dieser erdrückenden Flut des sogenannten »Fortschritts«, die die Fundamente von Gottes Gesetz unterspült? Hinter Psalm 11,2–3 liegt eine schmerzliche Verzweiflung. Nur das Vertrauen auf Gottes Verheißungen kann dem die Stirn bieten. Und das tut es auch!

Wie wunderbar, dass König David erklären konnte: *»Ich traue auf den HERRN«* (V. 1). Es ist allerdings noch viel wundervoller, dass König Jesus diese Worte singen und auch so meinen konnte: »Auf den Herrn, meinen Gott und Vater, traue ich. Ich werde nicht weglaufen, sondern an dem Auftrag festhalten, zu dessen Erfüllung ich gesandt wurde.« Und er hat ihn wahrhaftig erfüllt. Auch wir als Volk Gottes müssen den restlichen Psalm hören, denn hier finden wir den Grund, weshalb wir auf unseren Gott und Vater trauen und beharrlich das Werk unseres Königs und seines Evangeliums weiterführen können.

GOTT SITZT AUF SEINEM THRON

In den Versen 4–7 erfahren wir, weshalb der König und das Volk des Königs zuversichtlich auf Gott *»trauen«* können. Es wird hier verwiesen auf seine herrschende Gegenwart, seinen alles erfassenden Blick, seinen tiefgreifenden Hass und seine leidenschaftliche Liebe – und schließlich auf eine wunderbare Verheißung.

Vers 4a sichert dem König die unveränderliche Gegenwart Gottes zu. Gott befindet sich *»in seinem heiligen Tempel«*, sein *»Thron ist im Himmel«*. Als dieser Psalm geschrieben wurde, bedeutete das nicht einfach nur, dass Gott überall ist (obwohl er natürlich allgegenwärtig ist). Es bedeutete, dass er in der Beziehung zu seinem Volk gegenwärtig ist, und zwar mit einer gewissen Fokussierung auf seinen Tempel in Jerusalem. Dieser wurde als sein himmlischer Thron bezeichnet – der Ort, von dem aus er die Welt durch die Herrschaft seines Königs aus dem Geschlecht Davids regierte. Er war es, der am Gesetz festhielt, das als die Zehn Gebote auf den Steintafeln stand, die in der Bundeslade im Allerheiligsten des Tempels aufbewahrt wurden. David konnte darauf vertrauen, dass Gottes herrschende Gegenwart auf Erden niemals endgültig durch die Gottlosen zunichtegemacht werden kann. Jesus, der die Erfüllung aller Vorschattungen des Tempels in Person war (vgl. Mt 12, 6; Joh 2, 19–22), konnte ebenso darauf vertrauen, denn der Vater war unveränderlich bei ihm. Auch wir können auf die unveränderliche Gegenwart des Vaters bei uns vertrauen – durch unseren König Jesus, der nun durch seinen Geist in unseren Herzen wohnt.

Psalm 11, 4b zeigt uns auf, dass der Gott, der regiert, auch sieht. Die Gottlosen meinen, sie könnten *»heimlich«* (V. 2) herumlungern – niemand sieht, was sie aushecken, niemand hört, wie sie sich verschwören, und niemand beobachtet, wenn sie schießen. Damit liegen sie falsch, denn der Gott im Himmel, der die Welt regiert, sieht jede Tat und hört jedes Wort.

Die Verse 5 und 6 versichern dem angefochtenen König, dass Gott die Gottlosen zutiefst hasst:

> *»Der HERR prüft den Gerechten [er wacht über ihn und erzieht ihn liebevoll], aber den Frevler hasst er und den, der Gewalttat liebt.« (V. 5)*

Wir schrecken vor solch harten Worten zurück. Doch es stimmt nicht, dass der Gott des Himmels »den Sünder liebt, aber die Sünde hasst«. Nein, er hasst den Gottlosen. Dieser wird als jemand beschrieben, *»der Gewalttat liebt«*, der aktiv gegen Gottes König und sein Volk Ränke schmiedet (V. 2). Gott wendet sich vehement gegen ihn (oder uns), und sein leidenschaftlicher Hass wird in einem schrecklichen Gericht enden. Mit Furcht einflößenden Worten, die an die Zerstörung von Sodom und Gomorra in 1. Mose 19 erinnern (*»Feuer und Schwefel«*), wird dem aufgewühlten König versichert, dass jene, die das moralischen Fundament der Gesellschaft zerschlagen, selbst plötzlich und endgültig zerschlagen werden.

Der König darf sich dessen aufgrund von Psalm 11, 7a gewiss sein:

> *»Denn der HERR ist gerecht [daher sind die ›Gerechten‹ auf seiner Seite] und hat Gerechtigkeit lieb.«*

Dem notwendigen Hass Gottes auf die gewalttätigen Frevler steht die Liebe Gottes zur Gerechtigkeit gegenüber. Es ist Gottes Wille, dass seine Welt ein Ort der moralischen Ordnung, Gerechtigkeit, Tugendhaftigkeit und Fairness sein soll. Er wird auch dafür sorgen, dass das so ist. Wenn wir gemeinsam mit der Gemeinde Christi die Verse 4–7 sprechen, dann soll das unser Vertrauen stärken, dass die Gemeinde Christi und das Gesetz Gottes entgegen allem Anschein nicht zum Scheitern verurteilt sind. Stattdessen werden sie am Ende triumphieren. Seit der leiblichen Auferstehung Jesu, unseres Herrn, und seiner Auffahrt an den Ort der Autorität über den gesamten Kosmos, zur Rechten des Vaters, wissen wir dies mit noch größerer Gewissheit.

Abschließend folgt eine Verheißung: *»Die Frommen werden schauen sein Angesicht«* (V. 7b).

Gottes *»Angesicht«* zu *»schauen«* bedeutet, vor ihm zu stehen als seine geehrten Diener, ungefähr so, wie es wohl für jemanden gilt, der unmittelbaren Zugang zu einem Präsidenten hat oder ihm direkt unterstellt ist. Das ist die Verheißung: Wenn schließlich die gute Herrschaft über das Universum wiederhergestellt ist, werden alle, die auf der Seite des Königs sind, als geehrte Diener vor Gott dem Vater stehen.

ER WACHT ÜBER UNS

David vertraute auf diese Verheißung und ließ sich von den Wahrheiten dieses Psalms ermutigen. Er fand seine Zuflucht beim HERRN und ließ sich nicht von seinem Auftrag abbringen. Mehr noch, auch Jesus, unser Herr und König, gelobte beim Singen dieses Psalms, sich selbst dem Vater anzuvertrauen, der gerecht richtet (vgl. 1 Petr 2,23), und seinen Auftrag als König nicht preiszugeben. Er war entschlossen, den Leidensweg bis ans Ende zu gehen und den Auftrag zu erfüllen, bis er rufen konnte: *»Es ist vollbracht«* (Joh 19,30) – um dann voller Freude in sein Reich einzuziehen.

Das Wunderbare ist: Wir, die wir diese Verheißung für uns in Anspruch nehmen, sind von Natur aus gottlos und gewalttätig. Wie Saulus von Tarsus sind wir von Natur aus feindlich gegen Gott gesinnt. Nur weil unser König unsere Strafe (vgl. Ps 11,6) auf sich nahm, können wir darauf hoffen, am Jüngsten Tag vor Gott bestehen zu können. Weil unser König vor dem Vater steht, werden auch wir dort stehen können!

Als Christen sind wir durch den Glauben *»gerecht«* und dazu bestimmt, durch den Geist Christi, unseres Königs, ein Leben in *»Aufrichtigkeit«* zu führen. Auch wir können aus diesem Psalm Trost schöpfen. Wenn wir ihn singen, nehmen auch wir unsere Zuflucht beim Gott und Vater von Jesus. Auch wir empfinden ein wachsendes Gefühl der Verzweiflung, weil die moralischen Grundfesten um uns herum niedergerissen werden. Wie Jesus können aber auch wir gewiss sein, dass Gott, unser Vater, in Jesus, unserem *»Tempel«*, durch seinen Geist bei uns gegenwärtig ist; dass Gott, unser Vater, alles und jeden sieht; dass Gott, unser Vater, Gewalttat und Frevel hasst; und dass Gott, unser Vater, uns verheißt, eines Tages sein Angesicht zu schauen.

ZUM NACHDENKEN

1. Inwiefern gleicht unsere Welt der in Psalm 11,1–3 beschriebenen Situation?
2. Worin besteht deine Versuchung im Umgang mit dieser Welt?

3. Welche Wahrheiten in der zweiten Hälfte des Psalms ermutigen dich am meisten, an der Nachfolge Jesu dranzubleiben?

PSALM 20

Ein Psalm, in dem steht: *»Er [Gott] gebe dir, was dein Herz begehrt, und erfülle alles, was du dir vornimmst!«* (Ps 20,5), ist prädestiniert dafür, beliebt zu sein! Ich habe diesen Vers schon zusammen mit weiteren großartigen biblischen Verheißungen in einer Gemeinde an der Wand hängen sehen. Es ist leicht nachzuvollziehen, warum er so attraktiv ist. Er scheint zu belegen, dass die Vertreter des sogenannten »Wohlstandsevangeliums« recht haben. Sie behaupten, die Bibel verspreche, dass Gott uns geben wird, was wir uns wünschen; wir müssten es nur im Gebet aussprechen und für uns in Anspruch nehmen. Wir müssen jedoch vorsichtig sein: Kann ich dort, wo *»dir«* und *»dein«* steht, einfach meinen Namen einsetzen? Nein, wir können den Psalm nicht auf diese Weise lesen. Damit würden wir ihn vollkommen missverstehen.

EIN GEBET FÜR DEN KÖNIG

Psalm 20 ist ähnlich wie Psalm 11 überschrieben mit: *»Ein Psalm Davids, vorzusingen«*. Dennoch gibt es einen Unterschied. Wie viele Psalmen, insbesondere in Buch I, ist Psalm 11 ein Gebet Davids, des Königs. Die meisten dieser Psalmen werden von einer Einzelperson gesprochen (z. B. Ps 3), manche sind auch eine Mischung aus persönlichem und gemeinschaftlichem Gebet, wobei König David sein Volk anleitet (z. B. Ps 4). Bei Psalm 20 ist das jedoch anders. Er ist kein Gebet des Königs, sondern ein Gebet für den König. Augustinus von Hippo, der nordafrikanische Bischof aus dem 4. Jahrhundert, sagt richtig:

> *»Es ist nicht Christus, der da redet; sondern der Prophet redet zu Christus in Form von Wünschen und sagt dabei Zukünftiges voraus.«*
> *(Expositions on the Psalms, S. 56)*

Das wird in Psalm 20,10a deutlich: *»O HERR, hilf dem König!«* (MENG). Entsprechend beziehen sich *»dir«* und *»dein«* hier im Psalm nicht auf dich oder mich, sondern auf den König des Volkes Gottes. Die hebräische Präposition, die hier mit *»von«* (*»Von David«*) übersetzt wird, hat eine gewisse Bandbreite an möglichen Bedeutungen. Gewöhnlich ist damit in den Psalmen »von« gemeint, sodass es sich um einen Verweis auf den Autor handelt. Sie kann aber auch »an« oder »für« bedeuten, und das scheint an dieser Stelle die natürlichere Bedeutung zu sein. Es ist ein Psalm für David, in dem das Volk für seinen König betet. (Es ist auch möglich, dass er trotzdem von David stammt und David ihn schrieb, um sein Volk zu unterweisen, wie sie für ihren König beten können.)

Der Psalm erschließt sich, wenn wir nach dem Wort »erhören« Ausschau halten. In Vers 2 betet das Volk, dass der HERR den König *»erhören«* möge. Die Verse 2–6 sind insgesamt ein Gebet darum, dass die Gebete des Königs erhört werden. Anschließend bekräftigt in Vers 7 ein Einzelner – vermutlich der Vorsänger –, dass Gott den König *»erhört«*. Die Verse 7–9 führen diese Zusicherung weiter aus. Der Psalm schließt mit Vers 10: Im ersten Teil wird das Psalmgebet zusammengefasst (*»O HERR, hilf dem König!«* MENG), im zweiten Teil betet dann das Volk: *»Erhör' uns, sooft wir (dich) anrufen!«* (MENG). Hier besteht ein Zusammenhang, der für das Verständnis des Psalms entscheidend ist. Nur wenn unser König der Mann ist, dessen Gebete erhört werden, können wir als Volk des Königs hoffen, dass unsere Gebete erhört werden – und auch das nur, wenn der Herzschlag unserer Gebete der Wunsch ist, dass die Gebete des Königs erhört werden. In Jesu Namen zu beten, bedeutet letztlich genau das: im Namen des Königs und für den Erfolg des Königs zu beten.

Daher ist es das Beste, den Psalm anhand dieser drei verschiedenen Teile zu betrachten. In den Versen 2–6 betet zunächst das Volk des Königs darum, dass Gott dem König helfen möge.

> *»Der HERR erhöre dich in der [wörtl. ›am Tag der‹] Not, der Name des Gottes Jakobs schütze dich!« (V. 2)*

Der Bundesgott ist der Eine, der Jakob beschützte, als dieser in Not war (vgl. 1 Mose 32 und 35; man beachte 1 Mose 35, 3: *»Gott, der mich zur Zeit [wörtl. ›am Tag‹] meiner Not erhört hat«* MENG). Der Gott Jakobs ist der Bundesgott, der HERR, der auch seinen König erhören wird, wenn dieser in tiefe Not gerät. Von einer solchen Not haben wir in Psalm 11 gehört, und sie stellt insgesamt ein bedeutsames Thema in Buch I des Psalters dar. Das Volk bittet den HERRN, dem König *»vom Heiligtum ... aus Zion«* (Ps 20, 3) zu helfen. Das *»Heiligtum«* in der Mitte des Tempels in *»Zion«* entspricht dem heiligen Berg. Gott hatte den Königen aus Davids Geschlecht verheißen, dass einer von ihnen eines Tages von dort aus die Welt regieren wird (Ps 2, 6). In diesem Gebet für den König wird Gott also darum gebeten, das zu tun, was er in Psalm 2 verheißen hat.

Das Volk betet, dass Gott die Speiseopfer und Brandopfer des Königs annehmen möge. Als König und repräsentatives Oberhaupt seines Volkes war David für die Darbringung von Opfern für seine Sünden sowie die Sünden seines Volkes verantwortlich (obwohl die Priester diese Aufgabe ausführten). Hier betet das Volk darum, dass diese Opfer für Gott annehmbar sind, sodass die Gebete des Königs für sein Volk erhört werden können.

In 20, 5 lautet das Gebet daher, Gott möge dem König das Begehren seines Herzens geben und alle seine Pläne erfüllen. Gebet ist das Überfließen der Wünsche und Pläne des Herzens. Das Herz und die Neigungen des Königs sollen so an den Absichten Gottes ausgerichtet sein, dass alle seine Bitten erhört werden, weil sie völlig mit dem Willen Gottes im Einklang sind.

Auch wir können so beten, denn wir kennen den einzigen König, der diese Beschreibung wirklich erfüllt hat: Jesus. Unser König ist keine Pappfigur. Er hat Herzenswünsche. Er macht Pläne und möchte, dass sie gelingen. Wenn wir diesen Psalm beten, bitten wir Gott im Himmel, unserem König das zu geben, was er sich zutiefst wünscht.

Welch ein beeindruckender König er ist! Mit der Ankunft dieses Königs erreicht das Gebet seinen Höhepunkt in Vers 6:

> *»Dann wollen wir jubeln, weil er dir hilft; im Namen unsres Gottes erheben wir das Banner. Der HERR gewähre dir alle deine Bitten!«*

Wir als das loyale Volk des Königs jubeln nicht, wenn unsere persönlichen Wünsche erfüllt werden, sondern die unseres Königs! Das veranlasst uns, *»das Banner«* zu *»erheben«* oder – wie wir sagen würden – die Fahnen zu schwenken. Der Psalm ist nicht das, was uns die individualistische Anwendung glauben machen will. Generell neige ich – wie du vermutlich auch – dazu, zu jubeln und die Freudenfahnen zu schwenken, wenn es mir gut geht und ich Erfolg habe: etwa wenn ich in einer Prüfung gut abschneide, von anderen Leuten gelobt werde, einen guten Job bekomme, meinen Traumpartner heirate usw. Dieser Psalm verändert meine Wünsche, sodass ich anfange, mir mehr Gedanken über den Erfolg des Königs Jesus zu machen als über mein persönliches Gelingen oder Versagen. Das ist eine wunderbare, aber radikale Veränderung!

GEWISSHEIT ÜBER DEN SIEG DES KÖNIGS

Überdies werden solche Wünsche sicher erfüllt. Ich kann mir für mich selbst so viel Gelingen wünschen, wie ich will, aber ich kann mir nicht sicher sein, ob ich es auch erlange. Wenn ich mir jedoch wünsche, dass Jesu Sache gelingt, dann ist die Erfüllung meiner

Wünsche garantiert. In den Versen 7–9 vermittelt ein Anführer des Volkes den Menschen die zuversichtliche Gewissheit, dass das, was sie in den Versen 2–6 erbeten haben, tatsächlich gewährt werden wird. Die Gebete ihres Königs werden erhört werden. Der Sprecher ist sich sicher und versichert uns, *»dass der HERR seinem Gesalbten hilft«* (V. 7). Das Volk versprach in Vers 6, dass sie jubeln wollen, wenn Gott dem König hilft, und genau das wird eintreten. Auch wir werden in Jubel ausbrechen, wenn der König schließlich seine Pläne siegreich ausführt. Gott wird die Gebete des Königs erhören und ihm helfen. Die *»rechte Hand«* Gottes (V. 7) ist ein Anthropomorphismus – eine Formulierung, die uns mit anschaulichen Worten die starke Macht Gottes verdeutlichen soll. (Wenn du Linkshänder bist, musst du dich mit dieser biblischen Redewendung wohl abfinden!)

Diese starke Macht wird in Vers 8 näher ausgeführt. In der Antike (eigentlich bis zur Erfindung des Schießpulvers und der motorisierten Fortbewegung) war jede Armee, die Rosse und Wagen besaß, so etwas wie eine atomare Supermacht. Pferde und Streitwagen waren in der Antike eine unbesiegbare Waffe. Es bestand kein Zweifel, dass der, der darüber verfügte, sich auf sie verlassen konnte. Sie waren seine Absicherung und der Garant für den Sieg. Es gibt aber eine noch höhere Macht. Der Gott, der in Psalm 2 erklärt hatte, dass sein gesalbter König die Welt regieren wird, ist die höchste Macht im Himmel und auf Erden. Wer auf ihn vertraut und sich mit seinem Messias verbündet, wird am Sieg des Königs Anteil haben. Jesus ist der Herr, und eines Tages wird sich jedes Knie vor ihm beugen (vgl. Phil 2,9–11).

UNSER ERHÖRTES GEBET

—

Der Psalm wird in 20,10 also zusammengefasst: *»O HERR, hilf dem König! Erhör' uns, sooft wir (dich) anrufen!«* (MENG). Seit König David und durch die gesamte Geschichte der alttestamentlichen Monarchie hindurch beteten alle im Volk Gottes – sofern sie wahre Gläubige waren – dieses Gebet für ihren König. Die menschlichen Nachfolger Davids waren jedoch allesamt eine Enttäuschung, wie bereits David selbst. Manche enttäuschten sogar schrecklich (z. B. Manasse, vgl. 2 Kön 21). Andere schlugen sich besser (z. B. Hiskia, vgl. 2 Kön 18–20, oder Josia, vgl. 2 Kön 22–23). Letztendlich enttäuschten sie jedoch alle. Trotzdem blieb stets die Sehnsucht, dass eines Tages ein König aus Davids Geschlecht regieren wird, dessen sämtliche Gebete erhört werden würden.

Etwa ein Jahrtausend später stand ein bedeutsamer Nachkomme Davids vor einem Grab, in dem ein bereits vor vier Tagen Verstorbener lag. Er betete zu Gott, seinem Vater, diesen Mann von den Toten aufzuwecken. Dann sagte er: *»Vater, ich danke dir, dass du mich erhört hast. Ich wusste, dass du mich allezeit hörst«* (Joh 11, 41–42). Da war nun endlich der König, dessen Bitten immer erhört werden – und sogar der Tod beugte sich vor ihm!

WIE KÖNNEN WIR DAS HEUTE BETEN?

Was bedeutet es für uns als Nachfolger von König Jesus, Psalm 20 heute zu beten? Erstens wird es uns tiefe Freude bereiten, dass die Gebete des Menschen Jesus Christus stets erhört werden – auch in seiner tiefsten Bedrängnis, als die Grundfesten seiner Welt durch ein Erdbeben der Bosheit niedergerissen wurden (vgl. Ps 11), erhörte der Vater seine Gebete immer. Wir jubeln vor Freude, dass seine Pläne gelingen (vgl. Ps 20, 6), dass er dem Tod und dem, der Gewalt über den Tod hatte, die Macht genommen hat (vgl. Hebr 2, 14–15), als er ihn am Kreuz besiegte (vgl. Kol 2, 15).

Der letzte Sieg steht jedoch noch aus. Daher bitten wir zweitens mit diesem Psalm heute Gott, unseren Vater, um den endgültigen Sieg Jesu, unseres Herrn, wenn er in Herrlichkeit zurückkehren und sich jedes Knie vor ihm beugen wird.

Psalm 21 knüpft thematisch eng bei Psalm 20 an. Er baut auf Psalm 20 auf, indem er den König feiert – er freut sich über die Kraft und Hilfe des HERRN (21, 2) und über die Tatsache, dass Gott im Himmel dem König *»seines Herzens Wunsch«* erfüllt (21, 3).

Die größte existenzielle Herausforderung für uns besteht darin, von diesen Psalmen zu lernen, unsere tiefsten Wünsche im Erfolg Jesu zu gründen und unsere größte Freude darin zu finden, dass sein Plan gelingt. Von Natur aus ist unser stärkstes Verlangen auf unseren eigenen Erfolg, unsere Sicherheit oder Bequemlichkeit gerichtet, sodass unsere Freude dann am größten ist, wenn die Dinge für uns gut laufen, und sie erlischt, wenn diese Dinge bedroht sind oder wegbrechen. Was aber wirklich zählt, ist das Volk des Königs Jesus: die weltweite, generationenübergreifende Gemeinde Jesu, sein Leib. Wo sie verfolgt wird, wird Jesus verfolgt (vgl. Apg 9, 4), wo sie geehrt wird, wird Jesus geehrt. Wenn ich in ein Vorstellungsgespräch gehe, kann ich beten: »Vater, schenk Jesus das, was er sich heute wünscht.« Wenn ich eine Prüfung ablege, ist mein Gebet: »Vater, gib Jesus das Ergebnis, das er heute für mich haben will.« Wenn ich zu einer Ortsgemeinde gehöre, kann mein Gebet sein: »Vater, lass die Herzenswünsche des Königs Jesus in dem, was in dieser Gemeinde geschieht, erfüllt werden – selbst wenn das bedeutet, dass ich gedemütigt werde und schwere Zeiten durchmachen muss.« Das sind radikale Gebete.

Diese Psalmen sind ein Anfang – nur ein Anfang –, unsere Neigungen und Wünsche so umzugestalten, dass wir uns zutiefst nach Jesu Sieg sehnen, der in seinem Eintreten für sein Volk und schließlich in seiner Wiederkunft in Herrlichkeit sichtbar wird. Dadurch erleben wir in unserem Leid einen Vorgeschmack der Freude über den endgültigen Sieg unseres Königs.

ZUM NACHDENKEN

1. Warum ist es verlockend, diesen Psalm so zu lesen, als würde er sich in erster Linie um uns drehen?
2. Wie kann die Erkenntnis, dass er sich an Gottes König richtet, unser Wünschen neu ausrichten?
3. In welchen Bereichen deines Lebens musst du den Erfolg und Sieg Jesu über deinen eigenen stellen?

PSALM 22 UND 23

—

3. DAS VERTRAUEN DES KÖNIGS

In den Kapiteln 3 und 4 werden wir nun zwei Psalmen-Paare mit sehr unterschiedlichen Psalmen betrachten. Der König bringt in ihnen sein Vertrauen auf den Bundesgott zum Ausdruck. In diesem Kapitel untersuchen wir zunächst zwei der bekanntesten Psalmen. Psalm 22 kennt man wegen seiner ersten Worte – es sind die Worte, die Jesus am Kreuz ausrief: *»Mein Gott, mein Gott, warum hast du mich verlassen?«* (22,2). Psalm 23 ist vermutlich der beliebteste Psalm überhaupt und vielleicht das berühmteste Gedicht der gesamten menschlichen Literatur. Was dieses ansonsten sehr unterschiedliche Paar verbindet, ist das Thema »Vertrauen«: Der König vertraut auf Gott.

PSALM 22

—

Psalm 22 ist ein extremer Psalm. Er beginnt mit fast unvorstellbaren Tiefen des Leids und schließt mit einer erstaunlichen Hymne des weltweiten Lobpreises. Ein Autor schreibt:

> *»Ps 22 durchläuft unfaßliche Dimensionen. Aus der Tiefe der Gottverlassenheit erhebt sich der Gesang des Erretteten zu einem weltweiten Hymnus, der auch die Toten in eine große Huldigung Jahwes einbezieht.«*
> *(Kraus, Psalmen, Bd. 1, S. 332)*

Es mag uns überraschen, dass Gottes gesalbter König eine derartige Verlassenheit formuliert. Ist die Position eines Königs nicht von Annehmlichkeiten, Reichtum, Privilegien, Ruhm und Macht gekennzeichnet? Doch der erste Teil des Psalms zeigt eine erschreckende Intensität des Leidens. Die Wahrheit ist: Gottes gesalbter König zu sein, bedeutet, mehr zu leiden, als wir uns vorstellen können.

David erlebte einen Vorgeschmack der Leiden Christi. Dieser Psalm wird im Neuen Testament wiederholt zitiert oder aufgegriffen (vgl. Mt 27,39.43.46; Mk 15,29.34; Joh 19,24; Röm 5,5; 2 Tim 4,17–18; Hebr 2,12). Durch den Geist sprach David Worte, die Jahrhunderte später erfüllt werden sollten. Das bedeutet: Wenn wir diesen Psalm lesen, sollen wir nicht nur an das Leiden Davids denken, sondern auch an das von Jesus.

> *»Die Tatsache, dass [Psalm 22] dreizehnmal im Neuen Testament zitiert wird und davon allein neunmal im Bericht über Jesu Leiden und Tod, deutet auf eine umfassendere Bedeutung hin, die erst in der messianischen Bedrängnis unseres Herrn verwirklicht wird.«*
> *(Allan Harman, Psalms, Bd. 1, S. 215)*

Wir wissen nicht, welche Leiderfahrung David zu diesem erstaunlichen Psalm veranlasste. Nach dem triumphierenden Jubel der Psalmen 20 und 21 wirkt er wie ein furchtbarer Schock. Auch dieser Psalm endet mit Triumph (Ps 22,23–32), aber wir gelangen nur durch das Leid der Verse 2–22 dorthin. Vor Gottes König lag Freude; aber er erlangte sie nur, indem er das Kreuz erduldete (vgl. Hebr 12,2).

DER LEIDENDE KÖNIG

Der Psalm ist überschrieben mit: *»Ein Psalm Davids, vorzusingen, nach der Weise ›Die Hirschkuh der Morgenröte‹.«* Wie bei so vielen Psalmen wird dadurch deutlich, dass er durch die Jahrhunderte hindurch vom Volk Gottes gemeinschaftlich gesungen wurde. Am Ende werden wir sehen, weshalb.

In Psalm 22,2–22 betet der König in einer Situation des intensiven Leids. Drei Themen sind hier miteinander verwoben: Der König beschreibt seine Leiden; der König betet und klagt in seinen Leiden; der König spricht mit dem Gott, mit dem er im Bund steht, über Gottes Vertrauenswürdigkeit.

Der König beginnt mit einem durchdringenden Schrei verzweifelten Leidens (V. 2–3):

> *»Mein Gott, mein Gott, warum hast du mich verlassen? [Vgl. Mt 27,46; Mk 15,34] Ich schreie, aber meine Hilfe ist ferne. Mein Gott, des Tages rufe ich, doch antwortest du nicht, und des Nachts, doch finde ich keine Ruhe.«*

Er erlebt eine qualvolle Distanz zum Vater (*»ist ferne«*) und sein beängstigendes Schweigen (*»doch antwortest du nicht«*). Der Bundesgott (*»Mein Gott«* wird in diesen Anfangsversen mehrmals genannt), der doch niemals sein Volk »verlässt« (gerade darin besteht Bundestreue), hat ihn *»verlassen«*. Er findet keine Ruhe, obwohl Gott scheinbar kein Problem damit hat, stillschweigend abzuwarten. Wir müssen die bis ins Mark gehende, furchterregende Bedrängnis des Königs nachempfinden, um eine leise Ahnung davon zu bekommen, was Jesus für sein Volk – für uns – erduldete, als er schrie: *»Mein Gott, mein Gott, warum hast du mich verlassen?«*

Nach diesem schmerzerfüllten Schrei besingt der König Gottes Vertrauenswürdigkeit (Ps 22,4–6). Beachte das dreifache *»hofften ... hofften ... hofften«*. Der König sagt hier: »Wir preisen dich, und zwar gerade weil diejenigen immer gerettet werden, die auf dich hoffen. Du bist absolut vertrauenswürdig. Niemand, der auf dich hofft, wird dadurch beschämt, dass du ihn vor den Augen aller enttäuschst.«

Der König fährt fort, indem er seine öffentliche Schande (in direktem Gegensatz zu Vers 6b: *»nicht zuschanden«*) anschaulich beschreibt. Er wird nicht als *»Mensch«* gewürdigt, sondern ist ein verachteter *»Wurm«*. Er ist *»ein Spott«* und wird *»verachtet«*. Die Leute *»verspotten«* ihn und *»sperren das Maul auf«*, wie sie es zehn Jahrhunderte später auch bei unserem Herrn Jesus taten (vgl. Mt 27,39; Mk 15,29; Lk 23,35–36). Sie verspotten ihn, weil er auf den Herrn hofft (*»Er klage es dem HERRN«*; vgl. Mt 27,43). Beachte in Psalm 22,7–8 die wiederholten Verweise auf öffentliche Unehre: *»Spott … verachtet … verspotten … sperren das Maul auf … schütteln den Kopf«*. »Warum stehe ich im Gegensatz zu allem, was ich in Bezug auf deine Vertrauenswürdigkeit als wahr angesehen habe?«, fragt der König seinen Gott. Hier geschieht etwas sehr Tiefgreifendes und Merkwürdiges. Es sollte später im Spott erfüllt werden, der sich gegen Jesus, den Herrn, am Kreuz richtete.

In den Versen 10 und 11 kommt der König auf die Vertrauenswürdigkeit Gottes zurück und sagt: *»[D]u ließest mich geborgen sein«* (V. 10b). Diese vertraute Geborgenheit, die auch im folgenden *»Auf dich bin ich geworfen … mein Gott«* zum Ausdruck kommt, vermittelt den Eindruck eines festen Glaubens an den Bundesgott, der dem König Verheißungen gegeben hat. Vers 12 bringt uns zurück zur Ferne Gottes (*»ferne von mir«*) und wechselt dann zu dem, was *»nahe«* ist: Gott ist *»ferne«*, aber die Angst ist *»nahe«*.

Die Verse 13–19 malen uns eine schaurige Beschreibung der Leiden des Königs vor Augen. Beachte, wie dies auf die zweite und dritte Zeile von Vers 12 aufbaut. Er ist von wilden, räuberischen Bestien umgeben. Er leidet schrecklichen Durst (erfüllt in Joh 19,28). Seine Hände und Füße sind durchgraben. Seine Henker teilen seine Kleider unter sich auf (erfüllt in Mt 27,35; Mk 15,24; Lk 23,34; Joh 19,24). Wir müssen diese erschreckenden Worte langsam lesen, um zu spüren, wie furchtbar der König leiden musste – zunächst König David (als Vorwegnahme) und schließlich König Jesus in der schrecklichen Erfüllung.

Beachte die wiederholte Verwendung des Wortes *»ferne«* sowie das Thema der *»Hunde«* (Ps 22,17) und der wilden, reißenden *»Löwen«* (V. 14). Der König wird zerrissen, und niemand ist da, der ihm hilft. Was auch immer König David erlebt haben mag, die Worte dieses Psalms fanden am Kreuz Christi ihre Erfüllung. Keine technische Beschreibung der römischen Kreuzigung durch einen Geschichtsschreiber kommt an die Aussagekraft dieser Dichtung heran, wenn es darum geht, den Schrecken, die Qual und die Schmach erahnen zu lassen, die unser König für sein Volk erlitt.

Der erste Teil des Psalms schließt mit einer erneuten und dringenden Bitte um Rettung (V. 20–22). Bevor wir zum zweiten Teil des Psalms übergehen, fragen wir uns, wie wir auf die Verse 2–22 reagieren sollten. Gewiss können wir das Elend Jesu, unseres Herrn, ein Stück weit mitempfinden, als er sich selbst opferte, um die Sünden der Welt wegzunehmen. Das wird in uns eine noch tiefere Dankbarkeit dafür wecken, was er an unserer Stelle als unser Stellvertreter erduldete: ein Opfer, das wir für uns selbst nie bringen könnten.

Außerdem sollen wir uns daran erinnern, dass wir – in gewisser Hinsicht korporativ als seine Gemeinde – durch die Teilhabe an seinen Leiden dafür qualifiziert werden, mit ihm zur Herrlichkeit erhoben zu werden (vgl. Röm 8,17). Keiner von uns kann durch Leiden die Strafe für seine Sünden bezahlen; das hat Christus für uns getan. Dennoch sind wir alle – wenn wir Nachfolger Jesu sind – berufen, an seinen Leiden Anteil zu haben. Das bedeutet, dass wir vielleicht einen gewissen Widerhall der hier beschriebenen Schmerzen erfahren werden und nicht überrascht sein sollten, wenn das geschieht.

DER REHABILITIERTE KÖNIG

Im zweiten Teil des Psalms (Ps 22,23–32) sehen wir eine massive Veränderung des emotionalen Grundtons. Das Gebet des Königs um Rettung (V. 22) wurde auf wunderbare Weise erhört. Wir wissen nicht, welche Gebetserhörung David erlebte. Wir kennen aber die ultimative Gebetserhörung, die Jesus erfuhr: leibliche Auferweckung, öffentliche Rehabilitierung, Himmelfahrt, Verherrlichung und das Sitzen zur Rechten des Vaters.

In Vers 23 ruft der rehabilitierte König:

> *»Ich will deinen Namen kundtun meinen Brüdern,*
> *ich will dich in der Gemeinde rühmen.«*

Hebräer 2,12 erklärt, dass Jesus selbst diese Worte von König David spricht, wenn er seiner Gemeinde den gerechten Namen des Vaters verkündigt. Der Vater, auf den er sein Vertrauen setzte (vgl. 1 Petr 2,23), erwies sich am Ende als absolut vertrauenswürdig. Wir dürfen uns vorstellen, wie Gottes gesamte Gemeinde versammelt wird, während der nun rehabilitierte König dasteht und ihnen – also schlussendlich uns – den *»Namen«* des rettenden Gottes kundtut. Dieser *»Name«* ist die öffentliche Enthüllung, dass Gott wirklich rettet: Er hat den König gerettet – und so dürfen wir zuversichtlich sein, dass er auch das Volk des Königs retten wird.

In Psalm 22,24–25 erfahren wir, was der rehabilitierte König verkündet. Er fordert sein gesamtes Volk (*»die ihr ihn fürchtet«*) auf, den Bundesgott zu rühmen, zu ehren und sich vor ihm zu scheuen, denn *»er hat nicht verachtet noch verschmäht das Elend des Armen«* (der Arme steht hier in der Einzahl; gemeint ist also der von Gott gesalbte König, V. 25). Er hat sich als des Vertrauens des Königs würdig erwiesen. Der König war im Elend, er litt furchtbar. In seinem Leid schrie er zu Gott, und Gott spottete nicht über sein Schreien, sondern er hörte es und rehabilitierte ihn. Die ultimative Rehabilitierung geschieht durch die Auferweckung.

In den Versen 26–27 erfolgt ein Wechsel vom Singular – *»des Armen«* aus Vers 25 – zum Plural: *»Die Elenden … die nach dem HERRN fragen«* (V. 27). An dieser Stelle kommen wir ins Spiel. Weil Gott sich gegenüber dem König Jesus in dessen Elend als treu erwiesen hat, dürfen wir vollkommen zuversichtlich sein, dass er das auch in Bezug auf unser Elend sein wird. Auch wir werden *»essen, dass [wir] satt werden«*. Stellen wir uns vor, wie die gesamte Gemeinde – die weltweite Kirche Christi aller Generationen – in den tief empfundenen Lobpreis des Königs einstimmt. Welch ein gewaltiger Chor der Anbetung wird das sein!

In den Versen 28–32 klingen sowohl der Bund mit Abraham (der mit 1. Mose 12,1–3 beginnt) als auch die Verheißung aus Psalm 2 an: Der König wird über die Völker herrschen. Die gute Nachricht, dass es Rettung für die Elenden gibt, wird sich ausbreiten und *»aller Welt Enden … alle Geschlechter der Völker«* (Ps 22,28) werden sie hören. Von jenen an der Spitze der Gesellschaft *(»alle Großen auf Erden«,* V. 30) bis zu den Geringsten (*»die … ihr Leben nicht konnten erhalten«*) – sie alle werden *»anbeten«* (V. 30) und Gottes *»Gerechtigkeit predigen«* (V. 32).

Mit diesem jubelnden Abschluss endet dieser Psalm, der mit unermesslichem Leid begann. In der Vision des allumfassenden Lobpreises und der weltweiten Anbetung besteht die vor dem Herrn Jesus liegende Freude, um derentwillen er das Kreuz erduldete.

EIN LIED FÜR DIE HARTEN ZEITEN IM LEBEN

Dieser Psalm nimmt uns mit auf eine emotionale Reise. Deshalb sang ihn das Volk Gottes über die Jahrhunderte wieder und wieder. Auch wir müssen die Bitterkeit des Kreuzes schmecken (V. 2–22). Erst dann können wir das Wunder jener weltweiten Erfahrung der Rettung und Anbetung (V. 23–32) wirklich schätzen, die das Kreuz bewirkte. Jesus hat dieses Lied wohl viele Male vollständig gesungen, bevor er in den Todesqualen des Kreuzes die erste Zeile des Psalms schrie. Als er rief: *»Mein Gott, mein Gott, warum hast du mich verlassen?«* (Mt 27,46; Mk 15,34), tat er das nicht, weil er die Antwort nicht gewusst hätte. Er wusste, dass er die Hölle der Gottverlassenheit erdulden musste, um die Strafe für Sünder zu bezahlen. Genau das war der Grund für seine Menschwerdung. Er war mit dem Vater seit aller Ewigkeit in liebender Freude verbunden gewesen. In der qualvollen Trennung vom Vater konnte einzig dieser Psalm die Tiefe seiner Leiden ausdrücken. Vielleicht erinnerte der Rest dieses Psalms den leidenden Jesus dort am Kreuz, als er den Bundesfluch des Verlassenwerdens erduldete, auch an die vor ihm liegende Freude. Vielleicht gab er ihm die Kraft, sich selbst bis zum Ende hinzugeben, bis er dann rufen konnte: *»Es ist vollbracht«* (Joh 19,30).

Wenn auch wir ein gewisses Überfließen der Leiden Christi (vgl. Kol 1,24) erleben und wenn wir mit ihm leiden, um mit ihm zur Herrlichkeit erhoben zu werden (vgl. Röm 8,17), dann hilft uns dieser Psalm, nicht überrascht zu sein, wenn das Leben als Christ hart ist. Wir müssen nie leiden, um die Strafe für die Sünden anderer zu zahlen. Als Christen werden wir auch niemals für unsere eigenen Sünden leiden müssen, denn das hat Jesus voll und ganz für uns getan. Leiden werden wir dennoch. Darum werden wir als Volk Jesu in einem gewissen Maß den Schmerz aus dem ersten Teil von Psalm 22 empfinden.

Dann aber kommen wir zum zweiten Teil: Wir hören, wie unser König Jesus verkündet, was der Vater für ihn mit seiner Auferweckung getan hat, und wir freuen uns darüber. Durch das Singen dieses Psalms begreifen wir immer tiefer, dass der Vater das, was er für Jesus getan hat, auch für uns als das Volk Jesu tun wird. Menschen auf der ganzen Welt, die wissen, dass sie keine der Segnungen verdienen, die über ihnen ausgegossen wurden – die wissen, dass jene, die arm waren, durch Jesus reich gemacht wurden (vgl. 2 Kor 8,9) –, werden im zukünftigen Zeitalter den neuen Himmel und die neue Erde erklingen lassen von der frohen Verkündigung der gerechten Taten ihres Gottes. *»Denn er hat's getan«*, werden wir singen, mit freudigen Herzen und jubelnden Stimmen.

ZUM NACHDENKEN

1. Wie hilft dir dieser Psalm, dir vorzustellen, was Jesus am Kreuz erlebte?

2. Hast du ähnliches Leid schon in deinem eigenen Leben erfahren?
3. Wie stärkt dieser Psalm deine Zuversicht, dass Gott dir in solchen Bedrängnissen treu sein wird?

PSALM 23

Der Bibelkommentator Peter Craigie schreibt:

> *»Es gibt wenige Psalmen im Psalter, die so beliebt und bekannt sind wie [Psalm] 23. Sein Reiz liegt zum Teil in der Einfachheit und Schönheit der Dichtkunst und wird verstärkt durch die gelassene Zuversicht, die er ausstrahlt.«*
>
> *(Psalms 1–50, S. 208)*

Das ist wahr. Eines der Probleme mit Psalm 23 ist jedoch gerade diese betäubende Vertrautheit. Er geht jedem leicht von den Lippen, der in irgendeiner Weise christlich erzogen wurde oder kulturell mit dem Christentum in Berührung kam. Die Worte des Psalms können uns umschmeicheln und uns ein warmes, religiöses Gefühl der Geborgenheit vermitteln, ohne dass wir viel oder überhaupt etwas davon verstehen. Falls das so ist, müssen wir die intellektuelle und emotionale »Reset«-Taste drücken, bevor wir uns diesem wunderschönen Psalm von Neuem zuwenden. Nach diesem Kapitel, so hoffe ich, werden wir uns an ihm in noch höherem Maß erfreuen, nämlich in Christus.

Wie bei den meisten Psalmen aus Buch I erläutert die Überschrift, dass dies *»Ein Psalm Davids«* ist, was uns daran erinnern sollte, dass dieser viel geliebte Psalm zuerst David gehörte. Das muss uns bewusst sein, bevor er zu unserem Psalm werden kann. Es handelt sich um einen Psalm des Königs. David sang ihn – wir wissen nicht wann, und auch nicht, was ihn dazu veranlasste. Dieses Lied ist jedenfalls der ehrliche Ausdruck seines Glaubens und Erlebens. Wir müssen uns vor Augen halten, dass David hier wie in allen Psalmen (und wie die anderen Psalmisten) als Prophet sprach – durch den Geist Christi, des gesalbten Königs, der einst kommen sollte. Bevor dieser Psalm daher uns gehören kann, gehört er zunächst David. Als Nächstes ist er das Gebet Jesu Christi, unseres Königs. Andrew Bonar, ein schottischer Pastor aus dem 19. Jahrhundert, stellt fest:

> *»Die Gemeinde hat diesen Psalm so exklusiv (könnte man sagen) auf sich selbst angewendet, dass sie fast schon vergisst, dass ihr Hirte ... ihn einst benötigte und gern verwendete.«*
>
> *(Christ and His Church in the Book of the Psalms, S. 80)*

Weil Jesus sich als der *»gute Hirte«* bezeichnete (Joh 10,11), denken wir allzu schnell: Wenn wir diesen Psalm beten, geht es um Jesus, unseren Herrn, der unser Hirte ist. Natürlich ist Jesus das, aber wir müssen zuerst den ursprünglichen Kontext in Davids Leben bedenken und den Kontext seiner Erfüllung, in dem ihn unser König Jesus gebetet hat. Es ist ein Psalm unseres Königs, und wir müssen ihn als solchen lesen, bevor er in Christus auf die rechte Weise zu unserem Psalm werden kann. Wir wollen nun also darüber nachdenken, wie David diesen Psalm gesungen hat, und anschließend darüber, wie Jesus es tat. Erst danach werden wir lernen, ihn selbst zu beten.

Obwohl der Begriff hier nicht verwendet wird, hat dieser Psalm das Thema Vertrauen mit Psalm 22 gemeinsam: Der König, der in Psalm 22 Gott angesichts verzweifelten Leids vertraut, vertraut in Psalm 23,4 dem gleichen Gott, dass er im *»im finstern Tal«* sein Hirte sein wird. Die emotionale Klangfarbe des Psalms ist jedoch anders. Psalm 22 ist ein eindrucksvoller, intensiver Psalm, der uns im ersten Teil mit in die Tiefe nimmt und im Schlussteil mit Trompetenfanfaren vor Freude jubelt. Wo Psalm 22 (in den Begriffen klassischer

Musik gedacht) eher einem Stück von Verdi gleicht, kann man sich bei Psalm 23 vielleicht am besten vorstellen, von Vaughan Williams' Musik eingehüllt zu sein. Eine stille Nachdenklichkeit liegt in diesem Gebet unseres Königs.

Am Anfang und am Ende des Psalms steht der *»HERR«*, der Bundesgott (23,1.6). Wir sollten daher den Bund, den Gott mit dem König aus Davids Geschlecht schloss (vgl. 2 Sam 7,11b–14), im Sinn behalten. In diesem Psalm geht es nicht um irgendeinen »Gott« im allgemeinen Sinn, sondern um den Bundesgott der biblischen Geschichte – konkret um den Gott, der dem von ihm eingesetzten König Bundesverheißungen gegeben hat (vgl. Ps 2).

AN DEN ORT DER FÜLLE

Das Lied beginnt mit der zuversichtlichen Beteuerung, dass dieser Bundesgott seinen König an einen Ort bringt, an dem er rundum versorgt ist (23,1–3). Gott ist der *»Hirte«* des Königs und deshalb mangelt es dem König an *»nichts«* (V. 1). David feiert die Wahrheit, dass der HERR ihn dorthin führt, wo Zufriedenheit herrscht. Die Worte *»weidet mich … führet mich … erquicket [wörtl. ›bringt mich zurück‹] … führet mich«* in den Versen 2–3 verdeutlichen allesamt die Initiative des HERRN, seinen König an den Ort zu bringen, an dem die Fülle ist.

Obwohl hier im Singular gesprochen wird (*»mein … mir … mich«*), können wir die Hirtenmetapher auch als Gemeinschaft verwenden, wie Psalm 28,9 dies tut: *»Hilf deinem Volk und segne dein Erbe und weide und trage sie ewiglich!«* Der Gott, der der Hirte des Königs ist, ist auch der Hirte des Volkes, denn der König ist das repräsentative Haupt des Volkes. Der König repräsentiert für sein Volk Gott. Zugleich ist er unser Repräsentant, der sowohl für uns spricht als auch uns die Bundesbeziehung vermittelt, in der er selbst mit Gott steht.

Diese Verknüpfung wird durch den starken Widerhall jener Formulierungen untermauert, mit denen in 2. und 5. Mose beschrieben wird, was der Bundesgott beim Auszug aus Ägypten und in der Wüste für das Volk Israel tat. Der Psalm »ist durchdrungen von einem Bundes-Kontext und er hat viele Gemeinsamkeiten mit Beschreibungen der Exoduserfahrung«, schreibt Harman (*Psalms*, Bd. 1, S. 225). So klingt in den Worten *»mir wird nichts mangeln«* (23,1) Israels Erleben auf der Reise durch die Wüste an, über das Mose ihnen sagte: *»An nichts hast du Mangel gehabt«* (5 Mose 2,7). Die Wendungen *»führet mich«*, *»auf einer grünen Aue«* und *»[e]r führet mich«* (Ps 23,2–3) sind Anklänge an den Lobgesang aus 2. Mose 15, der an der Ostküste des Roten Meeres gesungen wurde. Die Israeliten feierten hier, denn:

> *»Du hast geleitet durch deine Barmherzigkeit [Bundesliebe, chesed – vgl. Ps 23,6, wo das gleiche Wort verwendet wird] dein Volk, das du erlöst hast, und hast sie geführt durch deine Stärke zu deiner heiligen Wohnung [wörtl. ›Weide‹].«*
> *(2 Mose 15,13)*

Das Wort *»frisch«* (*»zum frischen [wörtl. ›stillen‹] Wasser«*, Ps 23,2) wird an anderer Stelle mit »Ruhe« übersetzt und in Psalm 95,11 für das verheißene Land verwendet.

König David singt davon, wie der Bundesgott ihn, das repräsentative Haupt Israels – den Einen, der in seiner Person Israel verkörpert –, an den Ort des Überflusses bringt. Psalm 23 ist nicht das Lied einer Einzelperson. Dieser Psalm ist das Lied des repräsentativen Haupts des Volkes Gottes. Was Gott für ihn tut, tut Gott (implizit) für das ganze Volk Gottes, dessen Anführer der König ist. Es hat den Anschein, dass »David als König als der gesehen wird, der das Erleben der Nation in seiner Person bündelt« (Geoffrey W. Grogan, *Psalms*, S. 75). Was Gott für seinen auserwählten König tut, tut er auch für das Volk des Königs. Wenn wir also das Volk des Königs sind – Männer und Frauen »in Christus« –, dann gelten diese Wohltaten und dieser Trost auch uns.

All das tut Gott *»um seines Namens willen«* (23,3). Weil Gott dem König eine Bundesverheißung gegeben hat – eine Bundesverheißung, die die Verheißungen an Abraham und seine Nachkommen mit anderen Worten wiederholt –, hängt Gottes Ruf (sein *»Name«*) davon ab, dass er auch tut, was er verheißen hat. König Davids Vertrauen, dass Gott ihn führen wird, war kein Wunschdenken. Es war das Vertrauen darauf, dass Gott seinem Bund treu sein wird. David sprach durch den Geist Christi. Als Jesus später Psalm 23,1–3 sang, tat er dies als der gesalbte König, als der Messias, als das Haupt des Volkes Gottes und als die Verkörperung Israels. In dieser Eigenschaft vertraute er darauf, dass Gott, sein Vater, ihn und mit ihm sein ganzes Volk an den Ort der Fülle bringen wird – in das »Erbe«, das in dem neuen Himmel und der neuen Erde besteht.

Als Volk des Königs Jesus dürfen wir uns mit ihm in der gelassenen Zuversicht freuen, dass wir – wenn wir zu ihm gehören – ebenfalls geführt, geleitet, erquickt (zurückgebracht) und an einem Ort der Schönheit und Fülle geweidet werden. Es macht jedoch einen wunderbaren Unterschied, diese herrlichen Worte im tiefen Bewusstsein unserer gemeinsamen Identität in Christus, unserem König, zu beten. Das ist ein wundervolles Gegengift gegen den lähmend vereinsamenden Individualismus, der in unseren westlichen Kulturen vorherrscht. Die *»grünen Auen«*, die *»frischen Wasser«* und die *»rechte Straße«*, zu denen wir geführt werden, sind die Wiesen, Flussufer und Wege, zu denen unser König zuvor gegangen ist. Dorthin führt er – als unser guter Hirte – nun uns, sein erlöstes Volk. Wir sollten uns nicht vorstellen, dass wir allein an einen Ort der einsiedlerischen Zufriedenheit gebracht werden, sondern auf ein Weideland, das groß genug für alle ist, die in Christus sind. Wir wollen uns als seine Herde betrachten, die gemeinsam an den Ort geführt wird, den er für uns vorbereitet hat, damit wir ihn gemeinsam, miteinander und mit ihm, genießen.

DURCH FINSTERE TÄLER

Vers 4 macht jedoch deutlich, dass der Weg zu dieser *»grünen Aue«* wie schon in Psalm 22 die Straße des Leidens ist. Sie führt den König durch das *»finstere Tal«*. Etwa die Hälfte der alttestamentlichen Vorkommen des Wortes, das hier mit »finster« wiedergegeben wird, steht im Buch Hiob. Der Begriff meint einen Schatten, hinter dem der Tod selbst liegt. Selbst dann, wenn der König in dieses Tal hineingeht (bzw. als unser König Jesus am Kreuz tief in dieses Tal hineinging), muss er *»kein Unglück«* fürchten. Der *»Stecken«* des Hirten vertreibt die wilden, räuberischen Tiere. Der *»Stab«* des Hirten leitet und bewacht die Schafe, damit sie auf den richtigen Wegen bleiben. Dieser König begibt sich für das Volk Gottes, das er leitet, selbst in die tiefe Finsternis.

Wenn wir unserem König nachfolgen, sind auch wir aufgerufen, in den Todesschatten zu gehen. Das kann auf gemäßigtere Weise durch Prüfungen und Krankheit geschehen oder auf tiefgreifendere Weise, wenn wir dem Tod selbst begegnen. Doch selbst in der finstersten Prüfung, in dem tiefsten Tal, in dem der Tod unsere Seele mit einer solch schwarzen Finsternis überschattet, dass es keine Hoffnung mehr zu geben scheint – selbst dort dürfen wir darauf vertrauen, dass der Sohn, der nun unser Hirte ist, ebenso mit uns geht wie der Vater als Hirte damals mit Jesus war. Zwar sollten wir aus Psalm 23,4 keinen Trost anhand einer einsamen oder individualistischen »Ich und Gott«-Spiritualität schöpfen. Der Vers bietet uns aber sehr wohl großen Trost, wenn wir über die Sicherheit nachdenken, die wir in Jesus Christus haben. Unser König ist vor uns her gegangen: Er ging in das tiefste und dunkelste Tal hinein und durch dieses Tal hindurch. Wenn wir in ein ähnliches Tal oder schlussendlich in die Finsternis des Todes hineingehen, dann tun wir dies als Glieder des Volkes jenes Königs, der uns vorangegangen ist. Er wird uns bei der Hand nehmen und uns führen, wie er selbst von seinem Vater geführt wurde.

Durch den Heiligen Geist genießen wir nun die Gemeinschaft mit dem Vater und dem Sohn (vgl. 1 Joh 1,1–3). Selbst der Tod kann diese Gemeinschaft nicht zerreißen.

AUF DEM WEG ZUM SIEG

Psalm 23,1–3 drückt die Zuversicht des Königs aus, dass er sein Volk an den Ort der Fülle führen wird. Vers 4 unterstreicht dies durch die Zusicherung, dass ihn nicht einmal der Tod aufhalten kann. Dann blickt Vers 5 nach vorne auf den letztendlichen Sieg des Königs: Es gibt einen *»Tisch«*, der für ein Siegesmahl gedeckt ist. Zwar sind da *»Feinde«* – jene, die bis zum Schluss im Widerstand gegen Gottes König verharrten –, aber sie können nicht am Festmahl teilnehmen. Sie können nur zusehen, frustriert über ihre Niederlage, weil ihre Hoffnungen auf Freiheit, die sie in Psalm 2,1–3 so zuversichtlich verkündeten, am Ende enttäuscht wurde. Vorbereitend für das Bankett wird das Haupt des Königs mit Öl gesalbt und ihm Segen im Überfluss eingeschenkt. Am Ende wird der König aus Psalm 2 über die Völker herrschen. Wie wir schon in Psalm 22 sahen, werden wir mit ihm regieren, denn Gottes Volk wird die Welt richten und regieren (vgl. 1 Kor 6,2).

DER ORT DER FREUDE UND WONNE

Psalm 23,6 bildet den Höhepunkt. Nach der behutsamen Führung (V. 1–3), der zugesicherten Gegenwart in der Finsternis (V. 4) und dem Siegesmahl (V. 5) kommt nun die ultimative Freude: Gottes Wohlwollen. Dem König gehört *»Gutes«* und die im Bund begründete, beständige *»Barmherzigkeit«* (*chesed*) Gottes. Er darf sich für immer daran erfreuen – in der vertrauten Gemeinschaft mit Gott, seinem Vater. Das wünscht sich der König am meisten; und das wird er für immer genießen. In diesem *»Hause des HERRN«* wird er die

Schönheit des HERRN schauen (vgl. Ps 27,4). Das Ziel dieses Geschehens ist die ununterbrochene freudige Gemeinschaft zwischen Gott, dem Vater, und dem König. Der Bundesname *»HERR«* formt zusammen mit Vers 1 eine Klammer um diesen Psalm.

Der König, der diese Bundeszusicherungen erbt, ist letztlich Jesus Christus. Er ist der Sänger von Psalm 23. Welchen Trost muss dieser Psalm ihm in seinen irdischen Leiden gespendet haben! Und nun gilt der Psalm uns, wenn wir »in Christus« sind. Unser König wird mit Gott, dem Vater, zu unserem guten Hirten. Er führt uns, seine Schafe, dorthin, wo er selbst schon hingegangen ist. Mit unserem König und nur mit unserem König – niemals als eine isolierte Spiritualität ohne Christus – haben wir Anteil an dieser tiefen und schönen Gewissheit: Wenn wir ihm durch das Tal der Todesschatten folgen, müssen auch wir kein Unheil fürchten. Auch wir werden mit Jesus immerdar im Haus unseres Vaters bleiben.

ZUM NACHDENKEN

1. Welchen Unterschied macht für dich persönlich das Wissen, dass Jesus für dich durch das Tal des Todes ging?
2. Welche Gefühle weckt dieser Psalm in Bezug auf deine Zukunft in dir?
3. Wenn wir diesen Psalm »im tiefen Bewusstsein unserer gemeinsamen Identität in Christus, unserem König« beten, welche Dinge werden wir dann für unsere Gemeinden und christlichen Gemeinschaften erbitten?

PSALM 31 UND 40

—

4. DER FELS DER ZUFLUCHT

Wir hätten viele Psalmen aus Buch I betrachten können, um das Vertrauen des Königs in seinen Gott und Vater zu verdeutlichen. Ich habe die Psalmen 31 und 40 gewählt, weil sie zu meinen Lieblingspsalmen gehören und teils auch, weil sie im Neuen Testament von oder über Jesus zitiert werden.

PSALM 31

—

Was braucht es, damit du dem Gott und Vater Jesu jederzeit und sogar im Angesicht des Todes vertraust? Psalm 31 beantwortet diese Frage auf eine wunderbar mutige und zutiefst überzeugende Weise. Er ist ein *»Psalm Davids«* – auch hier lesen wir also einen Psalm, der zuerst David gehört und dann in besonderer Weise Jesus. Erst danach gehört er »in Christus« uns, dem Volk des Königs.

Der Schlüssel zu diesem Psalm liegt in Davids Schlussworten, in den Versen 24–25. Nachdem er von seinen eigenen Gebeten und den Gebetserhörungen erzählt hat, wendet er sich an das Volk Gottes. Er fordert uns auf, so zu vertrauen, wie er vertraut hat. Alles, was am Beginn des Psalms genannt wird, soll uns motivieren, dem Appell der Verse 24–25 zu folgen.

EINE REALISTISCHE WIEDERHOLUNG

Die Verse 10–23 wiederholen weitgehend die Verse 2–9. Beide Abschnitte beginnen mit einem inständigen Gebet in großer Not (V. 2–6; 10–14) und enden mit der Zuversicht auf Erhörung (V. 8–9; 22–23). Geht es um zwei aufeinanderfolgende Krisen und ihre Lösung? Das ist unwahrscheinlich. Die Sprache ist ziemlich allgemein gehalten, zudem gibt es auch andere Psalmen mit einem ähnlichen Schwanken zwischen Bedrängnis und Lob. Es liegt jedoch näher, dass der zweite Abschnitt (V. 10–23) das zuvor in den Versen 2–9 kurz umrissene Geschehen weiter entfaltet. Die freudige Gewissheit am Ende der beiden Abschnitte könnte Davids Zeugnis von einer bereits erlebten Befreiung sein. Es ist jedoch wahrscheinlicher, dass hier (wie in vielen Psalmen) das Vertrauen auf eine Befreiung zum Ausdruck kommt, die erst noch geschenkt werden muss. Das ist in etwa vergleichbar mit dem, was zuweilen als »prophetisches Perfekt« bezeichnet wird: Die Bibel verwendet eine Vergangenheitsform für etwas Zukünftiges, um die Gewissheit auszudrücken, dass es schon so gut wie geschehen ist. (Die Vergangenheitsform in Röm 8, 30: *»hat er … verherrlicht«*, ist vielleicht das bekannteste Beispiel dafür.)

Wenn das so ist, dann liegt in dieser Wiederholung etwas zutiefst Realistisches, denn sie bildet das Wechselspiel zwischen Gebet, Bedrängnis und Lob ab. Diese Spannung ist ein normaler Bestandteil des Glaubenslebens. Gewöhnlich beten wir nicht nur einmal für etwas und leben von da an mit der Zuversicht, dass unser Gebet erhört wird. Unsere gefühlte Gewissheit kommt und geht, und wir müssen immer wieder im Gebet zu Gott rufen, um die Gewissheit von Neuem in unserer Seele zu spüren. Psalm 31 ist uns darin ein Vorbild und formt zugleich solche beharrlichen, wiederholten Hilfeschreie und Vertrauenserklärungen in uns.

»IN DEINE HÄNDE BEFEHLE ICH MEINEN GEIST.«

—

Psalm 31, 2–6 ist von parallelen Vertrauenserklärungen eingeklammert:

> *»HERR, auf dich traue ich …*
> *In deine Hände befehle ich meinen Geist.«*

Die verwendeten Bilder zeigen einen sicheren Ort, der als *»ein starker Fels und eine Burg«* (V. 3) beschrieben wird. Mit dem Begriff *»Fels«* ist eine hohe Bergklippe oder ein Felsmassiv gemeint, wo man einen sicheren Zufluchtsort finden kann. David sagt (noch) nicht viel über seine Schwierigkeiten, aber er verweist auf das Netz, *»das sie mir heimlich stellten«* (V. 5). Offensichtlich ist er in großer Gefahr. Zugleich weiß er, dass der Gott, der einen Bund mit ihm geschlossen hat (der *»HERR«*), ein *»treuer Gott«* ist (V. 6). Gott ist derjenige, dessen *»Hände«* der sichere Ort – und zwar der einzig sichere Ort – für seinen *»Geist«*, sein inneres Ich, sind.

In Vers 7 stellt David die zwei möglichen Strategien gegenüber, die ein Mensch unter Druck anwenden kann. Die eine ist, *»sich [zu] halten an nichtige Götzen«*. Die andere ist, *»auf den HERRN«* zu vertrauen. Ein *»Götze«* ist alles, sei es Gott, Göttin, Philosophie, Gegenstand, Person oder Projekt, auf das wir unser Vertrauen setzen, um zu bekommen, was wir benötigen. Ein Götze ist die Person oder Sache, ohne die unser Leben aus unserer Sicht die Hölle wäre. Das kann etwas so Alltägliches sein wie unsere Ersparnisse, unser Zuhause oder unsere Rente. Es ist sehr gut möglich, dass es ein geliebter Mensch ist, auf dem all unsere Hoffnung ruht. Vielleicht ist es ein Projekt – meine Arbeit, meine Karriere oder mein Dienst –, von dem wir uns ein Gefühl der Wertschätzung erhoffen. Götzen gibt es in vielerlei Gestalt, denn das menschliche Herz ist – wie der Reformator

Johannes Calvin sagte – »eine Werkstatt von Götzenbildern« (*Institutio*, I, 11.8); kaum haben wir den einen aufgegeben, formen oder schaffen wir uns einen neuen.

Alle Götzen haben gemeinsam, dass sie *»nichtig«* sind. Das Wort bedeutet »leer«, »sinnlos«, »nutzlos«. Sie können niemals einen vertrauenswürdigen, sicheren Ort bieten. Sie lassen uns stets im Stich. Niemand flüstert auf seinem Sterbebett: »Ich wünschte, ich hätte größeres Vertrauen in meine Rente, meine Karriere, meine Freundin, meine philosophischen Ideen gehabt.« Wenn der König sagt: *»Ich hasse, die sich halten an nichtige Götzen«*, dann meint er damit keinen persönlichen, rachsüchtigen Hass. Das Wort *»hassen«* bedeutet »zurückweisen«, »dagegen sein«, »nichts zu tun haben mit« diesen Leuten, im Sinn einer strikten Weigerung, mit ihnen ihren Götzen zu dienen (Goldingay, *Psalms*, Bd. 1, S. 591). Stattdessen sagt unser König mit Nachdruck über sich selbst (*»ich aber«*), dass er auf den Bundesgott *»vertraut«*. Seine Aussagen der Verse 2–6 werden damit zusammengefasst.

Die Verse 8–9 drücken eine wunderschöne, freudige Gewissheit aus, die in der *»Güte«* (der Bundesliebe, *chesed*) Gottes wurzelt. Das Bild verändert sich: Aus dem sicheren Ort wird ein Ort der Weite. Der König war in *»Not«*: Das Wort transportiert das Gefühl der Enge – eingezwängt, in der Klemme, eingesperrt. Dennoch ist er gewiss, dass der Bundesgott seine *»Füße auf weiten Raum«* gestellt hat (oder stellen wird).

Es ist ein bewegender Anblick, David so beten zu sehen. Er drückt ein Vertrauen aus, das in allen Extremen des Lebens Bestand hat. Noch bewegender ist, wie Jesus dieses Vertrauen zur Erfüllung bringt, als er am Kreuz die bekannten Worte ruft: *»Vater, ich befehle meinen Geist in deine Hände!«* (Lk 23, 46). In diesem kurzen Zitat stecken das ganze Vertrauen und die ganze Gewissheit von Psalm 31, 2–9. Er glaubte wirklich, dass er sich dem Einen anvertrauen kann, der gerecht richtet, selbst im Angesicht des Todes (vgl. 1 Petr 2, 23). Dieses Vertrauen erklang erneut bei Stephanus, dem ersten christlichen Märtyrer, als er getötet wurde (vgl. Apg 7, 59). Auch Petrus ermahnte alle, *»die nach Gottes Willen leiden«*, dass sie *»ihm ihre Seelen anbefehlen als dem treuen Schöpfer«* (1 Petr 4,19).

»MEINE ZEIT STEHT IN DEINEN HÄNDEN.«

Nachdem David in Psalm 31,2–9 seine Schwierigkeiten nur angedeutet hatte, werden sie uns nun in den Versen 10–14 mit furchtbarer Schärfe ausgemalt. In den Versen 10–11 geht es um Schwäche. Wenn in der biblischen Poesie vom *»Auge«* die Rede ist, meint der Dichter damit häufig das, was wir mit Begriffen wie »Energie«, »Antrieb«, »Wünsche« und »Ambitionen« verbinden – eben das, was uns dazu bringt, morgens aus dem Bett zu springen. *»Gram«* war der Grund für Davids große Schwäche, die sowohl seinen Körper (*»Gebeine«*) als auch sein Herz befallen hat. Ärzte und Psychiater betonen, dass der Mensch eine psychosomatische Einheit ist: Wir können unseren Körper (*soma*) nicht von unserem Denken und Fühlen (*psyche*) abtrennen. Wir sind ganzheitliche Wesen, und alles an David war nun durch Leiden geschwächt.

Die *»Feinde«* des Königs, die erstmals in Vers 9 erwähnt werden, erscheinen in den Versen 12–14 mit voller Wucht erneut. Diese Bedränger hatten David solch einen Schaden zugefügt, dass er nun eine mitleiderregende und verachtenswerte, kraftlose Gestalt ist. Nur noch *»Spott«* und *»Schrecken«* hat man für ihn übrig, man nimmt Abstand von ihm (*»fliehen vor mir«*, V. 12). Zuletzt wird er wohl *»vergessen«* werden *»wie ein Toter«* (V. 13). Er gleicht dem Opfer einer *»Schreckens«*-Tat; seine Glieder und sein Herz sind *»wie ein zerbrochenes Gefäß«*. Die stolzen Mächte aus Psalm 2,1–3 *»halten Rat miteinander über mich«*, und das anscheinend (anders wie in Psalm 2)mit Erfolg, denn sie *»trachten danach, mir das Leben zu nehmen«* (Ps 31,14). All dies geschah in einem gewissen Maß König David. Es geschah in vollem Maß dem König Jesus. Wenn wir die Verse 10–14 mit Jesus singen, erinnern wir uns: Das Überfließen seiner Leiden auf uns ist das, was wir als sein Volk in diesem Zeitalter erwarten sollten.

Angesichts jener Bedrängnis kommt das Thema Vertrauen (das in den Versen 2–7 so viel Raum einnahm) in den Versen 15–19 wieder ins Spiel: *»Ich aber, Herr, hoffe auf dich«* (V. 15a). Die Worte *»Du bist mein Gott!«* (V. 15b) bekräftigen die Bundestreue, was gleichbedeutend mit Vertrauen ist. Wenn der König sagt: *»Meine Zeit steht in deinen Händen«* (V. 16), dann sagt er im Grunde das Gleiche wie: *»In deine Hände befehle ich meinen Geist«* (V. 6). Hier liegt allerdings die Betonung darauf, dass die gesamte *»Zeit«* des Königs – jedes Jahr, jeder Tag, Stunde um Stunde, Sekunde um Sekunde – sicher in den Händen des Gottes ruht, der reich an *»Güte«* (V. 17b; das gleiche Wort wie in V. 8, *chesed*) ist. Das Wichtigste für den König ist, dass das *»Antlitz«* Gottes – den er liebt – über ihm *»leuchten«* möge (V. 17a). Hier klingt der priesterliche Segen aus 4. Mose 6,22–27 an: Es handelt sich um die liebende Gunst Gottes gegen alle, die mit ihm im Bund stehen, beginnend mit dem König. Die Kehrseite des Vertrauens auf Hilfe ist das Vertrauen, dass *»die Frevler«* (definiert als *»die da reden wider den Gerechten frech, stolz und höhnisch«) »zuschanden werden«* und mit ihren Anklagen *»verstummen«* (Ps 31,18–19).

In den Versen 20–21 beginnt sich der Fokus des Königs von sich selbst (Singular) auf die, *»die dich fürchten«* zu richten (Plural, d. h. die Gott fürchten, und zwar mit liebender Ehrfurcht, V. 20). Der Gott, der den König beschützt, hat seine *»Güte«* all denen *»bewahrt«*, *»die auf dich trauen«*. Wenn der König in den Versen 22–23 wieder die freudige Gewissheit zum Ausdruck bringt, die er schon in den Versen 8–9 besungen hat, dann tut er das nun mit Blick auf die vielen, die sein Zeugnis ermutigen wird. Er war (und Jesus war, bildlich gesprochen, als er am Kreuz diesen Psalm zitierte) *»in der belagerten Stadt«* (V. 22 NeÜ), und zwar in einem äußerst bestürzenden Zustand: *»Ich bin von deinen Augen verstoßen«* (V. 23). Gott aber hat ihm, dem König, seine wunderbare Güte erwiesen und zugesichert (*chesed* aus den Versen 8 und 17).

So endet das Lied des Königs mit einer Aufforderung an uns ...

SEID GETROST UND UNVERZAGT!

Die Aufforderung der Verse 24–25 richtet sich an *»alle seine Heiligen«* (V. 24). Das Wort, das hier mit »Heilige« (oder »Getreue«) übersetzt ist, wird vom Wort *chesed* abgeleitet. Es geht um Menschen, die zunächst diese wunderbare Liebe in ihrem Leben empfangen haben, und dann beginnen, sie in ihrem Leben zum Ausdruck zu bringen. Das heißt, hier ist die Rede von allen Gläubigen: von Menschen, die zu Gottes gesalbtem König gehören. *»Liebet den HERRN«*, werden sie aufgefordert. Das bedeutet, ihm von Herzen und hingebungsvoll treu zu sein – sich an ihn zu *»halten«* statt an nichtige Götzen (V. 7).

In Vers 24 werden die Aussagen des Psalms über den Charakter des Gottes zusammengefasst, der dem auserwählten König beistand. Was Gott für den König tut, wird er für alle *»Heiligen«* tun – womit jene gemeint sind, die in demütiger Abhängigkeit von ihm leben. Sie sind das genaue Gegenteil von dem, *»der Hochmut übt«* und für seine überhebliche Feindseligkeit Vergeltung erfahren wird.

Wer den HERRN mit dieser zuversichtlichen Liebe liebt, der kann auch dann *»getrost und unverzagt«* sein (V. 25), wenn ihm selbst etwas von dem Überfließen der Bedrängnisse und Leiden Jesu, unseres Königs, widerfährt. *»Die ihr des HERRN harret«* – das sind wir. Dieses Harren ist gegründet im Vertrauen auf Gottes Bundesverheißungen, die für uns in Christus erfüllt sind (vgl. 2 Kor 1, 20), und es besteht in einer auf die Zukunft gerichteten Zuversicht, die uns jeden Tag die Kraft zum Leben schenkt.

Wie kannst du dem Gott und Vater Jesu jederzeit und sogar im Angesicht des Todes vertrauen? Nimm dir zunächst etwas Zeit, um über das Vertrauen nachzudenken, das Jesus selbst seinem Gott und Vater entgegenbrachte. Lies und betrachte Psalm 31, 2–9 und erspüre die Kraft der Worte *»In deine Hände befehle ich meinen Geist«* (V. 6). Dann lies und bedenke die Verse 10–23, bis du die Qual spüren kannst, die der Herr litt, und bis du etwas von dem Wunder erfassen kannst, dass ein Mensch inmitten der Bedrängnisse der Verse 10–14 sagen kann: *»Meine Zeit steht in deinen Händen«* (V. 16). Wenn du von Neuem den Glauben Jesu an seinen Vater bedacht hast, dann höre erneut seine Aufforderung an uns, sein Volk, in den Versen 24–25. Geh dann noch einmal den ganzen Psalm durch und mach das Vertrauen Jesu zu deinem eigenen, während du in seine Worte und sein Herz eintauchst. Vielleicht möchtest du die Worte *»Meine Zeit steht in deinen Händen«* konkretisieren: »Dieser Tag – dieser Tag der Bedrängnis, dieser Tag der Angst, dieser Tag der Verfolgung, dieser Tag der Trauer und selbst dieser Tag meines Todes – steht in deinen Händen.«

Sei bereit, immer wieder so zu beten. Die Bedrängnisse in der Nachfolge Jesu werden nicht nachlassen und du wirst feststellen, dass dein Vertrauen schwankt. Verwende diesen Psalm für das, was Gott damit beabsichtigte, als er König David zu diesem Gebet inspirierte und König Jesus dazu, ihn zu erfüllen. Der Psalm soll uns helfen, in Jesu Fußstapfen zu gehen, den Herrn zu lieben (vgl. V. 24) und *»getrost und unverzagt«* zu sein (V. 25), während wir auf den Gott und Vater Jesu *»harren«*, welcher der treue und gütige Gott ist (vgl. V. 16–17).

ZUM NACHDENKEN

1. An welche »Götzen« hältst du dich und welche siehst du in deinem Bekanntenkreis?
2. Wie würde es aussehen, wenn du stattdessen dein Vertrauen ganz auf Gott setzen würdest – heute?
3. Wie reagierst du auf die Aufforderung in den Versen 24–25?

PSALM 40

DER EINE UND DIE VIELEN

König David singt in Psalm 40 manchmal über sich selbst (*»Ich ... mir ... mein«*; 40, 2) und manchmal über sein Volk (*»uns ... in der großen Gemeinde«*; V. 6.10). Die Beziehung zwischen dem König und dem Volk des Königs ist der Schlüssel, um diesen Psalm zu verstehen und zu singen. Der größte Teil des Psalms ist zutiefst persönlich: David singt von sich selbst und von dem, was zwischen ihm und dem Bundesgott geschieht. Entscheidend ist aber, dass das, was dem König geschieht, maßgeblich ist für das, was seinem Volk geschehen wird. Dieser *eine* Mensch ist der Indikator für das Schicksal vieler. O. Palmer Robertson formulierte es so: »Wie es dem messianischen König ergeht, so ergeht es jedem Mitglied des messianischen Königreiches« (*The Flow of the Psalms*, S. 63). Wir müssen bedenken, dass niemand von uns dieser König ist. Wir müssen aber ebenso daran denken, dass wir – wenn wir zu Jesus gehören – Teil des Volkes des Königs sind, der Gemeinde Christi. Lasst uns also zuerst dieses Lied hören und dann mit einstimmen.

Der Psalm beginnt mit der Geschichte des Königs (V. 2–4). Daraufhin gibt der König eine Deklaration über Gott (V. 5–6) ab und eine über seine Selbsthingabe (V. 7–9). Seine Deklaration endet mit der Verkündigung von Gottes rettender Größe (V. 10–11). Im Anschluss ändert sich der Ton: In den Versen 12–18 fleht er Gott an, ihn jetzt zu retten.

BEHALTE DIE RETTUNG IM BLICK

Der König tritt vor seinen Chor und singt: *»Ich harrte des HERRN«* (V. 2). Die Geschichte des Königs beginnt mit einem langen Drama des Vertrauens. Des Herrn zu harren bedeutet, zu beten und auf Gottes Verheißungen zu vertrauen, und das Tag für Tag. David kennt die Verheißungen aus Psalm 1 und 2, ebenso jene aus 2. Samuel 7. Er weiß, dass der Gott, der mit ihm einen Bund schloss, sich verpflichtet hat, den König zu segnen, der das Gesetz des Bundes hält (vgl. Ps 1); und dass dieser König Gottes Sohn sein und die Welt erben wird (vgl. Ps 2). Das hat Gott gesagt. Die Realität, wie David sie erlebt, sieht jedoch völlig anders aus. Wir wissen nicht, wann David diesen Psalm schrieb, aber in Psalm 40,12–18 wird ziemlich klar, dass er die Welt noch nicht geerbt hat! Dennoch harrt er geduldig, weil er vertraut. Bei David war das häufig so; bei Jesus von Nazareth immer. Jeden Tag harrte er im Gebet auf den Herrn.

Der König bezeugt (V. 2b–4a), dass der Gott, der sich ihm verpflichtete, das Gebet erhört hat. Aus *»der grausigen Grube, … Schmutz und Schlamm«* (V. 3) – ein anschauliches, poetisches Bild für Schwachheit und drohenden Tod – zog Gott ihn heraus, stellte seine Füße *»auf einen Fels«* (auf einen festen Grund) und gab ihm *»ein neues Lied«* (V. 4), in dem er Gott für seine Rettung preist. David konnte das nach jeder kleinen Rettung, die er erlebte, singen. Der auferstandene und aufgefahrene König singt dieses Lied nun nach seiner endgültigen Rettung.

Am Ende von Vers 4 kommen wir mit ins Spiel: *»Das werden viele sehen«* – nämlich, wie Gott seinen auserwählten König rettet – *»und sich fürchten«*. Sie und wir werden *»auf den Herrn hoffen«*. Wenn das Volk des Alten Bundes sah, wie Gott König David oder einen der anderen Könige aus Davids Geschlecht (wie Hiskia in 2 Kön 18–20) rettete, ermutigte sie das, Gott ebenso zu vertrauen, wie ihr König ihm vertraute. Wenn wir sehen, wie Gott, der Vater, seinen Sohn

Jesus, unseren König, aus der *»grausigen Grube«* des Todes holt und seine Füße auf einen Felsen stellt, bewegt das auch uns dazu, unser Vertrauen auf den Gott zu setzen, dem König Jesus vertraute.

So kann Psalm 40,2–4 in Christus unsere Geschichte werden. Auch wir sind aufgefordert, in Zeiten der Prüfung auf den Herrn zu harren. Wir dürfen die Zuversicht haben, dass wir eines Tages – in Christus – ein neues Lied in unseren Mündern haben werden: ein Lied, um zu feiern, wie der Gott und Vater Jesu uns aus der fürchterlichen Grube des Todes gerettet hat.

FINDE DAS GLÜCK

Wenn wir an das Ende von Vers 4 gelangen, haben wir als Chor des Königs die Geschichte des Königs gehört und die Rettung des Königs mit angesehen. Wir sind bereit, zu vertrauen. In Vers 5a erklärt der König nun, was wir bereits geahnt haben: Jeder, *»der den HERRN zu seiner Zuversicht macht«*, ist glücklich zu preisen: *»Wohl dem …«* Wenn wir mit unserem Vertrauen in den Fußstapfen des Königs gehen, werden wir ebenso zu den Glücklichen gehören – so wie unser König, der glücklich zu preisen ist.

In Vers 5b werden wir aber auch gewarnt. Dem Bundesgott und Vater des Königs zu vertrauen, bedeutet, den *»Hoffärtigen« nicht* zu vertrauen (*»sich nicht wendet zu«*). Die »Hoffärtigen« sind Menschen, *»die mit Lügen umgehen«*. Warum ist es anmaßend, sich vom Bundesgott abzuwenden, und sich den Lügen, also falschen Götzen, zuzuwenden? Weil ein Götze stets nach »meinem« Bild geschaffen ist. Götzen ähneln »mir« und sind eine Ausweitung meines eigenen Ehrgeizes oder meiner Vorstellungswelt. Daher ist das Vertrauen auf einen Götzen im Grunde das Gleiche, wie sein Vertrauen auf sich selbst zu setzen. Wer sich *»wendet zu«* den Hoffärtigen, folgt ihrem Beispiel: Er setzt sein Vertrauen auf sich selbst oder auf andere Menschen – vielleicht den Partner, ein Familienmitglied, einen Star, einen reichen Wohltäter oder die Firma, bei der er arbeitet und die ihm die Welt verspricht. Oder er setzt seine ganze Hoffnung auf ein Projekt, in das er all seine Kraft investiert. Was auch immer es sein mag, jene Lügen werden stets enttäuschen. Wahres Glück kann nur gefunden werden, wenn man dem wahren Gott und Vater unseres Königs vertraut.

In Vers 6 weitet der König dieses Glück aus. Die Schlüsselbegriffe lauten *»groß«* und *»nicht zu zählen«*. Der König singt von großen Wundern, die *»nicht zu zählen sind«*. Warum so viele? Das Wort *»Wunder«* wird oft für Rettungen wie den Exodus verwendet – für Werke der Erlösung. Das sind *»deine Gedanken«*, nicht nur für einen einzelnen Menschen, den König, sondern *»an uns«*. Die *»Vielen«* aus Vers 4, die die Rettung des Königs sehen und dem Retter vertrauen, werden alle gerettet. Dabei ist jede einzelne Rettung – die Erlösung jedes Menschen im Volk des Königs – eine Wundertat Gottes. Es gibt viele Wundertaten, weil es viele gerettete Menschen gibt.

DAS HERZ DES KÖNIGS

In einem außergewöhnlichen und zutiefst persönlichen Abschnitt gelobt der König nun, den Willen Gottes zu tun, indem er ein Opfer für Sünden darbringt. In Vers 7 zeigt er die Einsicht, dass Gott zwar unter dem Alten Bund verschiedene Opfer angeordnet hat, dass es ihm aber letztlich nicht um die Opfer an sich ging, sondern um das, wofür sie stehen. Diese Opfer waren lediglich Sinnbilder für das wahre Opfer, das zu einem späteren Zeitpunkt dargebracht werden sollte. Gott wollte keine Opfer als bloße religiöse Rituale, ohne Umkehr und Glauben (vgl. Hos 6, 6).

Gott hat *»die Ohren«* des Königs *»aufgetan«* – das bedeutet (in der Poesie), dass Gott sozusagen Gehörgänge in seinen Körper gebohrt hat, damit er das Wort Gottes hören kann. Die griechische Übersetzung des Alten Testaments (die Septuaginta) hat hier eine etwas andere Lesart: *»einen Leib aber hast du mir bereitet«* (vgl. Hebr 10, 5). (Diese griechische Übersetzung entstand mindestens zwei Jahrhunderte vor Christus. Manchmal scheinen die Übersetzer den hebräischen Text etwas frei wiederzugeben. Wenn die Autoren des Neuen Testaments jedoch aus der Septuaginta zitieren, dürfen wir darauf vertrauen, dass die Bedeutung richtig ist.) Inhaltlich hat diese Aussage im Griechischen wie im Hebräischen den gleichen Sinn. Der König hat *»einen Leib«* mit *»Ohren«* bekommen. Das bedeutet, dass er der König ist, der das Wort Gottes hört und ihm gehorcht.

Deshalb sagt er in Psalm 40, 8 zu Gott, seinem Vater: *»Siehe, ich komme«*. Er ist der König, von dem das *»Buch«* (das Gesetz Gottes) sagt, dass er den Willen Gottes tun wird. Im Gesetz von Mose erfahren wir, dass der König das Gesetz Gottes aufschreiben lassen und darüber nachsinnen sollte. Der König aus Psalm 2 sollte also ein Gläubiger sein, wie er in Psalm 1 beschrieben wird. Er sollte mit jeder Faser seines Seins sagen können: *»Deinen Willen, mein Gott, tue ich gern, und dein Gesetz hab ich in meinem Herzen«* (Ps 40, 9). Das ist eine außergewöhnliche Erwartung: ein König mit dem Herzenswunsch, genau das zu tun, was Gott will. Viele Könige haben niemals auch nur annähernd Gottes Willen getan (z. B. Manasse, 2 Kön 21). Manche versuchten es (z. B. Josia, 2 Kön 22–23), aber keinem gelang es, bis Jesus von Nazareth kam, der Sohn Davids. Er konnte an jedem einzelnen Tag seines Lebens in Bezug auf seinen Vater sagen – und es wirklich so meinen: *»[I]ch tue allezeit, was ihm gefällt«* (Joh 8, 29).

Welch ein erstaunlicher König! König David war eine Vorschattung von ihm, aber niemals in vollkommener Weise. König Jesus opferte sich selbst als das vollkommene Opfer für Sünden. Deshalb zitiert Hebräer 10, 5–7 diesen Abschnitt des Psalms und bezieht ihn auf Jesus. Im Hebräerbrief heißt es dann weiter, dass der vollkommene Gehorsam Jesu uns geheiligt hat (vgl. Hebr 10, 10). Das Glück für die Vielen – das Volk des Königs – wurde durch das Sündenopfer des Einen – des Königs – erlangt.

Wenn wir Psalm 40, 7–9 singen, staunen wir darüber, wie Jesus sich in vollkommenem Gehorsam als Opfer für Sünder hingegeben hat. Wir schöpfen Trost aus der Tatsache, dass wir durch Jesu Gehorsam abgesondert wurden, um zu Gott zu gehören (*»geheiligt«*).

Wie es in einem Lied von Augustus Montague Toplady heißt, verbergen sein vollkommener Gehorsam und sein Blut den Anblick all unserer Übertretungen. Dann werden wir uns vielleicht durch den Geist Jesu mehr und mehr selbst danach sehnen, in unserem Leben Gottes Willen zu tun.

IN DER GROSSEN GEMEINDE

Die Verse 7–9 sind ein bewegendes, persönliches Versprechen, das der König seinem Gott gibt. Sie werden erfüllt in Jesu einsamer Selbsthingabe, als er unsere Sünden nach Golgatha trug und dort allein litt und starb. Die Verse 10–11 sind dagegen eine öffentliche Verkündigung des Königs in *»der großen Gemeinde«* – letzteres sind die Worte, die diesen Abschnitt einrahmen. Mit der *»großen Gemeinde«* ist die Versammlung des gesamten Volkes Gottes gemeint: das Israel des Alten Bundes und die Gemeinde Christi (aus Juden und Heiden) des Neuen Bundes.

Der öffentliche Charakter dieser Verse wird sowohl positiv als auch negativ betont. Der positive Teil lautet: *»Ich verkündige ... rede ich«*, der negative Teil: *»Siehe, ich will mir meinen Mund nicht stopfen lassen ... verberge ich nicht ... Ich verhehle ... nicht«*. Es ist wichtig, dass Gott das weiß und bestätigen kann (*»HERR, das weißt du«*). Warum wird hier betont, dass das für eine breite Öffentlichkeit bestimmt ist? Weil wir, die große Gemeinde des Volkes des Königs, dringend hören müssen, was der König verkündet. Wir können es uns nicht leisten, das nicht zu erfahren! Der König wird verkünden, was Gott für den König und was der König für sein Volk getan hat.

Was also verkündet der König? Gottes Rettung – dass Gott seine Versprechen hält und den König rettet. Wenn König David die Geschichte von seiner Rettung erzählt, redet er nicht so sehr von sich selbst, sondern verkündet, dass der Bundesgott seinen auserwählten König rettet. König Jesus verkündigte dies abschließend nach seiner Auferstehung und Himmelfahrt.

Wir müssen diese Verkündigung hören, weil der Gott, der den König rettet, eben jener Gott ist, der mit ihm auch sein ganzes Volk retten wird. Unsere Hoffnung beruht völlig auf der Auferstehung und Himmelfahrt Jesu, unseres Königs. Wenn wir mit unserem König die Verse 10–11 singen, erheben sich unsere Herzen voll Freude, weil wir wissen, dass der Gott und Vater Jesu wirklich der unveränderlich gütige und treue Gott ist, auf den wir sicher vertrauen können.

WIEDER IN SCHWIERIGKEITEN

Die dramatischen Ereignisse und die überwältigende Lösung der Verse 2–11 finden in der großartigen Verkündigung der rettenden Macht Gottes ihren Höhepunkt (V. 10–11). Es kommt daher ziemlich überraschend, dass in den Versen 12–18 plötzlich wieder ein Wechsel auf die Moll-Tonart stattfindet. David scheint auf einmal wieder in der Klemme zu stecken. Die *»Güte und Treue«*, die er in Vers 11 so zuversichtlich verkündigt hatte, wird in Vers 12 dringend benötigt (*»lass deine Güte und Treue allewege mich behüten«*). Vers 13 zeichnet ein intensives Bild des Leidens. Den König umgeben zahlreiche *»Leiden«*, mehr als Haare auf seinem Kopf. Diese Leiden setzt er gleich mit: *»Meine Sünden«*. Er versteht, dass für Sünden ein Preis bezahlt werden muss und dass sämtliche Leiden letztlich Folge der Sünde sind (auch wenn sie nicht unbedingt die Folge bestimmter Sünden sein müssen, vgl. Joh 9,1–3). Deswegen ist er der Verzweiflung nahe (*»mein Mut hat mich verlassen«*).

Wie sollen wir das verstehen? Was König David betrifft, wissen wir von genügend Sünden in seinem Leben, um diese Gedanken nachvollziehen zu können. Allerdings stehen wir selbst bei David vor dem Paradox, dass der, der in Vers 13 *»[m]eine Sünden«* beklagt, derselbe ist, der in Vers 9 versprach: *»Deinen Willen, mein Gott, tue ich gern.«* David redete hier prophetisch von einem zukünftigen König, der Gott vollkommen gehorsam sein wird und zugleich viele Sünden auf sich geladen hat. Die Sünden, die dieser größere König sich selbst zurechnen wird (*»Meine Sünden«*), werden die Sünden seines ganzen Volkes sein. Er wird das Opfer sein, das die Sünden anderer trägt – der Eine, der den Willen Gottes tut, indem er die Last der Sünden seines Volkes auf seine Schultern nimmt und für die Seinen zur Sünde gemacht wird (vgl. 2 Kor 5, 21).

Psalm 40, 12–18 könnte von einer späteren Zeit der Not sprechen, in die David nach der Rettung geriet, die er in den Versen 2–11 feiert. Wahrscheinlicher ist jedoch, dass David hier auf die Schwierigkeiten zurückkommt, aus denen er gerettet wurde, und sie erneut durchlebt. Unabhängig davon scheint es darum zu gehen, dass die Probleme des Königs eine Folge der Selbsthingabe des Königs sind, der sich als Sündenopfer für die Sünden seines Volkes darbrachte.

Die Verse 14–18 können auch für sich allein als Gebet stehen, daher wurden sie als Psalm 70 aufgegriffen und wiederverwendet. Dieser Abschnitt wird von der Bitte an Gott eingerahmt, den König zu retten: In Psalm 40, 14 wird darum gebeten und am Ende von Vers 18 wird diese Bitte mit Nachdruck wiederholt.

Zwischen diesen beiden Gebeten um Errettung finden wir in den Versen 15–17 noch zwei weitere Bitten. Zum einen betet der König um Gottes gerechte Strafe für die, die ihn töten wollen und ihm Unglück wünschen (V. 15–16); denn verstockte Feindseligkeit gegen Gottes auserwählten König ist Feindschaft gegen Gott. Zum anderen betet der König in Vers 17 für sein Volk. Dieses wird hier beschrieben als *»alle, die nach dir fragen«* und *»die dein Heil lieben«*. Er bittet darum, dass sie freudig und fröhlich sein mögen und *»allewege sagen: Der HERR sei hochgelobt!«* Das ist – für uns – der Höhepunkt des Psalms: dass wir uns als das Volk des Königs über den Gott und Vater Jesu freuen und seine Größe feiern, wie wir sie in der Auferstehung und Himmelfahrt unseres Königs sehen.

Beachte aber den Schlusston des Psalms in Vers 18. Der König betet um umgehende Rettung: *»[S]äume doch nicht!«* Was bedeutet das für dieses Gebet heute? Einerseits hat Jesus es nicht nötig, so zu beten, denn er sitzt zur Rechten Gottes. Andererseits verfolgen alle, die seine Gemeinde verfolgen, ihn selbst (vgl. Apg 9, 4). Daher leitet

Jesus in gewissem Sinn seine verfolgte Gemeinde in dieser Schlussbitte an. Denk an die Teile der Welt, von denen du weißt, dass dort die Gemeinde Christi erbittert verfolgt wird. Bete bewusst für diese Brüder und Schwestern, wenn du Psalm 40,18 betest. Wenn wir diese Psalmen gemeinsam in Christus beten statt einfach nur individualistisch, besteht eine der Segnungen darin, dass wir uns bewusst mit der verfolgten Kirche identifizieren und gemeinsam mit ihr beten.

ZUM NACHDENKEN

1. Wenn letztlich Jesus das »ich«, »mir«, »mich« dieses Psalms ist – wie hilft uns das, das Kreuz besser zu verstehen?
2. Wie kannst du zu jemandem werden, der den Herrn häufiger lobt?
3. Von wem weißt du, dass er Rettung und Hilfe braucht?

PSALM 42/43 UND 44

5. KLAGEN EINES LEITERS UND DES VOLKES

Buch II (Ps 42–72) beginnt mit einer Gruppe von Psalmen, als deren Verfasser die *»Korachiter«* (oder »Söhne Korachs«) genannt werden. Am Anfang des Buches und dieser Gruppe stehen mit den Psalmen 42/43 und 44 zwei Klagelieder. Die Psalmen 42/43 sind Klagelieder eines Einzelnen, während Psalm 44 ein Klagelied des ganzen Volkes ist.

Von Psalm 42 bis Psalm 83 – also im gesamten Buch II und in mehr als der Hälfte von Buch III – wird generell das Wort *»Gott«* statt *»der HERR«* bevorzugt. (Ein Vergleich von Ps 14 aus Buch I mit dem weithin identischen Ps 53 aus Buch II zeigt das deutlich.) Die Worte, die mit *»Gott«* wiedergegeben werden (hebr. *El* oder *Elohim*), sind allgemeine Begriffe, die jeder verstand, der die Sprache oder verwandte Sprachen des Alten Vorderen Orients beherrschte. Das Wort, das mit *»der HERR«* wiedergegeben wird (oft *»Jahwe«* geschrieben, obwohl wir nicht wissen, wie es ausgesprochen wurde), ist der besondere Bundesname des Gottes Israels. Beides bezieht sich auf den gleichen Gott, aber das erste war für eine größere Zuhörerschaft wohl leichter verständlich. Wir wissen nicht, weshalb dieser Teil des Psalters den allgemeineren Namen *»Gott«* vorzieht. Möglicherweise ist er an eine etwas größere Zuhörerschaft gerichtet, aber das lässt sich nicht mit Sicherheit sagen. (Mehr dazu in Robertson, *The Flow of the Psalms*, S. 95–102.)

PSALM 42/43

Obwohl die Psalmen 42 und 43 in den Originalmanuskripten separat stehen, gibt es gute Gründe, sie gemeinsam zu studieren und zu beten. Der offensichtlichste Grund ist der (fast) identische Refrain in 42, 6, in 42, 12 und in 43, 5. Er beginnt jeweils mit: *»Was betrübst du dich, meine Seele …?«* und schließt den vorhergehenden Abschnitt ab. Wir haben vier Verse, auf die ein Refrain folgt, dann fünf Verse und nochmals den Refrain, und anschließend (hier beginnt 43) weitere vier Verse mit einem abschließenden Refrain. Eine zweite Verbindung sind die Worte *»Warum muss ich so traurig gehen, wenn mein Feind mich drängt?«* in 42, 10b, die in 43, 2b wiederholt werden. Ein dritter Hinweis ist, dass die Psalmen 42 bis 49 allesamt in den Überschriften den *»Korachitern«* zugeschrieben werden – außer Psalm 43. Dies lässt vermuten, dass er eng mit Psalm 42 verbunden ist und zusammen mit ihm unter dessen Überschrift steht. Du kannst sie auch einzeln beten; aber ich werde sie gemeinsam behandeln.

SELBSTGESPRÄCH

Die meisten Menschen führen gelegentlich Selbstgespräche. Viele von uns hielten es schon einmal für angebracht, sich selbst ins Gewissen zu reden. Mit sich selbst zu sprechen, ist nicht unbedingt ein Anzeichen für Verrücktheit, sondern sehr wahrscheinlich ein Zeichen der mentalen Gesundheit. Sich selbst Fragen zu stellen, mit sich selbst zu diskutieren oder durch gutes Zureden der eigenen emotionalen Verfassung auf die Sprünge zu helfen, ist eine gute Idee. Die Psalmen 42 und 43 zeigen uns, wie es gemacht wird. Genau genommen zeigen sie uns, wie Jesus von Nazareth das gemacht hat – und ein besseres Beispiel als ihn kann es nicht geben.

Die Frage, die zu Beginn des Refrains steht, wird auf zwei parallele Arten gestellt. Zunächst: *»Was betrübst du dich, meine Seele …?«* (42, 6.12; 43, 5). Mit dem Wort für *»Seele«* (hebr. *Nephesch*) ist nicht die Seele als der nichtmaterielle Teil von mir gemeint – meine Seele im Gegensatz zu meinem Körper. Dieser Gedanke wurde Jahrhunderte später durch einige griechische (platonische) Philosophien populär, ist aber kein biblisches Konzept. Das wird hier im Psalm deutlich, wenn der Psalmist sich auf seine *»Gebeine«* (42, 11) bezieht, die ja eindeutig körperlich sind. Nein, wir sind eine psychosomatische Einheit, in der *psyche* (Seele) und *soma* (Körper) in einer ganzheitlichen Person vereint sind. Der Ausdruck *»meine Seele«* bedeutet im Hebräischen so viel wie mein ganzes Ich, mit Fokus auf meine Wünsche und Bedürfnisse. Die *»Seele«* kann dürsten oder hungern; sie kann fröhlich, gesättigt oder betrübt sein. Hier in Psalm 42, 6.12 und 43, 5 ist *»meine Seele« »betrübt«*; heutzutage nennen wir das »depressiv« oder »niedergeschlagen«. In früheren Zeiten hätte man vielleicht von »Melancholie« gesprochen. Dieser Zustand ist das Gegenteil von jemandem, der sich nicht unterkriegen lässt, mit einem Gemüt wie ein fröhlicher, unternehmungslustiger, energiegeladener Welpe. Dagegen stammt dieses Lied von jemandem, der in seinem Inneren darum ringt, überhaupt morgens aus dem Bett zu kommen.

Die zweite Formulierung, mit der die Frage gestellt wird, lautet: *»Was … bist [du] so unruhig in mir?«* Der Begriff *»unruhig«* bedeutet so viel wie »beunruhigt, verstört, innerlich aufgewühlt«. Der Psalmist findet keinen Schlaf. Wenn er sich hinlegt, plagen ihn seine angstvollen Gedanken. Niedergeschlagenheit und Unruhe sind in diesen Psalmen die vorherrschenden Symptome. Sie sind eng miteinander verknüpft und heute wie zu jeder Zeit häufig anzutreffen (obwohl wir in unserer Zeit, in der wir uns so beharrlich auf solche Dinge fokussieren, vielleicht stärker von uns selbst vereinnahmt sind). James Mays stellt fest:

> *»Als Jesus den Leiden seiner Passion entgegenging, griff er die Redeweise dieser Psalmen auf, um von*

seiner eigenen betrübten und unruhigen Seele zu sprechen (Matthäus 26, 38; Johannes 12, 27).«
(Psalms, S. 176)

Wie wir bereits gesehen haben, ist die Grundstruktur dieser beiden Psalmen ziemlich einfach: Es gibt drei Abschnitte zu je vier oder fünf Versen, worauf jedes Mal der aus einem Vers bestehende Refrain folgt (Ps 42, 2–6; 7–12; 43, 1–5). Obwohl alle drei Abschnitte jeweils Besonderheiten aufweisen, überschneiden sie sich auch. Wir haben schon festgestellt, dass die Frage *»Warum muss ich so traurig gehen, wenn mein Feind mich drängt?«* aus dem zweiten Abschnitt (42, 10b) im dritten erneut auftaucht (43, 2b). Auch das verletzende Gerede der Leute, die zum Psalmisten sagen: *»Wo ist nun dein Gott?«*, erscheint zunächst im ersten Abschnitt (42, 4b) und wird im zweiten Abschnitt wiederholt (42, 11b). Obwohl ich also für die drei Abschnitte verschiedene Überschriften vorschlage, ist es wichtig, nicht zu vergessen, dass sie eng miteinander verbunden sind.

WENN DU EINSAM BIST

Der Psalm beginnt mit dem eindrücklichen Bild eines Hirsches, der verzweifelt nach lebensspendendem Wasser lechzt (V. 2–3). Das Wort, das hier mit *»schreit«* übersetzt wird, wird sonst im Alten Testament nur noch in Joel 1, 20 verwendet, wo es um ein schreckliches Szenario mit ausgetrockneten Wasserbächen geht. Es kann kein drängenderes Verlangen als dieses geben. Nur auf diese Weise vermag der Psalmist seine verzweifelte Sehnsucht nach Gott in Worte zu fassen. Dieser Gott ist der *»lebendige Gott«* und die einzige Quelle des Lebens. (Beachte, wie oft in diesen Psalmen *»Gott«* erwähnt wird.)

Der Psalmist ist weit davon entfernt, *»frisches Wasser«* zu finden – das einzige Wasser, das er kennt, sind seine *»Tränen«* (Ps 42, 4). Statt zu essen, weint er. Beachte, welche Rolle die Zeit hier spielt: In Vers 3 fragt er: *»Wann?«*; in Vers 4a weint er *»Tag und Nacht«*; in Vers 4b verfolgt ihn *»täglich«* die spöttische Frage: *»Wo ist nun dein Gott?«* Er hat keine Antwort, mit der er solche Menschen überzeugen kann, die greifbare Beweise haben wollen – etwas, das man sehen oder anfassen kann (ein Bild oder einen Götzen). Schließlich hat der Gott, den er kennt, beschlossen, sich auf *eine* Weise und an *einem* Ort zu offenbaren, und der Psalmist ist weit weg von diesem Ort.

Vers 5 berichtet uns von diesem Ort und dieser Offenbarung. Der Psalmist beschließt, *»daran [zu] denken«* (in der Bibel ist damit mehr gemeint, als an etwas zu denken; es bedeutet den bewussten Akt, sich etwas zu vergegenwärtigen). Er schüttet sein Herz aus – als würde sein inneres Wesen zusammen mit seinen Tränen aus ihm herausfließen. Seine Erinnerung wandert zum *»Hause Gottes«* – dem Tempel in Jerusalem – und zum Volk Gottes, wie es sich dort für eines der großen alttestamentlichen Bundesfeste, wie etwa dem Passafest, versammelt (die *»Schar derer, die da feiern«*). Er denkt daran, wie er *»in der Schar sie führte«* (ELB) – hier kann anklingen, dass er eine Leitungsfunktion innehatte und die Leute in dieser jubelnd anbetenden Menschenmenge anleitete. Er erinnert sich an »das Gewoge der festlichen Hymnen« (Kraus, *Psalmen*, Bd. 1, S. 475).

Was er vermisst, ist keine einsame, mystische Gotteserfahrung, sondern das gemeinschaftliche Getümmel bei der leidenschaftlichen Anbetung im Tempel, die er möglicherweise anleitete. Als Jesus von Nazareth dies sang, sehnte er sich nicht nur nach der unmittelbaren Gegenwart seines Vaters, sondern auch nach seinem Platz als fröhlicher Leiter des versammelten Volkes Gottes. Wenn wir dies singen, bekunden und vertiefen wir eine leidenschaftliche Sehnsucht nach der unmittelbaren Gegenwart Gottes, des Vaters, und nach der Freude, im neuen Himmel und auf der neuen Erde zu sein, wo uns Jesus, unser Anbetungsleiter, zu Liedern voller Jubel, Lob und Freude anleiten wird. Zum Teil wird diese Sehnsucht bereits in der freudigen gemeinsamen Anbetung der Gemeinde hier auf Erden gestillt.

Hans-Joachim Kraus kommentiert scharfsinnig:

»Alle Sehnsucht des dürstenden und schmachtenden Beters geht hin zum Zion, dem Ort, den Jahwe erwählt hat, um dort seine Gegenwart zu bezeugen. ... Die Erwählung des Zion zum Ort der Gottesgegenwart ist im Neuen Testament auf Jesus Christus und seine Gemeinde übergegangen. Im Licht der Erfüllung wird neu erkannt, daß nur an der Stätte der Gottesgegenwart und der versammelten Gemeinde Leben und Heil zu finden sind. Ferne von dieser Wirklichkeit waltet eine verzehrende Traurigkeit.«
(Psalmen, Bd. 1, S. 477–478)

Also spricht der Psalmist (und später Jesus, und jetzt wir) in Vers 6 mit sich selbst. Er fragt nach dem Warum. Dann ermahnt er sich selbst: *»Harre auf Gott«*, und begründet voller Zuversicht: *»denn ich werde ihm noch danken, dass er mir hilft mit seinem Angesicht«*. Calvin vermerkt: Während er so mit sich selbst spricht, stellt er sich uns »gleichsam in zwei Teile geteilt dar« (*Johannes Calvins Auslegung der Heiligen Schrift*, Bd. 4, S. 441). Es ist ein bewegender Gedanke, dass Jesus sich diese Worte zugesprochen hat, als ihn angsterfüllte Gedanken und ein niedergeschlagener Geist aufwühlten. Wohin er vorausgegangen ist, können auch wir ihm folgen.

WENN DU BEDRÄNGNISSE ERFÄHRST

Es reicht nicht aus, sich gut zuzureden. In Vers 7 wird deutlich, dass die Seele des Psalmisten immer noch betrübt ist. Daher setzt er von Neuem (wie schon in Vers 5) an, sich bewusst und vorsätzlich zu erinnern: *»darum gedenke ich an dich«*. Er ist momentan real oder bildlich *»im Lande am Jordan und Hermon«*. Der Berg Hermon war ein Berg mit zahlreichen Gipfeln, weit im Norden des verheißenen Landes. Der Berg Misar, der in Vers 7 erwähnt wird, könnte einer dieser Gipfel sein, aber das wissen wir nicht. Die Quellen des Jordans entspringen im Hermon-Gebiet. Ob der Verfasser nun buchstäblich dort war oder nicht – diese Bilder verdeutlichen eine große Distanz zum Jerusalemer Tempel.

Der Jordan ruft ein drittes Wasserbild in Erinnerung: In Vers 2 sehnte sich der Psalmist nach Strömen mit lebensspendendem Wasser. In Vers 4 weinte er nasse Tränen. Hier in Vers 8 sehen wir nun bedrohlich tosende Fluten – hohe Wellen, die über ihm zusammenschlagen. Im hebräischen Text gibt es hier ein doppeltes Wortspiel: An die Stelle des Frohlockens der fröhlichen Menschenmenge in Vers 5 tritt das Rauschen der Wasserfluten in Vers 8. Anstatt der Aussicht in Vers 5, in den Tempel zu *gehen*, sind es nun in Vers 8 die Wasser, die über ihn hinweg *gehen*. Das Geräusch der reißenden Fluten ersetzt das fröhliche Geräusch der wogenden Menschenmengen. Der Ausdruck *»eine Tiefe ruft die andere«* ist nichts Beruhigendes, sondern furchterregend. In der biblischen Poesie bedeutet das Chaos und Schrecken. Er ist also nicht nur weit weg vom Volk Gottes, das in der Gegenwart Gottes jubelt. Er erfährt zudem massive Bedrängnis.

Der Parallelismus in den ersten beiden Zeilen von Vers 9 bedeutet nicht, dass eine Sache *»Am Tage«* geschieht und eine andere *»des Nachts«*. Es ist gemeint, dass diese beiden Dinge Tag und Nacht geschehen: Der HERR, der Bundesgott (die einzige Verwendung dieses Namens in diesen beiden Psalmen), sendet ihm seine Bundes-*»Güte«* (*chesed*) bzw. ordnet sie für ihn an, worauf er mit einem Loblied (*»singe ich ihm«*) antwortet. Selbst mitten in der Not bleiben diese beiden Fixpunkte bestehen: Gottes Güte und sein Lied.

In den Versen 10 und 11 erfahren wir, von wem diese furchterregenden »Wasser« verursacht werden: von Feinden. Nochmals, dies ist kein individualistischer Psalm. Der Autor sehnt sich nach der gemeinschaftlichen Freude des Volkes Gottes. Er ist von Feindseligkeit umgeben, was Leiden (*»Es ist wie Mord in meinen Gebeinen«*) und Spott (*»wenn mich meine Feinde schmähen«*) mit sich bringt. Wieder steht diese bohrende Frage im Raum: *»Wo ist nun dein Gott?«*

Der Refrain (V. 12) unterscheidet sich geringfügig von seinem ersten Vorkommen in Vers 6. Während am Ende von Vers 6 Dankbarkeit ausgedrückt wird *»dass er mir hilft mit seinem Angesicht«*, bezieht sich Vers 12 darauf, *»dass er meines Angesichts Hilfe und mein Gott ist«*. Hier liegt eine Verschiebung von Gottes segnendem Angesicht zum bedürftigen Angesicht des Psalmisten vor. Rettung geht von Gottes *»Angesicht«* aus und gelangt von dort zum *»Angesicht«* des Psalmisten.

Wir hatten darüber nachgedacht, wie Jesus die Verse 2–6 sang. Es ist eine ebenso wunderbare Vorstellung, dass er die Verse 7–12 betete, als er sich den schrecklichen Fluten der menschlichen Feindseligkeit gegenübersah, als sich der Zorn des Vaters unmittelbar über ihn ergoss, als seine Seele in dem Leid versank, das über ihm zusammenschlug. Dennoch blieb inmitten all dessen die Güte des Vaters unverändert bestehen (V. 9a). Wenn wir die Bedrängnisse und Schwierigkeiten erfahren, die mit der Nachfolge Jesu einhergehen, dann können auch wir mit den Worten eines realistischen Glaubens, wie wir sie in diesem Abschnitt finden, Selbstgespräche führen.

WENN DU ZURÜCKGEWIESEN WIRST

Psalm 43,1 ist das erste ausdrückliche Gebet in diesen beiden Psalmen. Die Ausdrucksweise wandert mit den Worten *»Schaffe mir Recht, ... führe meine Sache«* nun in den Gerichtskontext. Der Psalmist wendet sich an Gott, weil er zu Unrecht angeklagt wird. Wörtlich wird er sowohl von *»einer gnadenlosen Nation«* angeklagt als auch *»von den falschen und bösen Leuten«*. Was einige Bibelübersetzungen als Plural angeben, ist eigentlich eine Einzelperson. Vielleicht ist dieser Mensch ein Anführer der Gegner, eine Art Judas Iskariot. Das Wort, das mit *»treulos«* übersetzt wird, bedeutet das Gegenteil davon, die Bundesliebe (*chesed*) Gottes zu zeigen. Die Situation des Psalmisten ist nach wie vor, *»traurig [zu] gehen, wenn mein Feind mich drängt«* (43,2; hier wird 42,10 aufgegriffen), aber er betet zu Gott, seinem Vater, der seine *»Stärke«* sein wird.

In Psalm 43,3 schreit der Psalmist zu Gott, er möge sein *»Licht«* und seine *»Wahrheit«* (letzteres kann auch mit *»Treue«* übersetzt werden, d. h. Treue gegenüber den Bundesverheißungen) als Boten oder Beauftragte aussenden. Sie sollen Licht in die Dunkelheit bringen und die Erfüllung der Verheißungen herbeiführen, wo momentan Abweisung zu herrschen scheint. Diese wunderbaren Verkörperungen der Liebe Gottes werden den Gläubigen nach Zion *»bringen«*, zum *»heiligen Berg«* (vgl. 2, 6), wo Gottes Wohnung ist. An dem freudigen Tag, an dem er dort ankommen wird, wird er wieder die Anbetung des Volkes Gottes vor dem *»Altar Gottes«* (43, 4) leiten und ihn mit frohen Liedern preisen.

Im Moment ist es jedoch angebracht, den kummervollen Refrain ein drittes Mal zu singen (V. 5). Er ist immer noch betrübt und unruhig. Immer noch harrt, wartet und betet er – in der Zuversicht, eines Tages wieder das Volk Gottes im Lobpreis Gottes anzuleiten. Dieser »Sohn Korachs«, der Psalmist, weinte, wartete, hoffte, führte Selbstgespräche und beruhigte sich selbst mit Gottes Verheißungen. Dies tat er durch den Geist eines Größeren – Jesus von Nazareth, der harrte, wartete, betete und sein bekümmertes Herz mit den gleichen Verheißungen ermutigte. Sein Herz war von einer reinen Sehnsucht entflammt, nicht nur nach der unmittelbaren Gegenwart seines Vaters, sondern ebenso – wunderbarerweise – nach der Freude, die fröhliche Schar seines ganzen Volkes beim Lobpreis seines Vaters anzuleiten. Diese Hoffnung auf die Freude, die vor ihm lag, trug ihn durch die tiefe Finsternis und ließ ihn das Kreuz ertragen (vgl. Hebr 12, 2).

Wir, die auf Jesus schauen, können diesen Psalm ebenfalls beten und dabei lernen, Selbstgespräche zu führen, wenn wir aufgewühlt und niedergeschlagen sind. Der Psalmist redete mit sich selbst. Er sagte sich Dinge, von denen er wusste, dass sie wahr sind. Allein dadurch, dass er sich das selbst erneut sagte, wurde sein Glaube gestärkt. Auf außergewöhnliche und völlig sündlose Art und Weise sprach Jesus seinem eigenen Herzen während seines irdischen Lebens die gleichen Wahrheiten zu, damit sein Glaube nicht ins Wanken gerät. Auch heute, viele Jahrhunderte später, können wir, die wir zu Jesus gehören, in seine Fußstapfen treten, indem wir uns in Prüfungen diese kostbaren Wahrheiten selbst sagen.

ZUM NACHDENKEN

1. In welchen Bildern und Emotionen dieser Psalmen findest du dich am stärksten wieder?
2. Welchen Unterschied macht es, zu wissen, dass Jesus die Redeweise dieser Psalmen aufgriff?
3. Wie können diese Psalmen dir helfen, wenn du das nächste Mal einsam bist, Bedrängnis erfährst oder zurückgewiesen wirst?

PSALM 44

»Das habe ich nicht verdient!«, sagt ein Freund, der gerade durch Leid geht. Was sagst du darauf? Für den Fall, dass derjenige kein Christ ist, verrät Jesus uns die Antwort in Lukas 13,1–4: »Hatten diese Menschen das verdient?«, fragen die Leute Jesus. Schockierend sagt Jesus: *»Wenn ihr nicht Buße tut, werdet ihr alle ebenso umkommen.«* Wenn ein unbußfertiger Mensch leidet, dann ist dieses Leiden nicht das Schlimmste, das ihm droht. Als Sünder verdient er weit Schlimmeres. Die Behauptung »Das habe ich nicht verdient!« ist eine Selbsttäuschung.

Was aber ist mit einem bußfertigen Menschen? Die große Überraschung dieses Psalms ist, dass die richtige Antwort lautet: »Du hast recht. Du verdienst es nicht!«

Wir wissen nicht, welche Begebenheit aus der alttestamentlichen Geschichte der Anlass für Psalm 44 war. Wie so viele Psalmen konkretisiert auch dieser die Leiden nicht. Möglicherweise wurde er den Psalmen 42 und 43 zu Beginn des Buches II an die Seite gestellt, um den Grundton vorzugeben, so wie die Psalmen 1 und 2 den Grundton für Buch I (und sogar für den gesamten Psalter) vorgeben.

Obwohl der Psalm größtenteils gemeinsam vom Volk Gottes gesungen werden soll, wechselt er gelegentlich in den Singular. Wir müssen überlegen, weshalb das geschieht. Dies wird sich als der Schlüssel erweisen, der uns diesen Psalm eröffnet.

VERTRAUE AUF HILFE

Der Begriff *»helfen/Hilfe«* erscheint viermal in den ersten neun Versen von Psalm 44 (V. 4.5.7.8). Die Verse 2–4 blicken zurück auf eine gute Überlieferung der *»Väter«* (Israels Vorfahren seit den Tagen des Auszugs). Die Information, dass das verheißene Land eine Gabe Gottes ist, wurde über Generationen hinweg von den Eltern an die Kinder weitergegeben. Es war Gott, der *»die Völker vertrieben«* und Israel im Land *»eingesetzt«* hat (V. 3). Das Wort *»eingesetzt«* ist ein schönes Bild, das der Psalm 80 entfaltet, wo Israel als ein fruchtbarer Weinstock dargestellt wird (vgl. 80, 9–12). Wiederholt und mit Nachdruck weist Psalm 44 darauf hin, dass nicht Israels Stärke das vollbracht hat, sondern Gottes *»Hand ... deine Rechte ... dein Arm«* und vor allem sein *»Wohlgefallen«* (44, 4b).

Die Verse 5–9 besagen in Summe: »Wir haben es gehört und glauben nach wie vor daran: Jede Rettung, die wir jemals erlebt haben, ist dein Geschenk an uns. Wir rühmen uns deiner Liebe zu uns; wir werden nicht auf unsere eigenen Mittel vertrauen – wir *›preisen deinen Namen‹* und nicht unseren eigenen.« Beachte jedoch, dass die Stimme in Vers 5 im Singular spricht: *»Du bist es, mein König und mein Gott.«* Ein Einzelner tritt vor den Chor und beruft sich auf eine Bundesbeziehung mit Gott. Zu sagen, dass Gott *»mein Gott«* ist, bedeutet nicht, dass Gott mir gehört, sondern dass ich im Rahmen einer Bundesbeziehung zu ihm gehöre. Wer auch immer dies ist, er spricht und singt als ein Anführer des Volkes Gottes. Vielleicht handelt es sich um den »Sohn Korachs«, der den Psalm geschrieben hat. Durch den Geist Gottes, welcher der Geist Christi ist, spricht und singt er aber als Prophet. Deshalb beginnen wir schon jetzt, in diesem Psalm die Stimme des großen Leiters des Volkes Gottes zu hören, der seinen Chor anführt.

Vers 6 kehrt zum Plural zurück: »Wir folgen unserem Leiter darin, dir, Gott, zu vertrauen, dass du heute den Sieg schenkst, wie unsere Väter auf deine Hilfe zum Sieg vertrauten, als sie in das verheißene Land zogen.« Anschließend spricht in Vers 7 wieder der Einzelne und bekundet, dass er persönlich auf Gott vertraut und nicht auf sich selbst. Das Volk stimmt in Vers 8 erneut mit ein. Vers 9 ist der Höhepunkt: »Wir rühmen uns nicht selbst, wir rühmen uns Gottes.«

Wenn der Psalm hier enden würde, wäre es ein einfaches und fröhliches Lied! Das Lob Gottes klänge dann schlicht so: »Sie vertrauten dir und du gabst ihnen das Land. Ich vertraue dir und auch das Volk, das ich anführe, vertraut dir. Wie du unseren Vorfahren den Sieg gabst, wirst du auch uns den Sieg geben.«

Darum ist Vers 10 nun ein Schock. Die Musik ändert sich schlagartig.

ERWARTE DIE NIEDERLAGE

Die Worte *»Doch nun«* zu Beginn von Vers 10 erinnern an einen ähnlichen Kontrast in Psalm 89,39. Gott scheint abwesend zu sein, die israelitischen Armeen sind geflohen und das Volk wurde ausgeraubt (44,10–11). Das ist aber noch nicht alles. Nicht nur ihre kostbaren Besitztümer wurden gestohlen, auch sie selbst sind dahingegeben *»wie Schlachtschafe«* und wurden *»zerstreut«* (V. 12). Es fühlt sich an, als würde sich Gott wenig oder gar nicht für sie interessieren (V. 13), denn er hat sie zum Schleuderpreis verkauft – wie ein ungeliebtes Möbelstück, das auf eBay weit unter Wert verscherbelt wird. Es ist, als hätte Gott das erstbeste, spottbillige Gebot angenommen, weil er sie loswerden wollte, ja, als würde er fast noch jemandem etwas zahlen, wenn er sie nur nimmt. »Es fühlt sich so an, als würden wir dir nicht wirklich etwas bedeuten«, sagt der Psalmist, »und das tut weh.«

Ein abwesender Gott, eine besiegte Armee, ein ausgeraubtes Volk, ein wie Schlachtvieh preisgegebenes Volk, ein zerstreutes Volk – welch ein trauriger Anblick. Das ist das Volk, das von jenem Leiter angeführt wird, der auf Gottes Hilfe zum Sieg vertraut! Und doch ist das in gewisser Weise die typische Erfahrung des Volkes Gottes. So ist es zu erwarten. Die Bibel lehrt die Gemeinde Gottes, nicht überrascht zu sein, wenn Menschen, die Gottes Anführer folgen, Leid erfahren. Römer 8,17 ist wohl einer der prägnantesten Verse, in denen diese Wahrheit mit neutestamentlicher Klarheit formuliert wird: *»Sind wir aber Kinder, so sind wir auch Erben, nämlich Gottes Erben und Miterben Christi, da wir ja mit ihm leiden, damit wir auch mit ihm zur Herrlichkeit erhoben werden.«*

Es kommt aber noch schlimmer. Während Psalm 44,10–13 die Niederlage in den Blick nimmt, steigern die Verse 14–17 das Elend noch durch die Schilderung der Schande.

RECHNE MIT DER SCHANDE

Mit der Niederlage geht Schande einher. Die Verse 14–16 sagen ein und dieselbe Sache sechsmal auf unterschiedliche Weise, in jeder Vershälfte einmal. Anschließend nennt Vers 17 den Grund dafür.

Gottes Volk wird von denen, die ihm nahe sind, belächelt (V. 14a), wird von denen verhöhnt, *»die um uns her sind«* (V. 14b). Wir müssen das Elend der Worte *»Spott und Hohn«* spüren. Das kommt von Leuten, denen wir nicht aus dem Weg gehen können. Sie sind unsere *»Nachbarn«* (sind uns nahe), *»die um uns her sind«*. Wir können nicht zur Arbeit gehen, ohne ihnen zu begegnen; wir können nicht nach Hause gehen, ohne ihr spöttisches Gelächter zu hören: »Oh, schaut mal, da kommt dieser naive Gläubige – was für ein Trottel!«

Wenn Menschen jemanden beleidigen wollen, dann verwenden sie seinen Namen als spöttische Kurzformel (V. 15a), er wird zum *»Sprichwort«*, eine sprichwörtliche Witzfigur. Sie *»schütteln« »das*

Haupt über uns« (V. 15b); das wissende Zuzwinkern oder die hochgezogene Augenbraue besagen: »So ein Dummkopf!«

Das geschieht nicht nur überall (V. 14), sondern auch »[t]äglich« (V. 16). Zu keiner Zeit gibt es ein Entkommen, man kann nirgendwohin entfliehen. Achte auch auf die erneute Solostimme in den Versen 16–17: *»meine Schmach [ist] mir vor Augen«*. Dieser Einzelne, der Leiter oder Repräsentant des Volkes, ist blamiert und voller Scham (V. 16b).

Vers 17 nennt den Grund: *»weil ich sie höhnen und lästern höre«*. Im Zentrum der Schande steht der repräsentative Leiter dieses besiegten Volkes. Wir vertrauen auf die Hilfe zum Sieg und folgen dem vertrauensvollen Beispiel unseres Anführers, doch unser Anführer erfährt eine Niederlage und das Elend der Scham. Auch wir schmecken das mit ihm.

Wie wird er (der Einzelne) und wie werden sie (sein Volk) also reagieren? Nun kommt eine Überraschung.

GELOBE TREUE

Die überraschende Stoßrichtung der Verse 18–23 ist: Es war nicht ihre Schuld! Als Nehemia betete, identifizierte er sich mit seinem Volk in dessen Schuld (vgl. Neh 9,33.37). Als Daniel betete, tat er dasselbe (vgl. Dan 9,5–7). Wenn Psalm 106 die Geschichte des Volkes Gottes nacherzählt, erzählt er sie als eine Geschichte der ständig wiederkehrenden Sündhaftigkeit des Volkes.

Hier aber ist es anders! Im Gegenteil: *»Dies alles ist über uns gekommen; und wir haben doch dich nicht vergessen noch an deinem Bund untreu gehandelt«* (Ps 44,18). Der *»Bund«* ist der Schlüssel. Die Niederlage, die sie erleiden, ist eine Verwirklichung der Bundesverheißungen und -flüche, wie sie zum Beispiel in 5. Mose 28 zu finden sind. Dem treuen Volk wird dort Sieg verheißen, dem untreuen aber Unheil. In 2. Könige 17 wird beschrieben, wie dies wahr wurde, als das Nordreich (Israel) *»gegen den HERRN, ihren Gott, gesündigt«* und den Bund gebrochen hatte (vgl. besonders V. 7).

Doch hier in Psalm 44 war das Volk treu geblieben! Sie haben *»nicht … an deinem Bund untreu gehandelt«*. Dieser Leiter und sein Volk, das dieses Lied mit ihm singt, waren treu geblieben. Vers 19 unterstreicht das. Sie fielen nicht treulos ab, weder in ihren Herzen (Absichten und Wünsche) noch mit ihren Schritten (Taten).

Trotz ihrer Treue, klagt Vers 20, hat Gott sie zerschlagen. Ihr schönes Land wurde ein *»Ort der Schakale«*: Es liegt in Trümmern, ist eine trostlose Wildnis, in der Raubtiere umherstreifen. Der treue Bundesgott hat sie mit *»Finsternis«* bedeckt (dem Todesschatten).

Das ist nicht fair! Die Verse 21 und 22 zeigen auf: Wenn sie den Weg der Bundestreue verlassen hätten, wenn sie zu fremden Göttern gebetet hätten (*»unsre Hände aufgehoben«* im Gebet), dann hätte Gott das gesehen und würde gerecht handeln, wenn er sie bestraft. Sie hätten es verdient. Sie haben dies aber nicht getan – so die offenkundige Implikation – und deshalb verdienen sie es nicht!

Gottes Volk kann offen mit dem Gott sprechen, der unsere Herzen kennt. Ihr Gewissen ist rein. Gott kann tief in die Winkel ihrer Herzen sehen, und er wird dort keine Treulosigkeit gegenüber dem Bund finden. Das ist eine bemerkenswerte Behauptung! Kein Wunder, dass ein skeptischer Kommentator meint, wir hätten hier die »Anfänge pharisäischer Frömmigkeit« (Rudolf Kittel, zitiert in Kraus, *Psalmen*, Bd. 1, S. 483). Doch er liegt falsch. Vers 23 ist der Schlüssel, um diesen Psalm zu verstehen: *»Um deinetwillen werden wir täglich getötet und sind geachtet wie Schlachtschafe«*. Sie leiden *»um deinetwillen«*: um der Ehre Gottes willen. Wir werden darauf zurückkommen. Daran wird erkennbar, dass dies von pharisäischer Selbstgerechtigkeit weit entfernt ist. Sie haben recht. Sie haben das nicht verdient!

Zuerst wollen wir aber unseren Gang durch den Psalm zu Ende führen:

BETE EINDRINGLICH

In Vers 24 schreien sie zu Gott: *»Wach auf, Herr!«*, denn es scheint, als sei er eingeschlafen. In Vers 25 beklagen sie, dass er sein Antlitz verbirgt – das Angesicht, dessen Licht ihnen in der Vergangenheit zum Sieg verhalf (V. 4) – und dass es so aussieht, als habe er *»unser Elend und unsre Drangsal«* vergessen. Menschen sind Geschöpfe aus Staub. Sie wurden durch Gottes schöpferisches Handeln geschaffen, indem unzusammenhängende Atome und Moleküle im Leib ihrer Mutter miteinander verwoben wurden. Zelle fügte sich an Zelle, Blutgefäß an Blutgefäß, Sehne an Sehne, Nervenbahn an Nervenbahn. Anschließend wurden sie als ein Volk zusammengefügt. Doch dieses wunderbar miteinander verbundene Volk, das aus herrlich organischen Individuen besteht, ist nun auf dem Weg zurück *»zum Staube«* (V. 26). Es geht dem Zerfall entgegen.

Daher beten sie: *»Mache dich auf«* (V. 27). Das ist ein Anklang an den Ruf, der ertönte, als man damals die Bundeslade in den Kampf trug (z. B. 4 Mose 10). Das letzte Wort des Psalms (im hebräischen Text) ist *»Güte«* (*chesed*), die Bundesliebe (Ps 44,27). Letztendlich verlassen sie sich darauf.

Was geschieht hier also? Ich möchte das in zwei Schritten entfalten.

Sehen wir zuerst auf die Person, die vor den Chor tritt und an bestimmten Stellen im Singular singt. Wer ist das? Wir wissen es nicht. Er betet aber mit der Stimme eines Propheten (wie alle Psalmisten) und somit durch den Geist des kommenden Christus.

Hier ist ein Mann, der in seiner persönlichen Erfahrung das feste Vertrauen auf die Hilfe zum Sieg kennt, ohne sich auf seine eigene Kraft zu verlassen. Er kennt die bittere Erfahrung der Niederlage eines fehlgeschlagenen Dienstes und das noch tiefere Elend der Schande, verhöhnt und verspottet zu werden. Allerdings war es nicht seine Schuld. Er kann völlig zu Recht sagen, er habe das nicht verdient. So betet er mit lautem Schreien und mit Tränen zu dem Gott, der ihn aus dem Tod erretten kann (vgl. Hebr 5,7).

Es handelt sich um einen Anführer des Volkes Gottes, dessen Treue niemals wankt. Er wirft sich selbst auf die Bundesliebe seines Vaters im Himmel, weil er weiß, dass er seine Leiden nicht verdient hat – dass er diese Dinge um des Ansehens Gottes, seines Vaters, willen erleiden muss. Welch ein Anführer!

Was ist aber – zweitens – mit dem Rest, der im Plural steht? Der größte Teil des Psalms ist gemeinschaftlich formuliert: *»wir ... unsern ... uns«*. Römer 8,36 zitiert Psalm 44,23 im Zusammenhang mit jenen, die *»mit ihm leiden, damit wir auch mit ihm zur Herrlichkeit erhoben werden«* (Röm 8,17). Diese Menschen werden *»getötet den ganzen Tag«*, und zwar *»um deinetwillen«* – das heißt, um Christi willen.

Vers 23 ist daher der Schlüssel zu diesem Psalm. Zweifellos gab es Vorläufer der Pharisäer, die diesen Psalm in alttestamentlicher Zeit gesungen haben, genauso wie es Pharisäer gab, die ihn in den Tagen Jesu sangen. Für die wahren Gläubigen, den Überrest Israels während der gesamten Zeit des Alten Bundes, war das jedoch kein Pharisäertum. Ebenso ist es für christliche Gläubige heute kein Pharisäertum. Dieser Psalm drückt aus, was Christen erleben.

Wenn wir die Verse 2–9 beten, halten auch wir am Vertrauen auf den Gott und Vater von Jesus fest, dass er letztendlich den Sieg schenken wird. Wir lehnen es ab, uns auf uns selbst zu verlassen. Wir haben die Zuversicht, dass der Gott, der dem Volk das verheißene Land zum Erbe gab, für uns ein Erbe im Himmel aufbewahrt (vgl. 1 Petr 1,4): ein Erbe, das eines Tages vom Himmel auf die Erde herabkommen und unsere Ruhestätte sein wird, die neue Schöpfung. Wir sehnen uns nach diesem Tag. In unserer Nachfolge sollte es eine wehmütige Sehnsucht nach der Herrlichkeit geben.

Beim Singen von Psalm 44,10–13 werden wir daran erinnert, nicht überrascht zu sein, wenn auch wir Niederlagen erleiden müssen. So widerfuhr es schon Jesus, unserem Leiter. Hans-Joachim Kraus schreibt: »Hier liegen die *signa crucis* [die Zeichen des Kreuzes] bereits auf dem alttestamentlichen Gottesvolk« (*Psalmen*, Bd. 1, S. 485;

Hervorhebung im Original). Nun liegen sie auf uns. Wir wissen, was es heißt, auf dem Rückzug zu sein – Gemeinden sind angefochten. Es ist uns nicht fremd, beraubt zu werden – die christlichen Werte werden ausgehöhlt. Wir wissen, was es heißt, zerstreut und billig verkauft zu werden.

Die Verse 14–17 helfen uns, das Elend der Schande zu empfinden: So ist es, verspottet und ausgelacht zu werden. Wir müssen lernen, Schande aus einem biblischen Blickwinkel zu verstehen. Dann werden wir auch verstehen, was mit uns geschieht, wenn wir das Kreuz auf uns nehmen und als Nachfolger Jesu etwas von diesen Dingen erleben.

Dennoch ist das nicht unsere Schuld! Da Vers 23 die Kernaussage ist und Römer 8 uns mitteilt, dass es um uns geht, sollten wir sicherlich auch Psalm 44,18–23 singen. Aber wie? Die Antwort steht in Römer 8,1: *»So gibt es nun keine Verdammnis«*. Wir haben einen Anführer, unser repräsentatives Haupt. Er wurde um unseretwillen getötet, um stellvertretend die Strafe für unsere Sünden zu zahlen. Wenn wir in ihm und von seinem Sühnetod umhüllt sind, dann wurde der Preis für unsere Sünden bezahlt. Nichts, das wir nun erleiden, ist eine Strafe für unsere Sünden, denn Jesus hat alles bezahlt. Dennoch erwarten wir, zu leiden und *»täglich getötet«* zu werden.

Daher tröstet uns beim Singen von Psalm 44,18–23 nun die Wahrheit, dass das Leid keine Strafe für unsere Sünden ist. Der Psalm lehrt uns »den revolutionären Gedanken, dass Leiderfahrungen eher eine Kampfesnarbe denn eine Strafe sein können, der Preis der Loyalität in einer Welt, die sich mit Gott im Krieg befindet« (Derek Kidner, *Psalms*, Bd. 1, S. 170).

Zudem entschließen wir uns, durch den Geist Jesu unsere Herzen immer mehr an das anzugleichen, was wir in Christus sind. Wir erinnern uns, dass wir in der Gegenwart des Einen wandeln und dienen, der *»unsres Herzens Grund«* (V. 22) kennt.

Am Ende des Psalms beten wir außerdem anhaltend. Unsere Kämpfe bedeuten nicht das Ende der Geschichte. Die Geschichte Jesu endet mit Auferstehung und Herrlichkeit. Unsere Geschichte wird mit der leiblichen Auferstehung und dem Leben in seiner Herrlichkeit enden. Gottes »*Güte*«, mit der der Psalm schließt, ist erfüllt und garantiert – und in Jesus erklingt für uns das »Ja!« zu ihr (vgl. 2 Kor 1,20).

ZUM NACHDENKEN

1. Hast du schon einmal um Gottes Ehre willen Leid oder Schande erlebt?
2. Kennst du jemanden, der das jetzt erlebt und dem du diesen Psalm weitergeben kannst?
3. Wie kannst du in dieser Woche deine Treue zum gütigen Gott bekräftigen?

PSALM 57 UND 59

—

6. DER KÖNIG IN BEDRÄNGNIS

Auf die Sammlung von Liedern der *»Söhne Korachs«* (Ps 42–49) folgt ein einzelnes Lied von *»Asaf«* (Ps 50). Fast alle weiteren Psalmen in Buch II stammen *»Von David«* (Ps 51–70) und abgesehen von einem sind sie alle überschrieben mit *»vorzusingen«*. Innerhalb dieser größeren Gruppe könnte man noch auf einige kleinere Gruppen verweisen: So werden die Psalmen 52–55 allesamt als *»Eine Unterweisung«* bezeichnet und die Psalmen 56–60 als *»Ein güldenes Kleinod«*. Wiederum drei aus dieser letzten Gruppe, nämlich die Psalmen 57–59, und außerdem Psalm 75 haben eine gemeinsame Melodie mit der Bezeichnung *»Vertilge nicht«*. (Möglicherweise ist das ein Anklang an das Gebet des Mose nach dem Vorfall mit dem goldenen Kalb: *»Herr HERR, verdirb dein Volk und dein Erbe nicht«* [5 Mose 9,26]. Falls dem so ist, wäre das Überleben des gesalbten Königs implizit mit dem Überleben seines Volkes verknüpft.)

Eine andere Verbindung zwischen fünf dieser Psalmen besteht darin, dass sie sich in ihrer Überschrift ausdrücklich auf Ereignisse aus der Frühzeit von König Davids Leben beziehen – aus der langen Zeitspanne, in der er von König Saul verfolgt wurde. Saul wurde in 1. Samuel 15,23 von Gott verworfen und David in 1. Samuel 16 zum König gesalbt (der »Gesalbte« – auf Hebräisch *Messias*, auf Griechisch *Christus*). Von 1. Samuel 18 bis 31 war David aber auf der Flucht – als der gesalbte, aber nicht anerkannte König, ähnlich wie Aragorn (»Streicher«) in *Der Herr der Ringe*: Er ist der rechtmäßige König von Gondor, doch fast bis zum Ende der Geschichte unerkannt.

In gewissem Sinn ist Jesus heute, in dieser Zeitspanne zwischen seiner Himmelfahrt und seiner Wiederkunft, der wahre, aber – außer von seiner Gemeinde – nicht anerkannte König.

Die fünf Psalmen mit einer ausdrücklichen Verbindung zu dieser finsteren Zeit in Davids Leben sind:

- Psalm 52 (bezieht sich auf Doëg in 1 Sam 22, 9)
- Psalm 54 (bezieht sich auf die Sifiter in 1 Sam 23, 19)
- Psalm 56 (als David in 1 Sam 21, 11–16 bei den Philistern war)
- Psalm 57 (vermutlich aus Davids Zeit in der Höhle Adullam, vgl. 1 Sam 22, 1–2; es könnte aber auch die Höhle von En-Gedi in 1 Sam 24 sein)
- Psalm 59 (bezieht sich auf 1 Sam 19, 11)

In diesem Kapitel betrachten wir zwei dieser Psalmen, in denen der gesalbte König großen Belastungen ausgesetzt ist. Der erste ist Psalm 57, der Psalm des Königs in der Höhle.

PSALM 57

—

IST DAS WIRKLICH WAHR?

—

»[Als David] vor Saul in die Höhle floh«, wusste er, dass Gott ihn zum König gesalbt hatte. Nun aber war er ein Flüchtling. Fragte er sich, ob das alles wirklich wahr ist? Hast du dich schon einmal gefragt, ob all das mit Gott wirklich wahr ist? Du weißt – oder solltest wissen –, dass Gott im Himmel ist und über allem steht; dass Gott Liebe ist; dass dir in Jesus jeder geistliche Segen geschenkt ist; dass deine Sünden vergeben sind; dass du in Ewigkeit sicher bist; dass nichts in diesem Leben deine ewige Sicherheit gefährden kann; dass Gott, der Heilige Geist, in dir wohnt. Du weißt das alles. Du singst

davon. Du freust dich darüber. Aber ist es wirklich wahr? In einer finsteren, schlaflosen Nacht, wenn dich Ängste bedrängen – Angst um deine Gesundheit, Angst um deine Familie, Unsicherheit in Bezug auf deine Arbeit, Probleme in deiner Gemeinde –, dann sorgst du dich und alles fühlt sich düster an. Ist es wirklich wahr, inmitten einer vollen Woche; wenn du unter Druck stehst und dich fragst, wie du das alles nur schaffen sollst; wenn der finanzielle Druck dich zu zerbrechen droht? Ist es an einem Arbeitsplatz wahr, wo deine Kollegen kein Interesse an deinem Glauben haben; wenn sie sich darüber lustig machen; wenn sie dich für seltsam halten und offen oder auch hinter deinem Rücken verletzende Dinge sagen? Ist es wirklich wahr?

Die Kluft zwischen Himmel und Erde kann sehr groß sein. Wir kennen die himmlischen Realitäten; dennoch erfahren wir irdische Bedrängnis. James Mays schreibt über diesen Psalm und spricht dort von den »schwierigen Zeiten, in denen man die Distanz zwischen der transzendenten Wahrheit über Gottes Herrschaft und der Wirklichkeit in der gegenwärtigen Geschichte erfährt« (Mays, *Psalms*, S. 210). Die himmlische Realität war König David in 1. Samuel 16 durch das Salböl zeichenhaft kundgetan worden. Als er jedoch diesen Psalm schrieb, war seine irdische Erfahrung, gehasst und verfolgt zu werden und als Flüchtling in einer Höhle zu sitzen.

Drei Stränge sind in Davids Psalm miteinander verwoben: Gottes Verheißungen, Davids Bedrängnisse und das Gebet um Herrlichkeit.

VERTRAUE AUF DIE VERHEISSUNGEN

Zu Beginn stehen die Bedrängnisse noch im Hintergrund, als David sein Herz eindringlich vor Gott ausschüttet. Er hat in einer Höhle Schutz gesucht, aber er wendet sich an *»Gott«* (den Gott, der mit ihm im Bund steht), um bei ihm *»Zuflucht«* zu finden, und zwar konkret *»unter dem Schatten deiner Flügel«* (Ps 57,2). Es ist gut möglich, dass dies ein Anklang an die Flügel der Cherubim über der Bundeslade ist (vgl. 1 Kön 8,6), welche die Sicherheit von Gottes

Bundestreue symbolisieren (vgl. Marvin Tate, *Psalms 51–100*, S. 77). David spricht von Gott als *»Gott, dem Allerhöchsten«* (Ps 57, 3). (Dieser Titel wurde zum ersten Mal von Melchisedek in 1 Mose 14, 18 für Gott verwendet. Die Melchisedek-Geschichte in 1 Mose 14 ist eng mit Jerusalem verknüpft und ebenso mit dem Abrahamsbund.) Der Psalm betont die Höhe Gottes. Gott muss *»vom Himmel«* senden (Ps 57, 4), um David zu helfen.

Insbesondere ist David zuversichtlich, dass Gott *»seine Güte«* (*chesed*, die Bundesliebe) und *»Treue«* (Treue gegenüber den Bundesverheißungen) wie zwei Gesandte aus der Höhe des Himmels zu David tief unten in die Höhle senden wird, um ihn zu retten. Nochmals Mays: »Gott ... wird seine beständige Liebe und Treue wie Beauftragte eines Königs aussenden, um seinen Willen auszuführen« (*Psalms*, S. 210). David vertraut darauf, dass diese himmlische Realität auf die irdische Bedrängnis Einfluss nehmen wird.

Es lohnt sich, kurz bei den Wörtern *»Güte«* und *»Treue«* innezuhalten. Das hebräische Wort, das hier (und an vielen weiteren Stellen im Alten Testament) mit *»Güte«* übersetzt wird, wird in der Septuaginta, der griechischen Übersetzung des Alten Testaments, oft mit *»Gnade«* wiedergegeben. Dieser Begriff zielt auf das Gleiche: das in seinem Bund begründete Wohlwollen Gottes. Der Begriff *»Treue«* wird oft mit dem griechischen Wort für »Wahrheit« wiedergegeben (gemeint ist »Wahrhaftigkeit/Aufrichtigkeit«, was die gleiche Haltung bedeutet wie »Treue«). Wenn du also *»Güte und Treue«* liest, denk an *»Gnade und Wahrheit«*. Dieses Wortpaar wird uns in Vers 11 erneut begegnen; die Begriffe sind wichtig, um diesen Psalm zu verstehen.

SPÜRE DIE LAST

Die Belastungen, denen David ausgesetzt ist, sind immens. Hier werden sie mit blutdurstigen Raubtieren und verzehrenden Flammen verglichen (V. 5). Dabei konzentriert sich der Psalm besonders auf das, was die Leute sagen. Das ist existenzbedrohend, denn damit wird nicht nur sein Körper angegriffen, sondern seine ganze Person, sein Ruf. Die Leute sagen im Grunde: »Du behauptest, dass du Gottes gesalbter König bist, aber du bist es nicht.«

Es lohnt sich, darüber nachzudenken, weshalb Worte so gefährlich sein können. Es liegt daran, dass Worte die Überzeugungen und in der Folge auch das Verhalten der Menschen beeinflussen. Was die Leute über David sagten, waren vielleicht nur Worte; aber als sich diese Worte ausbreiteten und geglaubt wurden, schwand jegliche Chance für David, öffentliche Unterstützung zu finden. Vielleicht schlug David zu Beginn (und besonders, nachdem er Goliat besiegt hatte und als erfolgreicher Krieger zu Sauls Heer gehörte) eine wachsende Welle der Unterstützung entgegen. Man glaubte den Berichten, er sei von Samuel gesalbt worden und daher wirklich der von Gott erwählte König. Getragen von dieser Welle der Zustimmung hätte David König werden können. Je mehr David aber litt und je schlechter die Dinge für ihn liefen, desto mehr wurde sicherlich auch in der Gerüchteküche getuschelt, er sei nur ein gescheiterter Betrüger. Sobald die Leute das glaubten, löste sich die Unterstützung für ihn schnell auf, und er befand sich in gefährlich exponierter Position.

BETE UM HERRLICHKEIT

Der Refrain erscheint in den Versen 6 und 12. Dort wird zuerst darum gebetet, dass Gott sich *»über den Himmel«* erheben möge, also hoch über die Wolken an den höchsten Ort (beachte die erneute Betonung von Gottes Höhe). Die zweite Zeile bittet darum, dass Gottes *»Herrlichkeit«* (die sichtbare Manifestation des unsichtbaren Gottes) *»über alle Welt«* sein möge. Das entspricht in etwa dem, was wir im Vaterunser beten: *»Dein Wille geschehe wie im Himmel so auf Erden«* (Mt 6,10). David betet, der unsichtbare Gott möge seine unsichtbare Gegenwart auf der Erde spürbar werden lassen, und zwar auf der ganzen Erde. Am Ende des Psalms werden wir sehen, wie Gott das tun wird.

SPÜRE, VERTRAUE, BETE (VON NEUEM)

—

In Psalm 57,7 sind wir erneut bei den Bedrängnissen. Sie werden nun mit den Fallen eines Jägers verglichen – mit einer Grube und einem Netz. David ist zutiefst erschüttert (*»gebeugt«*). Trotzdem besitzt er auch die Zuversicht, dass am Ende seine Feinde selbst hineinfallen. Das ist vermutlich eher eine Vorwegnahme im Glauben als der Bericht von etwas, das bereits geschehen ist.

Die Zuversicht aus Vers 7b fließt über in eine jubelnde und glaubensvolle Reaktion auf Gottes Verheißungen. Weil David der unsichtbaren Realität des Allerhöchsten vertraut, ist sein Herz *»bereit«* (V. 8) und er singt vor Freude (V. 8–9). Das Morgenrot weckt nicht ihn auf – nein, er ist so von Freude erfüllt, dass er (bildlich gesprochen) das Morgenrot mit seinem fröhlichen Gesang aufweckt.

David ist zuversichtlich, dass er, der gesalbte König, eines Tages das Lob des unsichtbaren Gottes *»unter den Völkern«* (auf der ganzen Welt, V. 10) singen wird, denn – und hier kommen wir auf das wunderbare Wortpaar zurück, dem wir in Vers 4 begegnet sind – seine *»Güte reicht bis an den Himmel«* (beachte wieder Gottes Höhe) und seine *»Wahrheit, so weit die Wolken gehen«* (V. 11). Die »Güte und Wahrheit« Gottes ist vom höchsten Himmel herabgekommen und ruht auf dem gesalbten König, der sich in einer Höhle versteckt hat!

So betet nun David nochmals darum, dass der unsichtbare Gott seine Gegenwart auf der ganzen Erde spürbar werden lässt. Letztlich kann das nur geschehen, wenn der gesalbte König das Lob Gottes *»unter den Völkern«* (V. 10) singt.

WORTE, DIE ZU GROSS FÜR DAVID SIND

—

Davids Worte sind – weder zum ersten noch zum letzten Mal – zu groß für Davids Leben. Er singt von einem Tag, an dem der gesalbte König auf der ganzen Welt das Lob Gottes singen wird. Er feiert den König, auf dem hier auf Erden *»Güte und Treue«* (oder »Gnade und Wahrheit«) aus dem höchsten Himmel ruhen werden. Er singt durch den Geist vom kommenden Christus, vom König, der *»voller Gnade und Wahrheit«* sein wird (Joh 1,14.17). Er singt von dem König auf Erden, auf dem die Bundesliebe und Treue Gottes in all ihrer Fülle ruhen und in dem das »Ja!« auf alle Bundesverheißungen sein wird.

Dieser König wird auf der Erde die »Höhlen«-Erfahrung machen, tatsächlich am Ende sogar die »Höhlengrab«-Erfahrung (falls man das Bild damit nicht überstrapaziert). Er wird der wahre, gesalbte König sein, der Sohn Gottes – und dennoch unerkannt, verhasst und gejagt. Menschen werden ihre Zungen wie *»Spieße und Pfeile«* gegen ihn verwenden. Sie werden behaupten, er sei ein Beauftragter des Teufels (vgl. Mt 12,24) und ein Betrüger (vgl. Mt 27,41–43). Sie werden ihm ihre Fallen stellen (z. B. Mt 22,15). Dennoch wird er den Verheißungen vertrauen, selbst wenn er massiven Druck zu spüren bekommt. Auch er wird um die Herrlichkeit Gottes, des Vaters, bitten und den Vater bekannt machen (vgl. Joh 1,18).

Wie wird er Gott *»unter den Völkern«* preisen? Die Antwort steht in Römer 15. Im Zusammenhang mit der weltweiten Mission der Gemeinde Christi werden in Römer 15,9–12 verschiedene alttestamentliche Texte zitiert. Der erste stammt aus Psalm 18,50, wo David sagt: *»Darum will ich dich loben unter den Heiden und deinem Namen singen«* (Röm 15,9). Das ist Psalm 57,10 recht ähnlich: *»Herr, ich will dir danken unter den Völkern, ich will dir lobsingen unter den Leuten.«* Jesus, der gesalbte König und Herr, macht den Vater durch die missionarischen Lippen seiner weltweiten Gemeinde auf der ganzen Welt bekannt.

DIE ACHTERBAHN DES GLAUBENSLEBENS

Du und ich sind nicht David, der gesalbte König. Erst recht sind wir nicht Jesus, der Christus! Doch auch wir kommen ins Spiel. Damals in 1. Samuel 22 war eine Gruppe von Menschen bei David in der Höhle Adullam: *»Und es sammelten sich bei ihm allerlei Männer, die in Not und Schulden und verbitterten Herzens waren, und er wurde ihr Oberster; und es waren bei ihm etwa vierhundert Mann«* (1 Sam 22, 2). Welch eine unrühmliche Truppe: ein Mob der Taugenichtse! Sie waren jedoch Freunde des Königs, und darin bestand ihre Hoffnung – darin besteht auch unsere Hoffnung. Du und ich, wir sind nicht der König. Aber wir sind Freunde des Königs, die mit ihm (sozusagen) in der Höhle sind. Auch wir sind Taugenichtse: unbedeutende Männer und Frauen, deren einzige Hoffnung für Zeit und Ewigkeit in unserer Beziehung zum König liegt.

Wir glauben, dass Jesus derjenige ist, auf dem die Güte und Treue Gottes in all ihrer Fülle ruht. Um diese Güte und Treue, diese Gnade und Wahrheit zu kennen, müssen wir mit dem König verbunden sein, denn in ihm – und nur in ihm – kann sie auf Erden erkannt werden. Wir als seine bedrängte Gemeinde empfinden die Nöte von Psalm 57, 5 und 7 mit ihm. Wir vertrauen darauf, dass die Bundesverheißungen des Vaters an den Sohn in Christus auch uns gehören. Wir beten, dass des Vaters Wille wie im Himmel, so auch auf Erden geschehe. Wie Paulus und Silas in der »Höhle« ihres Gefängnisses Loblieder sangen (vgl. Apg 16, 25; Geoffrey Grogan zieht diese Verbindung in *Psalms*, S. 113), können auch wir singen, während wir auf den Tag warten, an dem der König durch seine Gemeinde das Lob Gottes, des Vaters, auf der ganzen Erde verkündigt haben wird.

Dieser Psalm zeigt uns (oder erinnert uns daran), dass das Glaubensleben eine Art Achterbahnfahrt ist. Wenn wir Psalm 57, 2–6 singen, haben wir vielleicht das Gefühl, dass die Bedrängnisse von

Vers 5 in den vertrauensvollen Bitten der Verse 2–4 und als Höhepunkt im Gebet um Gottes Herrlichkeit von Vers 6 vor Gott ausgebreitet worden sind. Man könnte sogar meinen, das Problem sei gelöst. Dennoch wirft uns Vers 7 sofort wieder in die finsterste Bedrängnis des Königs in der Höhle zurück. Man kann vielleicht einen gewissen Fortschritt sehen – die Verse 8–11 vermitteln ein stärkeres Gefühl der freudigen Zuversicht als die erste Hälfte des Psalms. Allerdings muss das Gebet aus Vers 6 in Vers 12 erneut gebetet werden, und es wird zweifellos so lange weiter gebetet, bis Jesus wiederkommt. Diese seltsam paradoxe Mischung von düsteren Bedrängnissen und zuversichtlichem Glauben ist eine Spannung, die zum christlichen Glauben gehört. Wir dürfen nicht zulassen, dass sie aufgelöst wird – weder in Verzweiflung (Bedrängnisse ohne Glauben) noch in Triumphalismus (Zuversicht ohne Bedrängnisse). Nein, die düsteren Bedrängnisse und der zuversichtliche Glaube können nebeneinander bestehen. Wir sollten das erwarten, bis der König in all seiner Herrlichkeit wiederkehrt, um die ersteren zu beseitigen und den letzteren zu bestätigen.

ZUM NACHDENKEN

1. Was weckt in dir Zweifel, ob das, was du glaubst, wirklich wahr ist?
2. Was hilft dir, an Gottes Gnade und Wahrheit festzuhalten?
3. »Die düsteren Bedrängnisse und der zuversichtliche Glaube können nebeneinander bestehen. Wir sollten das erwarten, bis der König in all seiner Herrlichkeit wiederkehrt.« Wie sieht deine Reaktion auf diesen Gedanken aus?

PSALM 59

Wie sollte sich das Glaubensleben deiner Meinung nach anfühlen? Vielleicht bist du jemand, der Gefühle als irrelevant für das Leben als reifer Christ betrachtet. Oder du bist jemand, dem es sehr wichtig ist, was er gerade fühlt. Für beide »Typen« ist dies eine notwendige und wichtige Frage.

Sie ist wichtig für Menschen, die ihren Gefühlen gegenüber sehr vorsichtig sind, denn es ist möglich, etwas zu haben, das als »Glaube« durchgeht, aber eigentlich nur ein kognitiver Vorgang ist – eine intellektuelle Einsicht oder Zustimmung, die nicht die ganze Person erfasst. (Die Kirchengeschichte kennt eine wunderliche Gruppe namens Sandemanianer mit dieser Überzeugung.)

Die Frage ist ebenfalls wichtig für die Heilsgewissheit derer unter uns, die zu sehr auf ihre Gefühle bauen. »Falsche« Gefühle können die Befürchtung auslösen, wir seien keine wahren Gläubigen. Es ist entscheidend für unsere Stabilität, uns nicht von manchen Gefühlen, die auf uns einstürmen, verunsichern zu lassen. Auch für die Evangelisation ist dies relevant, damit wir den Menschen nichts versprechen, was nicht zur realistischen Erfahrung in der Nachfolge Jesu gehört.

Psalm 59 ist der Psalm des Königs angesichts einer akuten Morddrohung. Er wird uns helfen, die seltsam paradoxe Erfahrung der Nachfolge unseres Königs Jesus selbst zu verstehen und zu fühlen. Dieser Psalm hat mit den Psalmen 57 und 58 den Autor (David), die Bezeichnung (*»Ein güldenes Kleinod«*) und die Melodie (*»Vertilge nicht«*) gemeinsam. Durch ihre Überschrift werden die Psalmen 57 und 59 in der Zeitspanne verortet, in der David zwar schon der gesalbte König war, aber noch von König Saul verfolgt wurde. Es ist gut möglich, dass auch Psalm 58 aus dieser Zeit stammt, aber das wissen wir nicht sicher.

Psalm 59 entstand, *»als Saul hinsandte und sein Haus bewachen ließ, um ihn zu töten«*. Eine Kurzfassung dieser Geschichte ist in

1. Samuel 19,11–17 zu finden. Es lohnt sich, darüber nachzudenken, wie Furcht einflößend das gewesen sein muss. Wir sind an Thriller gewöhnt, in denen der Held in einem Haus festsitzt, umzingelt von schwer bewaffneten Männern, die ihn töten wollen, und so erwarten wir nichts anderes, als dass David überlebt. Selbstverständlich können wir weiterlesen und sehen, wie er entkommt. All das geschah jedoch im echten Leben. Sauls Leute wussten, wo David war. Er konnte nirgendwohin weglaufen und sich nirgendwo verstecken. Sie wollten ihn nicht nur gefangen nehmen; sie waren entschlossen, *»ihn zu töten«*. Er war in Lebensgefahr. Er wusste nicht, ob er entkommen wird. Es war schön und gut, vom Propheten Samuel zum König gesalbt worden zu sein (vgl. 1 Sam 16), aber nun konnte jeden Moment alles in Tränen enden, bevor seine Herrschaft überhaupt begonnen hatte.

Bevor wir den Psalm singen, ist es wichtig, uns – wie so oft – in Erinnerung zu rufen, dass dies ein Lied des Königs ist. Mindestens drei Besonderheiten des Psalms unterstreichen das. Erstens beziehen sich Psalm 59,6 und 9 auf *»alle Völker«* (den Rest der Welt) und Vers 14 auf *»die Enden der Erde«*. Ein solch weitgespannter Horizont des Geschehens ergibt in Bezug auf den König Sinn, ist aber im Blick auf »meine« persönliche Erfahrung eine maßlose Übertreibung. Zweitens hallt im Gelächter Gottes in Vers 9 das spöttische Gelächter Gottes von Psalm 2 wider, das sich dort – wie hier – gegen die Feinde des Königs richtet. Drittens werden die Feinde in Vers 6 als *»Übeltäter«* bzw. in anderen Übersetzungen als »Verräter« bezeichnet – und Verrat bedeutet in erster Linie Treuebruch an Gottes König. Der Verrat am König bedroht die gesamte Ordnung und Sicherheit des Volkes. Obwohl jene, die solches tun, *»Völker«* genannt werden und daher außerhalb des Volkes Gottes stehen, wissen wir aus Psalm 2, dass Gottes erwähltem König die Macht über die ganze Welt gegeben wurde. In gewissem Sinn ist Feindschaft gegen Gottes König stets eine Form des Verrats, sowohl an Gott als auch an seinem König.

EINE SCHWINGENDE STRUKTUR

Ungewöhnlich ist, dass dieser Psalm zwei gegensätzliche Refrains hat. In 5,10–11a und dann wieder in Vers 18 wird Zuversicht bekundet. In Vers 7 und Vers 15 lesen wir hingegen von einer wiederholten Bedrohung. Obwohl die Themen des Psalms ineinander verwoben sind, ist es vermutlich das Einfachste, den Psalm anhand dieser Refrains zu gliedern.

Die Verse 2–11 werden von der Bedrohung (V. 7–8) unterbrochen und schließen mit Zuversicht (V. 10–11). Die Verse 12–18 verlaufen im Wesentlichen parallel zu den Versen 2–11, werden ebenfalls von der Bedrohung unterbrochen (V. 15–16) und schließen mit Zuversicht (V. 18).

Beim Gang durch diese Abschnitte wird uns der Psalm zwei Dinge lehren:

- Wir werden lernen, vor der lauernden Gefahr des Bösen zu erzittern. Das wird uns zu einem tieferen Empfinden für die harte Seite dessen verhelfen, was es heißt, in den Fußstapfen Jesu, unseres Königs, zu gehen.
- Wir werden unterwiesen, zuversichtlich für den sichtbaren Sieg von Gottes König zu beten. Die Nachfolge Jesu ist eine paradoxe Erfahrung: Sie ist hier und jetzt herausfordernd, aber sie wird mit seinem – und damit unserem – Sieg enden!

BEDROHUNG UND ZUVERSICHT

Die Intensität von Davids Gebet steigert sich in den vier Zeilen der Verse 2 und 3 mit drängendem Crescendo. In Vers 2a gibt es *»Feinde«*; in Vers 2b sind es *»Widersacher«*; in Vers 3a werden sie als moralisch böse beschrieben; und in Vers 3b hören wir, was uns die Überschrift bereits verraten hat, nämlich dass es sich um *»Blutgierige«* (nach seinem Blut) handelt. Dieses Gebet wird immer dringlicher. Es könnte nicht mehr auf dem Spiel stehen. Wenn sie den König töten, triumphiert das Böse (die *»Übeltäter«*) – und wie könnte Gott dann gemäß seiner Verheißung die Welt regieren?

Die Intensität setzt sich in den Versen 4 und 5 weiter fort. Diese mörderischen Feinde *»lauern mir auf«* (V. 4). Sie erheben sich nicht nur (V. 2b) in der Absicht, ihn zu töten (V. 3b). Sie lauern im Verborgenen. Sie warten, um David zu überfallen, ihn dann zu ergreifen, wenn er versucht, zu fliehen. Diese Leute, die König David abpassen wollen, werden als *»Starke«* (V. 4) beschrieben – sie sind mächtig und gewalttätig, und sie sind in der Mehrzahl (also viele Männer gegen einen). Er ist umzingelt. Es gibt keinen Ausweg.

Dies war die regelmäßige Erfahrung des gesalbten Königs und seines treuen Volkes. Vom Anfang bis zum Ende seines öffentlichen Dienstes wusste Jesus, was es bedeutet, *»Feinde«* und *»Widersacher«* zu haben, die nach einem Grund suchten, *»damit sie ihn verklagen könnten«* (Mk 3, 2); die ihn *»beobachteten«* und hofften, ihn zu *»fangen in seinen Worten, damit man ihn überantworten könnte der Obrigkeit und Gewalt des Statthalters«* (Lk 20, 20). Sein Apostel Paulus saß innerhalb der Mauern von Damaskus fest, weil seine Feinde *»Tag und Nacht«* die Stadttore *»bewachten«*, *»um ihn zu töten«* (Apg 9, 24).

Die Tatsache, die David in Psalm 59, 4–5 nun ins Spiel bringt, ist seine Unschuld. Wie nach ihm Jesus trifft ihn dies *»ohne meine Schuld und Missetat«* – er hat *»nichts verschuldet«*. Als er Gott zuruft: *»wache auf«*, handelt es sich um den Ruf, der erscholl, als Gott sein Volk mit der Bundeslade in den Kampf führte (vgl. 4 Mose 10, 35). David kann Gott mit *»wache auf«* anrufen, weil er mit diesem Gott im Bund steht und weil er gerecht ist. Er bittet Gott nicht darum, etwas Grundloses zu tun; er ruft Gott an, Gerechtigkeit walten zu lassen.

Obwohl Psalm 59, 6 die gleichen Themen zu wiederholen scheint, hat sich der Rahmen erweitert. Der Gott, den David anruft, wird (ungewöhnlich für Buch II) *»HERR, Gott Zebaoth«* genannt, was bedeutet: »der Bundesgott, welcher der Gott sehr großer Heere ist; der Herr der Heerscharen«. Was David braucht, ist nicht ein wenig Hilfe hier an diesem Ort. Er benötigt alle himmlischen Heerscharen, die für ihn eintreten. Das liegt daran, dass *»alle Völker«* am Mordplan gegen ihn beteiligt sind, in dem Sinn, dass Sauls Plan, David zu töten, eine Manifestation der kosmischen Feindschaft aller Mächtigen auf Erden gegen den Bundesgott und seinen gesalbten König in Zeit und Raum ist – die Auflehnung, die in Psalm 2,1–3 so anschaulich beschrieben wurde. Die Sache mag aussehen wie das örtlich begrenzte Fiasko eines gejagten Mannes. In Wirklichkeit handelt es sich um einen kosmischen Kampf.

Psalm 59,7–8 soll in uns ein durchdringendes Gefühl des Schreckens wecken. *»Des Abends«*, wenn es dunkel wird, *»kommen [die Übeltäter] wieder«*. Wir können uns ausmalen, wie sie ihre versteckten Beobachtungsposten rund um das Haus einnehmen. Es sind Menschen, aber sie *»heulen wie die Hunde«* und *»laufen ... umher«* (V. 7). Jahrhunderte später sagte Jesus zu seinen Feinden: *»Aber dies ist eure Stunde und die Macht der Finsternis«* (Lk 22,53).

Davids Feinde haben etwas Untermenschliches, Unmenschliches, Bestialisches und Furchterregendes an sich. Wie wir schon in Psalm 57 gesehen haben, ist für David insbesondere das, was sie sagen, einschüchternd (59,8). Mit schäumendem, fast tierischem *»Maul«* geifern sie Worte, die in ihrer zerstörerischen Kraft scharf wie *»Schwerter«* sind. Dabei sind sie so selbstbewusst: *»Wer sollte es hören?«*, spotten sie, ähnlich wie ein Straßenräuber zu seinem Opfer sagt: »Ich habe dein Handy. Es ist zwecklos, um Hilfe zu rufen – niemand wird dich hören.« »Es gibt keinen Gott, der dich sehen oder hören würde.« Wie Kain nach seinem Mord an Abel wissen sie nicht, dass das Blut ihrer unschuldigen Opfer nach Gerechtigkeit schreit (vgl. 1 Mose 4,10).

David weiß jedoch, dass dies ein Psalm-2-Kampf ist. Deshalb kann er in Psalm 59,9 mit stiller Zuversicht erklären, dass Gott im Himmel *»ihrer lachen«* wird und *»aller Völker«* spottet – über die weltweite Rebellion gegen Gottes König, deren räumlich und zeitlich begrenzte Vertreter seine Feinde sind.

Daher schließt der erste Teil mit dem ersten zuversichtlichen Refrain (V. 10–11). Mag David auch in seinem Haus gefangen und umzingelt sein – weil er der Bundeskönig ist, ist dieses Haus für ihn wie eine Festung, solange Gott mit ihm ist. Das Wort *»Schutz«* erscheint in den Versen 10, 17 und 18. Zudem wird die Verbform des gleichen Wortes in Vers 2 mit *»schütze mich«* übersetzt. Sein Haus mag sich wie ein Gefängnis anfühlen, aber Gott ist sein Schutz und seine Festung. Er kann seinem Gott vertrauen, der ihm den Sieg geben wird.

Der zweite Teil beginnt mit einem überraschenden Gebet (V. 12–14). Der König bittet Gott: *»Bringe sie nicht um«* (V. 12). Wie wir sehen werden, meint er damit, sie nicht still und heimlich zu töten. Angenommen, Davids Feinde würden einfach »verschwinden« – was wäre dann? Niemand wüsste, warum ihr Drohen gestoppt wurde. Das Volk würde die Sache *»vergessen«*. Nein, David bittet Gott: *»zerstreue sie ... stoß sie hinunter ... Vertilge sie ohne alle Gnade«*, damit man erkennt, *»dass Gott Herrscher ist in Jakob, bis an die Enden der Erde«* (V. 14). Auf irgendeine Weise muss die Niederlage der Feinde des Königs deutlich, öffentlich und eindeutig sein. Zuschauer sollen den Schluss ziehen, *»dass Gott Herrscher ist«* und dass Psalm 2 wahr ist. Zudem soll dies bekannt werden, *»bis an die Enden der Erde«*. Die Niederlage muss derart öffentlich geschehen, dass die ganze Welt sie verstehen kann (vgl. Willem A. VanGemeren, *Psalms*, Expositor's Bible Commentary, Bd. 5, S. 474).

Unser natürliches Empfinden schreckt vor der Heftigkeit dieser Worte zurück. Sie wirken blutrünstig und abstoßend. Es ist wichtig, dass wir uns erinnern: Hier ist nicht von persönlicher Rache die Rede. Auf dem Spiel steht die Herrschaft von Gottes König. David war ein Mann, der vom Heiligen Geist erfüllt war. Wir können darauf vertrauen, dass es ihm, als er dies zum ersten Mal betete, nicht um seinen persönlichen Erfolg ging und schon gar nicht um die Niederschlagung von Leuten, die er nicht mochte. Nein, seine erste Sorge galt dem Sieg von Gottes König. Schließlich war der Sieg des Gottes, den er liebte, untrennbar mit dem Sieg des Königs verbunden. Das Anliegen Davids, dass in seinem Sieg Gottes Ehre groß gemacht werde, findet seine Erfüllung in der Sehnsucht von Gottes endgültigem König, Jesus. Wenn wir diese Worte beten, müssen wir den schlussendlichen Sieg Jesu fest vor Augen haben, der sich ereignet in der Bekehrung vieler, aber auch im Gericht Gottes über jene, die bis zum Ende nicht umkehren werden.

Der Tod König Sauls, die Vereinigung des Königreiches unter König David und die nachfolgenden Siege König Davids trugen allesamt zu dieser öffentlichen Niederwerfung der Feinde des gesalbten Königs Gottes bei – in einem vorläufigen Sinn. Das Neue Testament lehrt uns, dass der endgültige öffentliche Sieg am Kreuz Jesu Christi errungen wurde. Das war der Ort, an dem Jesus *»die Mächte und Gewalten ihrer Macht entkleidet und sie öffentlich zur Schau gestellt und über sie triumphiert«* hat (Kol 2,15). Als der vollkommene König umzingelt, verfolgt, getötet und leiblich von den Toten auferweckt wurde, konnte das gesamte Universum wissen, dass Sünde und Tod ihren Stachel verloren haben und alle Mächte des Bösen besiegt sind.

Hier in unserem Psalm ist es dagegen ernüchternd, dass die lauernde Gefahr in Psalm 59,15–16 zurückkehrt. Am Ende von Vers 14 war der Ton ziemlich optimistisch geworden: getragen von der festen Zuversicht, dass *»Gott Herrscher ist in Jakob«* und seine Herrschaft durch die Verteidigung des Königs und die Niederwerfung seiner Feinde sichtbar gemacht wird. Doch nun: *»Des Abends kommen sie wieder«* (V. 15), genau wie zuvor. Der kurze Bericht in 1. Samuel 19,11–12 vermittelt den Eindruck, die dramatischen Ereignisse hätten sich in einer einzigen Nacht abgespielt. Vielleicht wird dort die Geschichte abgekürzt dargestellt. Möglicherweise spiegelt der Psalm aber auch die psychologische Realität wider, dass diese Bedrohung in der Welt, in der David lebte und in der wir immer noch leben, vor dem Anbruch des kommenden Zeitalters, selten auf einen Schlag beseitigt wird. Bei der Achterbahnfahrt von Furcht und Glauben erfährt man den Wechsel von Höhen und Tiefen mehr als einmal im Leben.

Der Blickwinkel auf die Art der Bedrohung in Psalm 59,16 ist ein etwas anderer. In Vers 8 standen die schneidenden Worte von Davids Feinden im Fokus. Hier in Vers 16 ist es ihre Unersättlichkeit. Wie gefräßige Hunde *»murren [sie], wenn sie nicht satt werden«*. Eben das wird nicht geschehen, solange sie David nicht getötet haben. Nichts Geringeres genügt. Solange Gottes König lebt, werden ihre rebellischen Herzen keine Ruhe finden. Stets haben sie Appetit auf weitere Feindseligkeiten. Bei Jesus war es das Gleiche: *»Kreuzige ihn!«*, war die einzige Forderung seiner Feinde. Auch mit der verfolgten Kirche Christi ist es so. Nichts anderes als die Beseitigung all dessen, was wahrhaft christlich ist, wird eine feindliche Welt zufriedenstellen. Zwar ist die Welt vielleicht mit einer Kirche, die nicht wahrhaft christlich ist, sehr einverstanden – sie hat schließlich keinen Grund, sich gegen eine Kirche zu stellen, die sich an weltliche Werte angepasst hat. Wenn die Kirche allerdings ihrem König treu nachfolgt, ist ihr tödliche Feindschaft gewiss.

Wie schon der erste Teil mit Zuversicht schloss (V. 9–11), endet auch der zweite mit einem Lied von Gottes *»Güte«* (Bundesliebe) und der Sicherheit, dass Gott ihm *»Schutz und Zuflucht«* ist (V. 17–18). Die letzten Worte: *»mein gnädiger Gott«*, entsprechen der ersten Zeile von Vers 11. Jesus hat diese Worte gesprochen und wahrhaft geglaubt, dass er auf die rettende Kraft Gottes, seines Vaters, vertrauen kann. Als sein Volk können wir in ihm diese Worte mit großer Zuversicht mitsprechen. Welche lauernden Bedrängnisse uns auch bedrohen mögen, Gott, unser Vater, ist in Jesus für uns. Er ist der Gott, auf den wir uns mit größter Gewissheit verlassen können.

FÜR DUNKLE TAGE

Wenn wir diesen Psalm singen, folgen wir unserem König darin, die lauernde Gefahr des Bösen fürchten zu lernen. Es gibt dunkle Tage und Zeiten des *»Abends«*, in denen die Kräfte des Bösen besonders nahe sind – wenn der Böse oder die Welt, die seine Werte teilt, oder unsere eigene unruhige, fleischliche Natur *»des Abends«* wiederkehren, um uns von Neuem zu bedrohen. In diesem Psalm hören wir ihr Heulen; wir sehen sie umherstreifen; wir zittern vor Angst, und wir tun gut daran. Nicht zu zittern würde bedeuten, das Böse auf die leichte Schulter zu nehmen, und das dürfen wir niemals tun. Jesus wusste, was es heißt, eine Seele *»voll Unruhe«* zu haben (z. B. Joh 12, 27) und im Schatten des Kreuzes Blutstropfen zu schwitzen (vgl. Lk 22, 44).

Doch Jesus blieb dort nicht stehen, und auch wir dürfen dort nicht stehen bleiben. Wie wir den düsteren Refrain der Bedrohung gesungen haben (Ps 59, 7–8.15–16), so müssen wir auch den vertrauensvollen Refrain der Zuversicht singen (V. 10–11.17–18). Unser König Jesus hat den Bundesverheißungen zu Recht vertraut. Er vertraute sich zu Recht dem Einen an, der gerecht richtet (vgl. 1 Petr 2, 23), wie schon sein Vorfahre David. In der Einheit mit Christus, unserem König, dürfen auch wir vertrauen, dass jede einzelne dieser Verheißungen sicherstellt: Gott wird für uns *»Schutz und Zuflucht«* sein – wie für David, und wie für Jesus.

ZUM NACHDENKEN

1. Wie häufig machst du dir Gedanken über die Schwierigkeiten der Nachfolge Jesu? Wie oft sprichst du darüber, und solltest du das deiner Meinung nach häufiger oder seltener tun?
2. Bei aller Ehrlichkeit in Bezug auf die dunklen Tage – wie kannst du sicherstellen, dass dir auch die Zuversicht, die du in Christus besitzt, klar vor Augen steht?
3. Denkst du, du hast die gleiche Leidenschaft wie der Psalmist für die Herrschaft von Gottes König?

PSALM 65 UND 67

7. LIEDER VON DER SCHÖPFUNG

Die Psalmen 65–68 werden in ihren Überschriften allesamt sowohl als »Psalmen« als auch als »Lieder« bezeichnet – bzw. als »Psalmlieder«. Was auch immer diese Bezeichnungen genau bedeuten (wir wissen es nicht), die Tatsache, dass sie die gleiche Überschrift tragen, kann anzeigen, dass sie in gewisser Weise zusammen gelesen werden sollten. Eine weitere Gemeinsamkeit ist, dass sie zumindest teilweise auf universelle Gültigkeit zielen. Zum Beispiel spricht Psalm 65 von *»den Enden [der Erde]«* (V. 9), Psalm 66 beginnt mit: *»Jauchzet Gott, alle Lande!«* (66,1), Psalm 67 redet davon, dass Gottes Heil von *»allen Heiden«* erkannt werden soll (67,3) und Psalm 68 fordert die *»Königreiche auf Erden«* auf, Gott zu singen (68,33). Ich habe zwei Psalmen aus dieser Gruppe gewählt, um zu veranschaulichen, auf welche Weise die Psalmen die Lehre von der Erlösung mit der Lehre von der Schöpfung verknüpfen. Weitere Psalmen, die sich besonders mit der Schöpfung befassen, sind unter anderem Psalm 8, 19, 74, 104 und 148.

PSALM 65

EINE AKTUELLE HERAUSFORDERUNG

Welche Relevanz hat das Evangelium von Christus für eine Generation, der die Rettung unseres Planeten am Herzen liegt? Viele Menschen haben einen lobenswerten Idealismus in Bezug auf den verantwortungsbewussten Umgang mit der Erde, aber sie können sich nicht vorstellen, inwiefern die sehr spezielle Botschaft von Christus ihnen etwas Wichtiges zu sagen haben sollte. Wie können wir sie erreichen? Psalm 65 wird uns dabei helfen.

Der Psalm hat drei Teile. Jeder Teil endet mit einer Art Reaktion auf das, was zuvor beschrieben wurde. Psalm 65,2–5 schließt mit einem gesättigten Volk; die Verse 6–9 führen dazu, dass die ganze Erde von Ehrfurcht erfüllt wird; und die Verse 10–14 enden (und beenden den Psalm) mit einem idyllischen Bild des Erntesegens.

Wir stehen hier vor einem Rätsel: Wenn wir bei den Versen 10–14 angekommen sind, wirkt dieser Psalm wie ein schlichtes Erntedanklied, nach der Art alter Choräle wie »Wir pflügen und wir streuen«. Es geht um den Segen der Schöpfung. Dabei sind die Verse 2–5 sehr speziell – sie handeln von Zion, Gebet, Sündenvergebung und dem Tempel. Sie betreffen ein erlöstes Volk. Wo liegt also die Verbindung zwischen einer guten Ernte und der Erlösung? Gab es bei anderen Völkern nicht auch immer wieder gute Ernten? Vermutlich schon, denn Gott *»lässt seine Sonne aufgehen über Böse und Gute und lässt regnen über Gerechte und Ungerechte«* (Mt 5,45). Wir werden beim Lesen des Psalms mit dieser wichtigen Frage ringen.

EIN GESÄTTIGTES VOLK

In *»Zion«* – dem Ort von Gottes König und dem Ort der Gegenwart Gottes im Tempel – *»harrt der Lobgesang«* auf Gott (Ps 65,2 SLT). Diese (nicht leicht zu übersetzende) Wendung bedeutet wahrscheinlich entweder, dass Gott Lobpreis gebührt – das heißt, dass dies der Ort ist, an dem die Menschen Gott loben *sollten* – oder aber, dass Zion der Ort ist, an dem Gottes Volk stets nach Gelegenheiten Ausschau hält, ihn für seine Güte zu preisen. Alttestamentliche Gläubige legten *»Gelübde«* ab, sie versprachen, Dankopfer zu bringen, wenn ein Gebet erhört wurde. Diese Gelübde sollten gehalten werden, weil jener Gott, zu dem sie beteten, der Eine ist, der Gebete erhört: *»Du erhörst Gebet; darum kommt alles Fleisch [Menschen aller Art] zu dir«*, sagt der Psalmist (V. 3).

Es ist niemals Gottes mangelnde Bereitschaft, die Gebetserhörungen im Weg steht, denn Gott ist gnädig und freundlich. Das Problem sind unsere unvergebenen Sünden. Jesaja beschreibt es so:

> *»Siehe, des HERRN Arm ist nicht zu kurz,*
> *dass er nicht helfen könnte,*
> *und seine Ohren sind nicht taub geworden,*
> *sodass er nicht hören könnte,*
> *sondern eure Verschuldungen scheiden euch*
> *von eurem Gott,*
> *und eure Sünden verbergen sein Angesicht vor euch,*
> *dass ihr nicht gehört werdet.«*
>
> *(Jes 59,1–2)*

Psalm 65,4 benennt daher den Hinderungsgrund (*»Unsre Missetat drückt uns hart«*) und die freudige Aussicht auf die Beseitigung dieses Hindernisses (*»du wollest unsre Sünde vergeben«*). Sünde wird als erdrückend beschrieben, denn sowohl die Schuld der Sünde als auch ihr Elend ist eine schwere Last. Wenn aber die Sünden vergeben sind, wird Gott in der Folge Gebete hören und erhören. Diese Menschen schätzen sich glücklich, weil der Bundesgott sie in seiner Gnade *»zu dir lässt«* (V. 5a). Er gewährt ihnen im Tempel (*»in deinen Vorhöfen«*) den Zugang zu sich.

Vers 5b fasst die Reaktion des Volkes Gottes auf die Freundlichkeit Gottes zusammen, der ihre Sünden vergibt, ihr Gebet erhört und sie zu sich nahen lässt: Sie werden gesättigt – an all den Segensgaben, die dem Volk Gottes im Alten Bund durch den Tempel symbolisiert und verheißen wurden – und haben *»reichen Trost«*. Hier wird die fröhliche Fülle, die tiefe Sättigung gefeiert, die durch die Segnungen des Bundes – die Sündenvergebung, die Gebetserhörung und den Zugang zur Gegenwart Gottes – geschenkt werden.

König David leitet sein Volk an, mit frohen Worten die volle Genüge zum Ausdruck zu bringen, die auf all diesen alttestamentlichen Verheißungen an das gläubige Volk Gottes beruht. So real allerdings diese Freude war, sie war nur ein Vorgeschmack auf die Freuden, die dem Volk des Königs unter dem Neuen Bund gewährt werden. Alles, was Zion vorschattete, ist erfüllt in Christus, dem König, dem Sohn Davids (zur engen Verbindung zwischen König David und Zion siehe 2 Sam 5,7–9; zu Christus als dem Sohn Davids siehe Röm 1,3, Mt 1,1 und 9,27 sowie viele weitere Stellen in den Evangelien), Christus, dem *»Tempel«* (Joh 2,19–22), der unter uns *»wohnte«* (wörtl. »zeltete« als Anklang an die Stiftshütte; Joh 1,14), Christus, dem Opfer (vgl. Hebr 7,27) und Christus, dem Priester (vgl. Hebr 5,1–10). Wenn neutestamentliche Gläubige Psalm 65,2–5 singen, werden unsere Herzen mit Freude und Zufriedenheit erfüllt aufgrund all des Segens, der uns durch Christus geschenkt ist. Christus ist der König, dessen Gebete immer erhört werden (vgl. Joh 11,41–42) und in dessen Namen seine Nachfolger beten sollen. Er ist der Eine, der sein Volk in Gottes Nähe bringt (vgl. 1 Petr 3,18). In ihm wohnt die Fülle der Gottheit und sein Volk ist in ihm zu den Segensgaben dieser Fülle geführt worden (vgl. Kol 1,19; 2,9–10).

Die Wörter *»alles Fleisch«* (Ps 65, 3b) lassen einen weltweiten Segen erahnen. So weitet sich der Horizont dieses Liedes.

EIN RUF AN EINE GEPLAGTE WELT

—

Es ist bemerkenswert, wie die Melodie von der Erlösung zur Schöpfung überwechselt. Die Erhörung von Gebet, die in Vers 3 gefeiert wurde, wird in Vers 6 erweitert: *»Erhöre uns nach der wunderbaren Gerechtigkeit.«* Seine gerechten Taten ersetzen Unordnung durch Ordnung. Es sind Taten im großen Stil, denn dadurch ist Gott *»die Zuversicht aller auf Erden und fern am Meer«*. Es handelt sich um ein schöpfungsweites Handeln.

Diese Werke Gottes werden in Vers 7 positiv und in Vers 8 negativ beschrieben. Die wunderbare *»Gerechtigkeit«* aus Vers 6 zeigt sich in Vers 7 an der Gründung oder Aufrichtung der *»Berge«*. In der biblischen Bildsprache stehen Berge für Kraft, Festigkeit und Unverrückbarkeit. Sie verweisen nicht nur auf die materielle Stabilität der Schöpfung, sondern auch auf die ihr zugrunde liegende moralische Ordnung – das, was wir als »Schöpfungsordnung« bezeichnen. Die Gründung der Berge in dieser weitgefassten, symbolischen Bedeutung ist die notwendige Kehrseite zu Vers 8. Dieser Schöpfer stillt *»das Brausen des Meeres«*. Wie die Berge die moralische Ordnung symbolisieren, so steht das Meer für Chaos, Instabilität, Böses, Bedrohung und letztlich für den Tod. All das zeigt sich in der Geschichte im *»Toben der Völker«*: das Chaos und das Böse, das innerhalb der menschlichen Gegebenheiten Amok läuft.

In 1. Mose 1 wird berichtet, wie trockenes Land entsteht – ein Ort, an dem Mensch und Tier überleben können. Es ist eine Geschichte von Leben inmitten der Gefahr, von Stabilität inmitten des Chaos. Die Aussage, dass Gott Gebet erhört (Ps 65, 3.6), indem er Berge gründet und Meeresbrausen stillt, ist eine anschauliche, auf die ganze Schöpfung bezogene Bekräftigung: Der Schöpfer wird es nicht zulassen, dass seine gute Schöpfung endgültig vom Bösen überrollt wird. Was er in der Erlösung tut (V. 2–5) – er ruft ein Volk heraus, vergibt ihre Sünden, erhört ihre Gebete, holt sie nach Zion in seine Nähe, und erfüllt all das in Christus –, ist untrennbar verknüpft mit dem, was er in der Schöpfung getan hat, denn er erlöst die gesamte Schöpfung in Christus. Es gibt eine tiefe Verbindung zwischen Schöpfung und Erlösung. Die Erlösung des Volkes Gottes in Christus wird ihre endgültige Erfüllung in der Erlösung der gesamten Schöpfung finden (vgl. z. B. Röm 8,19–21).

Weil die Erlösung derart herrliche Ausmaße hat, kann Psalm 65,9 darüber jubeln, *»dass sich entsetzen [Ehrfurcht haben], die an den Enden wohnen, vor deinen Zeichen«*. Was Gott durch sein Volk, das nun die Gemeinde Christi ist, tut, ist keine kleine lokale oder persönliche Rettungsmission, die auf irgendein Ghetto beschränkt wäre. Was hier beginnt, ist die Wiederherstellung von Ordnung in einer kaputten Welt. Die Wendung *»was da lebet im Osten wie im Westen«* lautet wörtlicher übersetzt »das Herausgehen des Morgens und Abends«. In gewissem Sinn ist damit vom fernsten Osten (wo die Sonne aufgeht) bis zum fernsten Westen (wo die Sonne untergeht) die Rede. Damit wird auf poetische Weise die erste Zeile von Vers 9 (die *»Enden«* der Erde) unterstrichen. Die Wörter »Morgen« und »Abend« transportieren aber noch eindrücklichere Assoziationen. Den »Morgen« verbindet man mit glücklichen Zeiten und den »Abend« mit Traurigkeit. An welchem Ort und in welchem Zustand auch immer, sei es nun eine »morgendliche« Freudenzeit oder eine »abendliche« Trauerzeit – die gute Nachricht vom Schöpfer, der zugleich Erlöser ist, macht unsere Herzen *»fröhlich«*. Das Volk Gottes, das durch all die in Christus erfüllten Bundesgnaden gesättigt wurde (V. 2–5), ruft in den Versen 6–9 der geplagten Welt eine Botschaft vom guten Schöpfer zu. Er ist es, der dem Bösen Grenzen setzt und am Ende das Böse mit Gutem überwinden wird – durch den Retter, der die Sühnung für Sünden vollzogen hat und Sündern vergibt.

Das hilft uns, das Erntelied am Ende des Psalms aus einer breiteren biblischen Perspektive zu sehen.

DIE SCHÖPFUNG WIRD WIEDERHERGESTELLT

—

Die Verse 10–14 zeichnen das idyllische Bild eines Erntefests. Aus den chaotischen Wassern des Bösen wurden die lebensspendenden Regenwasser und Quellen, was eine Fülle von Nahrung mit sich bringt (V. 10). Das Wasser erscheint nun als *»Gottes Brünnlein«* oder anders übersetzt als »Strom Gottes« – wie die Ströme in 1. Mose 2 rings um den Garten Eden oder der Strom, der in Hesekiels Vision aus dem Tempel fließt (vgl. Hes 74). Psalm 65, 10–11 malt uns eine solche Fülle von lebensspendendem Wasser vor Augen, dass die Ernte, die in den Versen 12–14 beschrieben wird, einfach überwältigend ist.

Das ganze *»Jahr«* ist gekrönt *»mit deinem Gut«* (V. 12) – mit Gottes Güte. In den *»Spuren«* der Erntewagen liegt Getreide verstreut wegen der Fülle, die allerorts überzulaufen scheint (V. 12b). Überall ist Getreide – zu viel, um alles einzubringen! Selbst die *»Auen«* in der normalerweise kargen *»Steppe«*, die höheren Lagen der *»Hügel«*, *»triefen«* von reicher Ernte (V. 13). Die Weiden oder *»Anger«* (V. 14a) sind so zahlreich, dass sie aussehen wie ein Kleid, das über die Weiden gelegt ist. Welch ein schönes Bild: Du blickst über die Wiesen und es sieht aus, als wäre eine dicke Wolldecke darüber ausgebreitet! Ebenso stehen *»die Auen … dick mit Korn«* – sie sind wie mit einem Kleid ganz von Korn zugedeckt (V. 14b) – kein Wunder, dass man auf der ganzen Welt *»jauchzet und singet«* (V. 14c)! In dem alten Choral »Im goldnen Glanze« klingt das so:

> *»Im goldnen Glanze steht das Feld,*
> *Rings tönen frohe Lieder*
> *Und Tal und Höhen geben sie*
> *Anbetend, preisend wieder.«*
>
> *(Rettungsjubel, S. 216)*

Das Bild ist ein ästhetisches Meisterwerk. Es hat aber eine noch tiefere Bedeutung: Es geht nicht nur darum, dass es schön aussieht. Die wesentliche Freude beruht darauf, dass nun Nahrung zur Verfügung steht, um Leben zu erhalten. Die Sache fällt also mehr in die Zuständigkeit des Landwirtschaftsministeriums als in die der Nationalparkverwaltung.

Wir kommen nun zu drei angemessenen Reaktionen des Volkes Gottes auf diesen schönen Psalm.

WERTSCHÄTZUNG, VORFREUDE UND VERKÜNDIGUNG

Zion ist der Ort, an dem die Psalmisten den guten Schöpfer preisen (V. 2). Da Zion so eng mit König David verknüpft ist, findet es in einem gewissen Sinn seine Erfüllung in Christus und in der Gemeinde Christi. Wir betrachten die Segensgaben der Schöpfung nicht als selbstverständlich. Wir sind dankbar. Wir erkennen und würdigen, dass all diese Dinge aus der gütigen Hand Gottes kommen. Wir danken ihm dafür (vgl. Röm 1,21).

Die entgegengesetzte Haltung findet sich im Alten Testament mindestens zweimal auf den Lippen stolzer Könige. Einer der altägyptischen Pharaonen sagt: *»Der Nil ist mein und ich habe ihn mir gemacht«* (Hes 29,3). »Er gehört mir und ich kann damit machen, was ich will. Setzt mich an die erste Stelle, macht mich groß!« Der assyrische König äußert etwas sehr Ähnliches, als er erklärt, die Bäume des Libanons mitsamt den Gewässern und natürlichen Ressourcen gehörten ihm, er könne das alles nach Belieben gebrauchen (und missbrauchen; vgl. 2 Kön 19,23–24). Auch das widerspiegelt dieselbe Haltung: »Setzt mich an die erste Stelle, macht mich groß!« Dagegen wird Gottes Volk die Schöpfung mit liebevoller Fürsorge und dankbarem Herzen bewahren.

Das verheißene Land des Alten Bundes, dessen Ernte hier gefeiert wird, wurde als das *»Erbe«* des Volkes Gottes bezeichnet. Das Neue Testament greift diesen Gedanken vom *»Erbe«* auf und zeigt uns, dass er in die Zukunft weist – auf das neue Jerusalem, den neuen Himmel und die neue Erde, die neue Schöpfung (z. B. Apg 20, 32; 1 Petr 1, 4). Wenn ein Gläubiger seinem Gott für eine gute Ernte dankt, ist ihm bewusst, dass eine solche im jetzigen Zeitalter nie vollkommen sein wird. Immer steht sie unter der *»Knechtschaft der Vergänglichkeit«* (Röm 8, 21). Sie ist ein Vorgeschmack einer größeren, wiederhergestellten Schöpfung, die uns erst noch geschenkt wird – wie der appetitanregende Duft aus der Küche, der verheißt, dass wir bald ein köstliches Mahl genießen dürfen. Wenn wir diesen Psalm singen, danken wir Gott für die materiellen Segnungen in diesem Zeitalter. Unsere Augen und Herzen sind aber auf die Segnungen des zukünftigen Zeitalters gerichtet. Das christliche Leben ist ein Leben in der Vorfreude auf die großen zukünftigen Herrlichkeiten.

Wenn wir diesen Psalm mitsingen oder mitsprechen, verkündigen wir die großen, in ihm enthaltenen Wahrheiten. Wir singen von diesen Wahrheiten so, wie sie in Jesus Christus ihre Erfüllung gefunden haben. Wir erklären, dass wir alle Segnungen Gottes durch Christus erhalten, der in den Gegebenheiten Zions vorgeschattet wird (Ps 65, 2–5). Wir singen, dass durch Christus die Sünden vergeben sind, Gebete erhört werden und wir Zugang zu Gott erhalten haben. Menschen dürfen durch Gottes allgemeine Gnade in diesem Zeitalter viele Segnungen genießen, ob sie nun auf Christus vertrauen oder nicht. Der himmlische Vater lässt seine Sonne über Böse und Gute aufgehen und lässt es auf Gerechte und Ungerechte regnen (vgl. Mt 5, 45). Manchmal geht es den Gottlosen tatsächlich gut. Ihr Wohlstand wird aber stets getrübt sein. Das Leben *»unter der Sonne«* wird stets vom Frust befleckt sein, den der Prediger beschreibt. Es unterliegt der Knechtschaft der Vergänglichkeit (vgl. Röm 8, 21). Wenn wir diesen Psalm sprechen, erklären wir, dass wir nur in Christus Sühne für Sünden, Erhörung von Gebeten, jeglichen geistlichen Segen und schließlich eine Heimat im neuen Himmel und auf der neuen Erde finden. In Christus – und nur in Christus – wird alles, was im Himmel und auf Erden ist, zusammengefasst werden (vgl. Eph 1,10). Er ist der zweite Adam. Er ist das Lamm, das für Sünder starb. Er ist »für uns zur Weisheit … und zur Gerechtigkeit und zur Heiligung und zur Erlösung« geworden (1 Kor 1,30). *»Zion«* aus Psalm 65,2–5 wird in Christus erfüllt; denn der Christus, der durch Zion vorgeschattet wird, ist die einzige Hoffnung für eine geplagte Welt (vgl. die Verse 6–9) und in ihm haben wir die freudige Erwartung der ungetrübten Fülle (vgl. die Verse 10–14).

ZUM NACHDENKEN

1. Wie hilft dir dieser Psalm, eine Beziehung zwischen der Botschaft von Christus und dem Anliegen deiner Freunde für diesen Planeten herzustellen?
2. Was in Gottes Schöpfung erfüllt dich mit Ehrfurcht?
3. Wo in der Welt um dich herum konntest du beobachten, dass Gott Ordnung und Segen wiederhergestellt hat?

PSALM 67

Psalm 67 feiert die Anziehungskraft der Gnade. Wenn Gott in seiner Güte wirkt und ein Volk segnet, sehen andere die Schönheit seiner Güte. So werden einige von ihnen angeregt, das zu wollen, was sie sehen. Als Ziel des Psalms wird genannt und wiederholt: *»dass man auf Erden erkenne deinen Weg … alle Welt fürchte ihn«* (67,3.8). Der Psalm zielt also darauf ab, dass Menschen auf der ganzen Welt

Gottes rettende Gnade loben. So wird die Verheißung an Abraham (vgl. 1 Mose 12, 1–3) erfüllt werden.

Wie schon Psalm 65 ist auch Psalm 67 ein Erntelied (*»Das Land gibt sein Gewächs«*, V. 7). In den Psalmen 65 und 66 wurde die Logik der Gnade besungen: Wenn der Rest der Welt sieht, wie das Bundesvolk über Gottes Bundesgnade jubelt, wird der eine oder andere durch das, was er sieht, angezogen werden.

Psalm 67 besitzt eine wunderbar ausgewogene, symmetrische A-B-C-B‹-A‹-Struktur (vgl. VanGemeren, *Psalms*, S. 510). An beiden Enden des Psalms stehen mit den Versen 2–3 und 7–8 Gebete, dass Gott sein Volk segnen möge, damit der Rest der Welt seinen Weg erkennt (V. 3) und ihn ehrfürchtig preist (V. 8). Innerhalb davon kommen mit Vers 4 und Vers 6 die Refrains. Vers 5 ist das Herzstück des Psalms und der einzige dreizeilige Vers.

SEGNE UNS, UM DIE WELT ZU SEGNEN

Das Gebet in den Versen 2–3 beginnt mit einem Anliegen (*»Gott sei uns …«*) und endet mit einer Begründung (*»dass man auf Erden erkenne deinen Weg«*). Gebetet wird um die Gnade (unverdiente Gunst) und den Segen, der Menschen geschenkt wird, über denen Gottes *»Antlitz«* leuchtet – das heißt, einem Volk, das mit ihm in rechter Beziehung steht. Hier hallt der Segen wider, den Gott Mose gab, damit ihn die Priester über das Volk Israel aussprechen:

»Der HERR segne dich und behüte dich;
der HERR lasse sein Angesicht leuchten über dir
und sei dir gnädig;
der HERR hebe sein Angesicht über dich
und gebe dir Frieden.«
(4 Mose 6, 24–26)

Es ist bedeutsam, dass es sich hier um den priesterlichen Segen handelt. Er wurde einem Bundesvolk gegeben, dessen Sünden durch das sühnende Opfer bedeckt waren, welches von einem Mittler (dem Priester) dargebracht wurde. Gott wird hier nicht einfach darum gebeten, allgemein nett und freundlich zu uns zu sein. Das ist eine Bitte um die Segnungen, die jene erhalten, die mit Gott in einer Bundesbeziehung stehen. Viele von uns haben in zwischenmenschlichen Beziehungen schon die unschöne Erfahrung gemacht, dass uns jemand nicht mehr in die Augen schaut, uns überhaupt nicht mehr ansieht, sondern stattdessen sein Gesicht abwendet. In seiner Miene uns gegenüber ist mehr Stirnrunzeln und Unmut zu erkennen. Das sind vielsagende Anzeichen einer belasteten oder zerrütteten Beziehung. Wie schön ist dagegen ein Lächeln, ein liebevoller Blick in die Augen, eine herzliche Umarmung. Genau darum wird hier gebetet. Es geht nicht um Segnungen allein um der Segnungen willen, sondern um Segnungen im Rahmen einer glücklichen Beziehung zu dem Gott, der uns liebt.

Etwas überraschend ist: Diese Segnungen werden nicht erbeten, damit man sich gut fühlt, das Leben genießen und Freude und Glück haben kann. Es geht darum, *»dass man auf Erden erkenne deinen [Gottes] Weg«*. Mit seinem *»Weg«* ist sein Charakter gemeint, wie er sich in seinem Handeln zeigt: was er tut, weil er der ist, der er ist. Wie Paulus später schreibt, bedeutet das *»Liebe, Freude, Friede, Geduld, Freundlichkeit, Güte, Treue, Sanftmut, Keuschheit«* (Gal 5,22–23), denn das ist Gottes Art. Diese Wesenszüge sind auch der Nachweis, dass Gottes *»Heil«* in einem Volk am Wirken ist. Wenn ein Volk die rettende Gnade Gottes erlebt, werden alle ihre Beziehungen von diesen schönen Tugenden geprägt sein, weil ihre Herzen von Gottes Güte erfüllt sind.

Es ist wichtig, die Logik zu verstehen: Die Gnade Gottes, die segnend über uns ausgegossen wird, macht uns zu einem Volk, an dem Gottes gnädige Wege für die ganze Welt sichtbar werden. Im Alten Bund gab es die schöne Vision von Israel als dem sichtbaren Bild des unsichtbaren Gottes. Würden dann die Moabiter, Edomiter, Hetiter, Philister usw. Israel betrachten, so sähen sie die gnädigen Wege Gottes, wie sie deutlich im Charakter und im Leben von Gottes Volk sichtbar werden.

Die Realität sah leider anders aus. Dennoch steht diese Logik hinter der Verheißung des Abrahambundes: *»in dir sollen gesegnet werden alle Geschlechter auf Erden«* (1 Mose 12, 3). Vielleicht noch etwas deutlicher wird dies, als die Verheißung in 1. Mose 18 wiederholt wird: *»Wie könnte ich Abraham verbergen, was ich tun will, da er doch ein großes und mächtiges Volk werden soll und alle Völker auf Erden in ihm gesegnet werden sollen? Denn dazu habe ich ihn auserkoren, dass er seinen Kindern befehle und seinem Hause nach ihm, dass sie des Herrn Wege halten und tun, was recht und gut ist, auf dass der Herr auf Abraham kommen lasse, was er ihm verheißen hat«* (1 Mose 18, 17–19). Die anderen Nationen werden gesegnet, wenn die Familie Abrahams *»des Herrn Wege«* bewahrt und tut, *»was recht und gut ist«*. Diese Logik des überströmenden Segens steht hinter diesem Psalm.

MÖGE DARAUFHIN DIE WELT GOTT PREISEN

Der Ruf aus Psalm 67, 2–3 ist kein selbstzentriertes Gebet im Stil von: »Bitte segne uns, damit es uns gut geht.« Das wird an der Sehnsucht deutlich, die der Refrain in Vers 4 zum Ausdruck bringt. Was wir zutiefst ersehnen – oder die Sehnsucht, die dieser Psalm in unsere Herzen pflanzt – ist, dass *»die Völker«* (alle Nationen und Ethnien der Erde) Gott *»danken«*. Die Welt ist deshalb so entsetzlich aus den Fugen geraten, weil die Menschen ihren Götzen fehlgeleitete Anbetung bringen. Deshalb ist die Welt auf so tragische und durchdringende Weise von moralischer Verwirrung verdorben (vgl. Röm 1, 18–32). An der Wurzel liegt die schreckliche Diagnose, dass die Menschen von Natur aus *»ihn [Gott] nicht als Gott gepriesen noch ihm gedankt«* haben (Röm 1, 21). Psalm 67, 4 drückt die Sehnsucht aus, dass *»die Völker«* am Ende den guten Schöpfer, der sie schuf, preisen und ihm danken werden.

Die zweite Hälfte des Verses verstärkt noch unsere Sehnsucht. Wir wünschen uns nicht nur, dass *»die Völker«* Gott preisen. Wir dürfen nicht zufrieden sein – nicht aufhören, dieses Lied zu singen –, bis *»alle Völker«* ihn preisen. Wir dürfen uns nicht genügen lassen an dem Lob, das aus den Herzen der Gemeinde Christi entspringt, ehe es nicht auf der ganzen Welt eine unüberschaubare Schar aus allen Stämmen und Sprachen gibt, ehe nicht *»jedes Geschöpf, das im Himmel ist und auf Erden und unter der Erde und auf dem Meer«* in dieses Lob einstimmt (Offb 5,13). Dieser Tag wird im neuen Himmel und auf der neuen Erde anbrechen, wenn es keine unbußfertigen Sünder mehr geben wird – sie werden dann endgültig ausgesondert und in die äußerste Finsternis verbannt sein.

ER RICHTET, ER LEITET

Psalm 67,5 befindet sich im Herzen und Zentrum des Psalms. Er ist der einzige dreizeilige Vers. Der Schlüssel ist das Wort *»dass«* (*»Die Völker freuen sich und jauchzen, dass du die Menschen recht richtest«*). Dieser Vers gibt den Grund an, weshalb der Rest der Welt Gott loben soll: weil es wirklich so ist, dass er die Welt *»recht«* (gerecht) richtet und die Völker auf Erden leitet. Das bedeutet, dass er der souveräne (*»du … regierst«*) und gerechte (*»recht richtest«*) Gott ist. Wir beten, dass die Nationen das begreifen und sich daraufhin *»freuen … und jauchzen«*.

In gewisser Weise sollte Gottes Segen für Israel das demonstrieren. Israel sollte für den Rest der Welt eine lebendige Sehhilfe sein, die die herrliche Vorsehung, Souveränität und Herrschaft Gottes zeigt, die einer Not leidenden Welt moralische Ordnung und Leben bringt. Wenn der Rest der Welt das Volk Gottes sah – wie sie ihr Land bewirtschaften, wie sie sich um die Armen kümmern, wie sie einander lieben, ihre überfließende Liebe zu Einwanderern, ihre moralische Ordnung aufgrund ihrer Achtung für die Ehe, ihre Zufriedenheit im Unterschied zu der Gier ringsumher –, dann würde der Rest der Welt begreifen, dass es einen guten, gerechten, gütigen, moralischen, ordnenden Gott gibt, der souverän ist und seine Pläne in einer zerrütteten Welt verwirklicht.

DIE ERNTE

Vers 6 wiederholt den Refrain von Vers 4. Wenn wir ihn singen, bekräftigt er in unseren Herzen, dass das Ziel und die Sehnsucht dieses Psalms der weltweite Lobpreis unseres guten Gottes ist. Dazu Mays: »Der Segen für die Gemeinde dient dem Heil der Nationen« (*Psalms*, S. 225).

Die Verse 7–8 kommen auf die Logik zurück, die in den Versen 2–3 vorgestellt wurde. Diesmal allerdings erscheint sie speziell auf die Ernte zugespitzt: *»Das Land gibt sein Gewächs«*. So sieht die konkrete Art und Weise aus, wie Gott segnet. Wenn im Alten Bund das Volk dem Bund treu war und gesegnet wurde, wird dies häufig in Erntebegriffen formuliert. Vielleicht lässt sich anhand von 5. Mose 28,1–14 am deutlichsten zeigen, wie diese Segnungen verheißen wurden. Zu ihnen gehörten *»der Ertrag deines Ackers und die Jungtiere deines Viehs, deiner Rinder und deiner Schafe«* (5 Mose 28,4, vgl. auch V. 5.8.11.12). Daran sollten *»alle Völker auf Erden … sehen, dass über dir der Name des HERRN genannt ist«* (V. 10). Bundestreue führte zu Bundes-Erntesegen, wodurch die Bundesgnade des Schöpfergottes – des Bundesgottes Israels – weltweit sichtbar wurde.

Das Volk Gottes betete daher um solchen Bundessegen, damit *»alle Welt«* ihn *»fürchte«* (Ps 67, 8). Es gibt hier ein Wortspiel mit den Worten *»auf Erde«* (V. 3.5) und dem Wort *»Land«* (V. 7): Was im verheißenen *»Land«* (V. 7) geschieht, veranschaulicht etwas, das für die ganze *»Erde«* (V. 3.5) und sogar *»alle Welt«* (V. 8) gilt. Es zeigt, dass ein Volk, das treu im Bund mit dem guten Schöpfer lebt, gesegnet wird. Dicser Psalm feiert die Segnungen der Bundestreue.

Nun haben wir aber genau hier ein Problem – denn Israel war nicht treu.

ER TAT,
WAS SIE NICHT TATEN

Um Psalm 67 in Christus zu beten, muss man verstehen, dass die Segnungen, um die gebetet wird (*»segne uns«*, V. 2.7.8) und die gefeiert werden, Segnungen des Bundes sind. Die Logik des Alten Bundes ist, dass die *»Völker«* (V. 4.5: der Rest der Welt) sehen sollten, wie das Volk Israel – die *»Gemeinde«* oder *»Versammlung«* des Alten Bundes (vgl. z. B. Apg 7,38) – im verheißenen Land mit reichen Ernten gesegnet wird. Daraufhin würden sie in das Lob des Gottes Israels einstimmen.

Das Problem ist: Dieses schöne Ideal ist überhaupt nicht das, was uns die alttestamentliche Geschichte über das Leben des Volkes unter dem Alten Bund berichtet. Leider waren sie genau wie wir – habgierig, ungerecht, lüstern usw. Am Ende des Alten Testaments ist klar, dass sie nur Vorschattungen eines besseren, zukünftigen Bundes waren. Diese Verheißungen konnten nur erfüllt werden, wenn ein Gesalbter das tat, wozu Israel berufen war, worin es aber versagt hatte: in beständiger Treue zum Gott des Bundes zu leben und den Weg Gottes, des Vaters, auf Erden kundzutun (Ps 67,3a; vgl. Joh 1,18; Lk 2,29–32). In diesem Mann – und nur in diesem Mann – sind alle Bundessegnungen zu finden. In Christus sind wir mit *»allem geistlichen Segen«* gesegnet (Eph 1,3). Der Ausdruck »geistlicher Segen« meint keine Art diffusen, nichtmateriellen Segen, sondern alle Segnungen, die wir durch den Heiligen Geist erhalten. Am Ende gehören dazu auch alle materiellen und greifbaren Segnungen der neuen Schöpfung, die uns im Alten Testament in Israels Ernten vorgeschattet werden. Derek Kidner schreibt, dass dieser Psalm nach außen blickt »auf die fernen Völker und auf das, was sie erwartet, wenn der Segen, der ›uns‹ erreicht hat, alle erreicht« (*Psalms*, Bd. 1, S. 236).

Wenn wir diesen Psalm in Christus beten, sehnen wir uns danach, dass Gott uns, sein Volk, in Christus derart mit diesem geistlichen

Segen segnet – und vor allem mit der Frömmigkeit, die Gottes Gerechtigkeit (vgl. V. 5) widerspiegelt –, dass andere die Schönheit seines Segens sehen und dazu bewegt werden, in das Lob dieses großen Gottes einzustimmen. Wir singen unsere wiederholte und leidenschaftliche Bitte: dass wir so von der Güte Gottes durchdrungen sein mögen, dass die ganze Welt in unserem Leben den *»Weg«* dieses guten Gottes erkennen kann.

Johannes Calvin schreibt dazu:

> *»Dieser Psalm ist ein Gebet um einen glücklichen Zustand der Gemeinde Gottes; und zwar soll der Herr sie nicht allein im jüdischen Lande unversehrt erhalten, sondern ihr auch eine neue und bis dahin nicht gekannte Ausbreitung schenken.«*
>
> *(Johannes Calvins Auslegung der Heiligen Schrift, Bd. 4, S. 636)*

Die Erhörung dieses Gebets begann in den vergangenen Jahrhunderten, als sich die Gemeinde in der ganzen Welt ausbreitete. Möge das auch weiterhin in unseren Gemeinden und in unserem Leben heute sichtbar werden.

ZUM NACHDENKEN

1. Wie verändert dieser Psalm dein Verständnis davon, was Segen und Lobpreis sind?
2. Wie kannst du und wie kann deine Gemeinde so leben, dass euer Leben hinweist auf den »guten, gerechten, gütigen, moralischen, ordnenden Gott …, der souverän ist und seine Pläne in einer zerrütteten Welt verwirklicht«?
3. Wie kann dir dieser Psalm helfen, für die Gemeinde und die Welt zu beten?

PSALM 45 UND 72

8. GOTTES KÖNIG FEIERN

Als letztes Psalmen-Paar aus Buch II habe ich zwei Psalmen ausgewählt, die das Wunder und die Schönheit des verheißenen Königs aus Davids Geschlecht feiern. Der eine folgt unmittelbar auf die beiden Klagelieder am Anfang des Buches (Ps 42/43 und 44), der andere steht ganz am Ende.

PSALM 45

Wir beginnen mit Psalm 45, einem Psalm über die Schönheit des Königs.

EIN GUTES WORT

Der König aus Davids Geschlecht wurde in den Psalmen 42–44 nicht erwähnt. Er begegnet uns in Psalm 45 wieder, in einem einzigartigen Psalm, der (wie die Psalmen 42–49 allesamt) von den Söhnen Korachs gesungen wurde. Dieser ist überschrieben mit *»ein Brautlied«* (wörtlich »ein Liebeslied«), wobei deutlich wird, dass das Lied für die Hochzeit eines Königs bestimmt ist. Der Sänger scheint so etwas wie ein Nationaldichter zu sein, der beauftragt wurde, etwas für diesen Anlass zu schreiben: *»einem König will ich es singen«*

(Ps 45,2b). Am Anfang von Vers 2 erklärt er: *»Mein Herz dichtet ein feines Lied.«* Er schreibt nicht, weil er von Menschen genötigt wird – als erledigte er einfach nur das, was ihm von Vorgesetzten aufgetragen wurde –, sondern sein Herz dichtet es aus göttlichem Antrieb. Der Geist Gottes hat sein Herz bewegt, sodass er spricht (*»meine Zunge«*) und schreibt (*»ein Griffel eines guten Schreibers«*), weil sein Herz von Staunen erfüllt ist.

Er darf sich mit einem wunderbaren Gegenstand befassen, denn der Mann, dessen Lob er singen wird, ist ein großartiger König und ein prächtiger Bräutigam. Der Dichter zeigt uns hier »den König visionär in einer unvergleichlichen Vollkommenheit« (Kraus, *Psalmen*, Bd. 1, S. 490). Trotzdem ist es ein sehr ungewöhnliches Hochzeitslied, denn die Braut erscheint erst in der zweiten Hälfte des Liedes (in V. 11) – und auch dann nur kurz und um sich ordentlich ins Gewissen reden zu lassen! Nein, im Mittelpunkt des Liedes steht der Bräutigam-König. Er ist *»der Schönste [wörtlich etwa ›der Schönste der Schönen‹] unter den Menschenkindern«* (V. 3). Wie wir erfahren, ist er der attraktivste Mann, den die Welt je gesehen hat; er hat eine starke Ausstrahlung maskuliner Schönheit.

DIE SCHÖNHEIT SEINER WORTE

Bevor der Dichter irgendetwas anderes an diesem Mann beschreibt, singt er: *»holdselig sind deine Lippen«* (V. 3). Vor allem charakterisiert den Bräutigam das, was er sagt und wie er es sagt, als herausragend schön. »Wir lieben es, dich sprechen und lehren zu hören«, sagt der Dichter, »Wir hängen an deinen Lippen. Deine Worte beleben uns; es sind Worte zur rechten Zeit – genau das richtige Wort für den jeweiligen Augenblick.«

»Wer ist das?«, fragen wir vielleicht. König Salomo sprach viele weise Worte, allerdings nicht immer. Einige andere Könige aus Davids Geschlecht sagten zuweilen gute Dinge – Männer wie Hiskia und

Josia. Wenn die Gläubigen des Alten Testaments dieses Lied bei einer königlichen Hochzeit sangen (vorausgesetzt, das wurde so gemacht), dann sangen sie es weniger entsprechend ihrer Erfahrung als vielmehr im Glauben. Man stelle sich vor, dieses Lied zum Beispiel bei der Hochzeit des bösen Königs Manasse zu singen (lies 2 Kön 21, 1–18)! Es wurde auch noch gesungen, als man ab dem babylonischen Exil überhaupt keinen König mehr hatte. Vielleicht war ihnen bewusst, dass dieses Lied nur Sinn ergab, wenn eines Tages ein größerer König als Salomo – sogar größer noch als David – die Welt betreten würde. Genau das geschah eines Tages (vgl. Mt 12, 42): Es kam ein Mensch, der so sprach, wie noch nie zuvor ein Mensch gesprochen hatte und wie seither auch keiner mehr sprach (vgl. Joh 7, 46). Der englische Prediger C. H. Spurgeon sagte über Jesus:

> *»Oftmals hat ein Satz von seinen Lippen unsere Mitternacht in Morgen verwandelt, unseren Winter in Frühling.«*
>
> *(Psalms, Bd. 1, S. 187)*

Wir müssen aber zu dem ursprünglichen Kontext zurückkehren, den dieses Hochzeitslied im Alten Bund hatte.

DIE SCHÖNHEIT SEINES KRIEGES

Die zweite Eigenschaft dieses Mannes, die unser Dichter feiert, ist (vielleicht ziemlich überraschend bei einer Hochzeit!) seine schöne Kriegsführung. »Schön« ist ein sonderbares Adjektiv, um Krieg zu beschreiben, und in einem anderen Zusammenhang wäre diese Formulierung furchtbar unpassend – aber hier nicht. Dieser Bräutigam ist ein Krieger-König, der sich sein Schwert umgürtet (Ps 45, 4). Er zieht in den Krieg und dem Sieg entgegen (V. 5a). Bei seinem Kampf geht es um *»die Wahrheit in Sanftmut und Gerechtigkeit«* (V. 5b).

Wir ringen mit der Frage, ob und wann ein menschlicher Krieg als »gerechter Krieg« bezeichnet werden kann. Das lässt sich niemals zweifelsfrei sagen. Hier aber haben wir einen Krieg, der völlig gerecht ist. Der König kämpft nicht für seine eigene Ehre, er tritt beständig für Wahrheit, Sanftmut (ein seltsames Wort an dieser Stelle!) und Gerechtigkeit ein. Was für ein merkwürdiger Krieger! Er besiegt Lügen durch Wahrheit, überwindet Stolz durch Sanftmut, bezwingt Bosheit durch Gerechtigkeit. Nie versucht er, das Böse mit Bösem zu überwinden, sondern überwindet das Böse mit Gutem.

Mehr noch, sein Sieg hat kosmische Ausmaße, denn die *»Feinde des Königs«* sind die *»Völker«* (V. 6) – was in der Bibel die Kurzformel für den Rest der Welt ist. Das ist der König aus Psalm 2, der die Welt erobern wird. Natürlich wussten die Sänger lange nicht, wann und wie dieser Sieg errungen werden sollte – am Kreuz Christi, als er *»die Mächte und Gewalten ihrer Macht entkleidet und sie öffentlich zur Schau gestellt«* hat (Kol 2,15).

DIE SCHÖNHEIT SEINER HERRSCHAFT

Nachdem er seinen Sieg errungen hat, wird dieser Bräutigam-König auf seinem *»Thron«* herrschen (V. 7). Erstaunlicherweise wird er mit *»Gott«* angesprochen! Das bedeutet nicht, dass der König hier als Gottes Repräsentant angesprochen wird. Der Hebräerbrief zeigt etwas anderes: In Hebräer 1,8–9 wird Psalm 45,7–8 zitiert, um die volle Göttlichkeit Jesu Christi zu belegen. Er ist mehr als Gottes Repräsentant. Er ist selbst eine vollkommen göttliche Person.

Wiederum: Weil er *»Gerechtigkeit«* liebt und *»Frevel«* hasst, *»darum hat dich Gott, dein Gott«* mit einer einzigartigen Ehrenposition ausgezeichnet (V. 8). Wir haben also ein merkwürdiges Paradox: Hier ist Gott, der Gott als seinen Gott hat! Dieses Paradox konnte erst aufgelöst werden, als Jesus Christus, der ganz Gott ist – Gott, der Sohn –, Davids Thron bestieg. Seine Herrschaft ist eine schöne

Herrschaft, weil unter seiner Regierung das richtige Verhalten (Gerechtigkeit) konsequent hochgehalten und böses Handeln (Frevel) konsequent bestraft wird. Es ist jene Art von Regierung, nach der wir uns (in unseren besseren Momenten) sehnen, und jene Herrschaft, die wir so dringend brauchen.

Das Porträt einer schönen Herrschaft geht in den Versen 8b–9 einher mit dem Duft schöner Kleider – mit Freudenöl und all den Düften des Lebens – und mit der dazugehörigen Musik. Welch ein schöner Bräutigam-König, der um der vor ihm liegenden Freude willen das Kreuz erduldete (vgl. Hebr 12, 2), den Sieg errang und nun auf seinem Thron sitzt, wo er über alle Macht verfügt!

EIN WEISES WORT AN DIE SCHÖNE BRAUT

Würden wir dieses Lied zum ersten Mal hören, dann würde sich uns die Frage aufdrängen: »Wer ist nun die Glückliche, die diesen Mann heiraten darf?« Gewiss, sie ist mit Schönheit geschmückt, mit *»Goldschmuck aus Ofir«* (Ps 45, 10) – dem sprichwörtlich herrlichen Gold des antiken Ostens – und *»mit goldenen Gewändern«* und *»gestickten Kleidern«* (V. 14–15). Eine Schar von Brautjungfern begleitet ihren Hochzeitszug (V. 15). Dennoch ist es interessant, dass wir hier wider Erwarten keine Beschreibung ihrer körperlichen Schönheit finden – ihres hübschen Gesichts oder ihrer attraktiven Figur. Die Schönheit, von der uns berichtet wird, ist eine Schönheit, die ihr geschenkt wurde. Vielleicht fragen wir uns, wer sie denn mit diesem Gold aus Ofir geschmückt hat. Der Verdacht liegt nahe, dass ihr Bräutigam-König der Geber war.

In den Versen 11–13 spricht der Dichter dann die Braut an. Er rühmt sie nicht. Sein Rühmen gilt einzig dem Bräutigam. Er ermahnt sie vielmehr: *»Höre, Tochter, sieh und neige dein Ohr«* (V. 11). Das klingt fast – wenn auch nicht ganz – nach einer Standpauke! Es handelt sich um ein eindringliches Wort, auf das diese junge Frau gut achtgeben soll. Sie soll eine negative und eine positive Sache tun. Zunächst soll sie ihr *»Volk«* und *»Vaterhaus«*, ihre Kultur und Herkunftsfamilie, ihre Prägung »vergessen« – alles, was sie sonst aus ihrer Vergangenheit mit in ihre Ehe bringen würde (V. 11). Vielleicht ist sie eine ausländische Prinzessin – wir wissen es nicht. Alle ihre alten Bindungen – wir würden in unserer Kultur vielleicht sagen: ihre früheren Beziehungen – müssen an ihrem Hochzeitstag abgeschnitten werden. Sie soll ihre *»Schönheit«* einzig und allein ihrem Mann schenken, dem *»König«*, der nach ihrer Schönheit *»verlangt«* (V. 12). Es handelt sich um eine Schönheit, die er ihr gegeben hat. Dennoch ist er hingerissen wie ein staunender Bräutigam, der sein Glück kaum fassen kann! Er bewundert sie; und sie soll ihm ihre treue, bewundernde Liebe schenken und in ihrem Gefühlsleben keine Rivalen dulden.

Wenn sie das tut, muss sie nicht befürchten, dass sie dabei schlecht wegkommt – dass sie sich »besser nach einem anderen Ehemann umgesehen hätte«. Nein, unter den Hochzeitsgeschenken, mit denen sie überhäuft wird, sind Gaben aus der *»Tochter Tyrus«* (V. 13), der legendären Stätte erstaunlichen Reichtums. Sie wird über die Wohltaten, die ihr zuteilwerden, so sehr staunen, dass sie es niemals bereuen muss, diesen königlichen Bräutigam geheiratet zu haben.

DIE BRAUT UND DIE FAMILIE

In deutschen Bibelübersetzungen ist es nicht ersichtlich, aber im Hebräischen zeigt die Verwendung des maskulinen Pronomens in den Versen 17–18 eindeutig, dass diese Schlussverse wieder an den König gerichtet sind. Durch die wunderbare Hochzeit wird der König eine Dynastie von *»Söhnen«* und *»Fürsten«* hervorbringen (V. 17), die seinen *»Namen kundmachen von Kind zu Kindeskind«*, sodass ihm *»danken die Völker immer und ewig«* (V. 18). So wird die Verheißung an Abraham – dass seine Nachkommen die Welt erben sollen (vgl. Röm 4,13) – erfüllt werden, wenn die Familie dieses großen Königs die neue Schöpfung regiert: den neuen Himmel und die neue Erde.

Auf keine Prinzessin der Geschichte Israels trifft diese Beschreibung zu. Wie wir auf Jesus Christus, den Sohn Davids, warten müssen, um diesem König zu begegnen, so müssen wir auf die Braut Jesu warten, um der Königin zu begegnen. Diese Braut, die durch Gnade schön gemacht wurde, wird im Volk Gottes erfüllt, das letztlich als die Gemeinde Jesu Christi aus Juden und Heiden zu verstehen ist. Gemeinsam sind wir seine Braut (vgl. 2 Kor 11,2; Eph 5,32; Offb 19,7–8; 21,9–11).

Die bildhafte Sprache hat natürlich ihre Grenzen, denn wir sind außerdem seine Familie, seine Brüder und diejenigen, welche die Segnungen seiner Sohnschaft erben. Wir sind sowohl Christi Braut als auch seine Familie.

Was machen wir nun damit?

EIN HEIRATSANTRAG

Im 18. Jahrhundert sagte der berühmte Prediger George Whitefield bei einer Predigt vor einer Vereinigung junger Frauen in London zu jenen, die Christus ablehnen würden:

> *»Ihr wählt damit Lumpen statt herrlicher Gewänder, Schlacke statt Gold, Kieselsteine statt Juwelen, Schuld statt Vergebung, Wunden statt Heilung, Schmutz statt Reinigung, Missbildung statt Anmut, Sorge statt Frieden, Sklaverei statt Freiheit, den Dienst des Teufels statt des Dienstes Christi. Ihr wählt damit die Schande statt der Krone, Tod statt Leben, Hölle statt Himmel, ewiges Elend und Qualen statt immerwährender Freude und Herrlichkeit. Und bedarf es noch eines weiteren Beweises eurer Torheit und Tollheit, Christus abzuweisen und zu missachten, der euer Ehemann sein könnte?«*
>
> *(Sermons, Bd. 1, S. 117–118)*

Diese Aufforderung sollte von uns allen beherzigt werden. Es ist absolute Torheit, wenn man es ablehnt, durch den Glauben Teil der Braut eines solchen Bräutigams zu werden.

»Vergiss dein Volk und dein Vaterhaus!« (Ps 45,11). Jeder von uns bringt seine Geschichte mit, wenn er zu Christus kommt. Zu unserer Geschichte gehören die Kultur, in der wir erzogen wurden, die Familie, in der wir aufgewachsen sind, die Gedanken, Vorstellungen und Wünsche unseres Herzens, unsere Denk- und Handlungsgewohnheiten, die wir uns angeeignet haben – all das prägt uns, nicht nur in unserem Tun, sondern auch in unserem Reden und unserem tiefsten Denken und Wollen. Zur Braut Christi zu gehören, bedeutet, das alles bewusst, absichtlich und wohlüberlegt hinter sich zu lassen. Jahrhunderte später schrieb Johannes in seinem ersten Brief dazu:

> *»Habt nicht lieb die Welt noch was in der Welt ist. Wenn jemand die Welt lieb hat, in dem ist nicht die Liebe des Vaters. Denn alles, was in der Welt ist, des Fleisches Lust und der Augen Lust und hoffärtiges Leben, ist nicht vom Vater, sondern von der Welt. Und die Welt vergeht mit ihrer Lust; wer aber den Willen Gottes tut, der bleibt in Ewigkeit.«*
> *(1 Joh 2,15–17)*

Jesus nennt das: Sich selbst verleugnen, das Kreuz auf sich nehmen und ihm nachfolgen (vgl. Mk 8,34). Das ist keine Askese; es ist keine Weigerung, die guten Gaben dieser Schöpfung zu genießen (vgl. 1 Tim 4,1–5). Es bedeutet, Nein zu den bösen Begierden dieser Welt zu sagen. Dieses Nein-Sagen passiert nicht in einem einzigen großen Augenblick der Entscheidung. Einige christliche Bewegungen waren so naiv, diese Hoffnung zu nähren. Nein, wir müssen Psalm 45,11 immer wieder hören und zu Herzen nehmen.

Wir müssen jedoch auch die wunderbaren Worte von Vers 12a hören: *»Den König verlangt nach deiner Schönheit«*. Unsere äußere Erscheinung wird früher oder später verblühen, ganz egal, wie viele Anti-Aging-Cremes wir verwenden oder wie vielen Schönheitsoperationen wir uns unterziehen. Unsere körperlichen und geistigen Fähigkeiten werden nachlassen. Eine wirklich wunderbare Sache ist jedoch, dass unser Bräutigam in uns eine innere Schönheit wirkt, die von einer Herrlichkeit zur anderen fortschreiten wird – bis wir am Tag seiner Hochzeit gemeinsam ohne Flecken und Runzeln sein werden. Die Welt mag dich und die Kirche verachten. Jesus aber bewirkt in dir und in uns allen die Eigenschaften eines schönen Charakters, der in alle Ewigkeit leuchten wird. Freu dich darüber!

Vielleicht besteht aber der größte Effekt, den dieser Psalm auf uns haben sollte, darin, unsere Gedanken und Herzen mit der Schönheit Jesu zu erfüllen. Er ist reicher als jeder andere, den wir uns wünschen könnten, weiser als jeder, den wir anderswo finden könnten, stärker als alle anderen, von denen wir uns Sicherheit erhoffen mögen, und er hat einen besseren Charakter als der moralisch beste Mensch, den wir kennen. Er liebt uns und wird uns für immer mit der Art von Liebe lieben, die ihn dazu bewegte, sich selbst für uns am Kreuz hinzugeben (vgl. Gal 2,20). Welch ein Bräutigam! Welch ein König!

ZUM NACHDENKEN

1. Stimmt die Beschreibung des Bräutigams in den Versen 3–10 mit dem Bild, das du dir normalerweise von Jesus machst, überein? Warum oder warum nicht?
2. Was hast du zurückgelassen oder was müsstest du zurücklassen, um Teil der Braut Christi zu werden?
3. Wie kann dir dieser Psalm helfen, für die Gemeinde und die Welt zu beten?

PSALM 72

Psalm 72 ist ein Gebet für Verzweifelte, die das Gefühl haben, sie hätten *»keinen Helfer«* (Ps 72,12), und für Leute, die sich um solche Menschen kümmern. Viele sehnen sich mit brennender Verzweiflung nach jemand Starkem, der sich zu ihnen hinab in ihr Elend beugt und ihnen hilft. Während ich diese Zeilen schreibe, feiert das Volk von Simbabwe den Sturz eines grausamen und tyrannischen Herrschers, der das Land mehr als drei Jahrzehnte lang unterdrückte. Die Menschen dort hoffen – verständlicherweise, wenn auch vielleicht unrealistisch – darauf, dass es nun besser wird. Die Zeit wird es zeigen.

Nahezu einmalig im Psalter ist, dass Psalm 72 mit *»Von Salomo«* überschrieben ist (nur Psalm 127 hat dieselbe Überschrift). Allerdings wird uns am Ende des Psalms mitgeteilt: *»Zu Ende sind die Gebete Davids«* (72,20). Da das Wort, das in Vers 1 mit »von« übersetzt ist, auch »für« bedeuten kann, denken manche, es handle sich um ein Gebet, das König David für seine Nachfolger schrieb. So zum Beispiel Geoffrey Grogan, der meint, der Psalm sei »von David für seinen Sohn und Nachfolger geschrieben« worden (*Psalms*, S. 131). Ebenso gut kann er aber von Salomo verfasst sein, um seinem Volk zu zeigen, wie sie für ihn und später für seine Nachfolger beten können. (Vers 20 ist eine abschließende Zusammenfassung der Bücher I und II, da die meisten Psalmen in diesen Büchern von David stammen; aber diese verallgemeinernde Zusammenfassung schließt noch weitere Psalmen ein, die nicht von David sind, daher gibt es keinen Grund, weshalb Psalm 72 nicht einer davon sein sollte.) Vielleicht ist das auch nicht so wichtig. Deutlich ist, dass es sich um einen wunderbar passenden Schlusspsalm handelt für das Ende der Bücher I und II, deren Fokus so stark auf dem König liegt. Möglicherweise wurde er bei der Krönung späterer Könige aus Davids Geschlecht verwendet. Falls dem so ist, war er eine gute Wahl. Hier sehen wir sozusagen die Art von König, um den Gottes Volk nach Gottes Willen beten soll.

Die Themen des Psalms sind zu einem gewissen Grad miteinander verwoben. Der Einfachheit halber werden wir uns den Hauptpsalm in drei Teilen ansehen, gefolgt von einer kurzen Betrachtung der letzten drei Verse, die den Abschluss von Buch II bilden.

EIN KÖNIG DER EWIGEN GERECHTIGKEIT

Vers 1 ist das einzige ausdrückliche Gebet (im Hebräischen ein Imperativ) des Psalms: *»Gott, gib … dem König«*. Danach ist oftmals unsicher, ob die hebräischen Verben in der Wunschform (dieses oder jenes *möge* geschehen) oder als Prophetie (dieses oder jenes *wird* geschehen) übersetzt werden sollten. Diese Unsicherheit spiegelt sich zuweilen auch in unseren deutschen Übersetzungen wider. Es hängt aber nicht viel davon ab, denn dem Psalm liegt die Zuversicht zugrunde, dass das, wonach sich Gottes Volk sehnt, auch geschehen wird. Wir kommen bei den Versen 18–20 auf diese Frage zurück.

Die Verse 1–2 sind die Einleitung des Psalms. *»Recht«* und *»Gerechtigkeit«* bedeuten nahezu das Gleiche. Beachte, wie ausgewogen die Begriffe erscheinen: V. 1a *»Recht«*, V. 1b *»Gerechtigkeit«*; dann wird das durch V. 2a *»Gerechtigkeit«*, V. 2b *»Recht«* verstärkt. Das Thema des Psalms ist der Segen einer gerechten Regierung.

Während in Vers 1 darum gebetet wird, dass der König *»Recht«* und *»Gerechtigkeit«* haben möge (der *»König«* aus V. 1a ist identisch mit dem *»Königssohn«* aus V. 1b, denn normalerweise sollte der König der legitime Erbe seines Vaters sein), befasst sich Vers 2 mit der Auswirkung auf das Volk. Letztendlich ist es nicht das Volk des Königs, sondern *»dein [Gottes] Volk«*. Besonders im Fokus stehen die *»Elenden«* Gottes, was auch mit »Armen« oder »Hilflosen« übersetzt werden kann. In erster Linie ist das als ihr objektiver Zustand zu verstehen: Menschen, die auf Hilfe angewiesen sind und nur über geringe Mittel verfügen. Allerdings kann es auch jene meinen, denen ihre Abhängigkeit bewusst ist und die sowohl im Herzen als auch in ihrer Position »demütig« sind (vgl. Mt 5,3; Lk 6,20). Dieser Psalm wendet sich eindringlich und tröstend an diese verzweifelten Menschen. Gottes König hat die Verantwortung, für Gottes Volk zu sorgen, und zwar besonders für die Geringsten, Schwächsten und Verletzlichsten darunter.

Psalm 72,3–7 wird vom Wort *»Frieden«* (hebr. *Shalom*) umrahmt. Wenn der König die Elenden verteidigt und die Kinder rettet (die, die einen Beschützer brauchen), dann muss er *»die Bedränger zermalmen«* (V. 4). Es ist ernüchternd, dass Druck nötig ist, um diese guten Ziele zu erreichen. Der Bedränger muss jedoch zermalmt werden. Vor den Regierenden müssen jene, die böse Werke tun, sich *»fürchten«* (Röm 13,3), denn sie sind *»von [Gott] gesandt ... zur Bestrafung der Übeltäter«* (1 Petr 2,14). Gott gibt den Mächtigen ihre Macht, damit sie ihren Mund auftun *»für die Stummen und für die Sache aller, die verlassen sind«* (Spr 31,8).

Ein Thema in Psalm 72,3–7 ist die Dauerhaftigkeit dieser gerechten Herrschaft. Sie besteht Tag und Nacht, solange Sonne und Mond währen (V. 5.7). Ein guter Herrscher bewirkt oftmals ein gewisses Maß an Gerechtigkeit. Dann stirbt er, und es folgt ein viel schlimmerer Herrscher, wie der schreckliche König Manasse als Nachfolger seines gerechten Vaters Hiskia (vgl. 2 Kön 21). Hier wird diese dauerhafte Herrschaft dagegen mit *»Bergen«* und *»Hügeln«* in Verbindung gebracht (Ps 72,3). Das deutet darauf hin, dass sie in gewisser Weise die rechte Ordnung der Schöpfung aufrechterhalten wird, sodass die Welt aufblühen und von Leben erfüllt sein kann (wie in 1. Mose 1). Ein solcher König wird sein *»wie der Regen auf die Aue«* (Ps 72,6), wenn sein Reich das Sehnen einer Schöpfung, die der Vergänglichkeit unterworfen ist, erfüllt (vgl. Röm 8,22–25). Verzweifelte Menschen werden in diesem König für immer Trost finden.

EIN KÖNIG DER UNIVERSELLEN GERECHTIGKEIT

Das Thema der gerechten Regierung wird auch in Psalm 72, 8–14 beibehalten, doch der Blick wandert von ihrer Dauer zu ihrer räumlichen Ausdehnung. Die Formulierung *»von einem Meer bis ans andere«* (V. 8) bezieht sich vermutlich auf die idealen Grenzen des verheißenen Landes im Alten Testament: vom Roten Meer bis zum Mittelmeer. Der *»Strom«* ist in diesem Kontext der Euphrat. Doch selbst wenn sich das ursprünglich auf das verheißene Land bezog, in der Folge nehmen die Formulierungen größere Ausmaße an, sodass es zum »Kern eines weltweiten Reiches« wird (Kidner, *Psalms*, Bd. 1, S. 256). Die Verse 8–11 zeigen uns die Vision eines Königreiches, das wirklich die ganze Welt umfasst. Das Wort, das mit *»Söhne der Wüste«* (V. 9) übersetzt wird, bezieht sich wahrscheinlich nicht einfach nur auf ferne Nomaden, sondern auch auf »jene Wüstengeschöpfe, die oftmals mit dämonischen Elementen in Verbindung gebracht werden« (Philip Eveson, *Psalms*, Bd. 1, S. 441). Das könnte andeuten, dass sich die Herrschaft des Königs auch auf die übernatürliche, geistliche Welt erstreckt. *»Tarsis«* liegt weit im Westen (im heutigen Spanien), *»Saba und Seba«* liegen vermutlich weit im Süden, vielleicht sind damit Arabien und Äthiopien gemeint. Unabhängig von den hier genannten, konkreten Orten wird in Vers 11 deutlich, dass Psalm 72 von einer universellen Herrschaft redet: *»Alle Könige ... alle Völker«*. Die Herrschaft des Königs aus Psalm 2 wird erfüllt.

Die Universalität ist deshalb bedeutsam, weil es keine Bedrohung von außen mehr geben wird. Hier wird ein Reich beschrieben, das nicht einfach nur sichere Grenzen hat, die man bewachen muss; es hat keine Grenzen, weil nichts außerhalb seines Gebiets liegt.

Nach dem großartigen Ausblick der Verse 8–11 holen uns die Verse 12–14 wieder in die Gegenwart zurück, denn im Moment sind Gottes Volk noch die *»Armen«* und *»Elenden«*. Sie verbringen viel

Zeit damit, *»um Hilfe«* zu schreien, und sie wissen, dass sie ohne Gottes König *»keinen Helfer«* haben (V. 12). Gottes König wird diese Verzweifelten retten, er wird ihren Hilfeschrei hören. In seinem Herzen liegt wunderbares Erbarmen (V. 13). Auf der ganzen Welt und in allen Jahrhunderten leiden sie unter *»Bedrückung und Frevel«* (V. 14), denn es ist der Normalzustand des Volkes Gottes, verfolgt zu werden. Wir, die wir in unseren Ländern unter dem Schutz einer jahrhundertelangen christlichen Geschichte leben, vergessen das nur allzu leicht. Je mehr aber unser christlich geprägtes Erbe zerfällt, desto mehr werden wir uns dem normalen Christenleben annähern. Das bedeutet, um Gottes willen zu leiden (vgl. Ps 44, 23; Röm 8, 36).

Mit der Formulierung *»ihr Blut ist wert geachtet vor ihm«* (Ps 72, 14b) ist gemeint, dass das Leben und Sterben jedes einzelnen von Gottes Gläubigen – so wertlos es ihren Verfolgern auch scheinen mag – in den Augen des Gottes, der uns liebt, überaus wertvoll ist. Das Leben seines Sohnes Jesus war in den Augen des Vaters kostbar; das Leben jedes einzelnen aus dem Volk unseres Königs – eines jeden Christen – ist dem Vater so kostbar wie das Blut Jesu, des geliebten Sohnes.

Wenn wir bei Vers 14 angekommen sind, staunen wir zutiefst über das kommende Königreich, das *»von einem Meer bis ans andere«* reicht (V. 8), und zwar so lange, *»bis der Mond nicht mehr ist«* (V. 7). Isaac Watts' Choral »Jesus shall reign where'er the sun« wurde von diesem Psalm inspiriert:

> *»Jesus soll Herr und König sein,*
> *so weit erglänzt der Sonne Schein;*
> *sein göttlich Reich wird noch bestehn,*
> *wenn Erd und Himmel untergehn.*
>
> *Wo er regiert, wird alles neu.*
> *Seht: Die Gefangnen macht er frei,*
> *Fremde lädt er bei sich zu Gast*
> *und nimmt den Müden ihre Last.«*
>
> *(Übersetzung Vers 1: H. von Berge; Vers 2: Günter Balders)*

SEGEN FÜR DIE WELT

—

In den Versen 15–17 werden in gewisser Weise die Themen wiederholt, von denen wir bereits gehört und für die wir bereits gebetet haben. Doch es gibt einen Unterschied. In Vers 15 beten wir für den König selbst: *»Er [der König] soll leben!«*. Wer in einer Monarchie lebt, kennt diesen Ruf: »Lang lebe der König!« In Großbritannien gehört es zu einem festlichen Abendessen, auf die Königin anzustoßen. Dabei stehen alle auf, halten ihre Gläser hoch und sagen: »Auf die Königin!« Ich besuchte eine Schule, in der wir am Ende jedes Schuljahres ein mitreißendes altes Schullied sangen, zu dessen Refrain die wunderbaren Worte gehören: »Vivat Rex Eduardus Sextus! Vivat! Vivat! Vivat!« (etwa »Lang lebe König Eduard VI.«). Es machte Spaß, das zu singen, aber irgendwie war es eine hoffnungslose Sache, denn dieser König starb 1553 – und es sah nicht danach aus, als könnte er durch unsere Stimmen wieder zum Leben erweckt werden. In diesem Psalm beten wir jedoch für einen König, der lange leben und immer weiterleben wird – und natürlich ist das keine hoffnungslose Sache.

Zudem soll das ein König sein, dem die kostbarsten Schätze der Welt als Tribut gebracht werden (*»Gold aus Saba«*). Die Menschen *»beten«* für ihn, weil sie erkennen, dass er die einzige Hoffnung für ansonsten hoffnungslose Menschen ist. Sie werden ihn *»täglich segnen«* für die wunderbare Gerechtigkeit, die er den Armen bringt. Hiob erinnert sich an seine guten Tage, in denen er ein so mächtiger Mann war, dass er *»den Armen, der da schrie«* rettete und für seine Güte im Gegenzug den *»Segen«* dieser Bedürftigen erhielt (vgl. Hiob 29, besonders die Verse 12–17, die an Psalm 72 erinnern).

Mit Psalm 72,16 kommen wir auf den Segen zurück, der durch diesen König auf die gesamte Schöpfung überfließt. Die Formulierungen sind wunderbar überschwänglich und malen Getreideähren vor Augen, die so kräftig zu sein scheinen wie die Zedern des Libanon.

Dieser König wird sich einen Ruf erwerben, der für immer bestehen bleibt: *»Sein Name bleibe ewiglich«* (V. 17).

Die Quintessenz des Psalms ist Vers 17b: *»Und durch ihn sollen gesegnet sein alle Völker«*. Hier hallt die Bundesverheißung an Abraham aus 1. Mose 12, 1–3 wider. Die Israeliten erwarteten, dass diese Verheißung sich durch die Familie Abrahams erfüllen würde. Nun jedoch liegt der Fokus auf dem König. Dieser König wird der *»Nachkomme«* Abrahams sein, in dem sich alle Segnungen des Bundes bündeln – wie Licht, das durch ein Prisma fällt, um auf der anderen Seite seine Schönheit zu entfalten. Wie kann ein Segen, der einem Volk gegeben wird, sich auf eine Einzelperson konzentrieren? Dieses Rätsel wird im Neuen Testament gelöst: Der *»Nachkomme«* Abrahams ist sowohl individuell (der gesalbte König, der Messias, vgl. Gal 3, 16) als auch korporativ (ein Volk, das durch den Glauben mit ihm eins wurde, vgl. Gal 3, 29). Aller Segen Gottes konzentriert sich auf diesen König und strömt von ihm in eine Welt, die Segen dringend benötigt.

ERHÖRTE GEBETE

Die fünf Bücher der Psalmen schließen allesamt mit Lobpreis. Buch I endet mit Psalm 41, 14, Buch III mit 89, 53, Buch IV mit 106, 48 und Buch V mit den »Halleluja-Psalmen« 146–150 (siehe Kap. 16 in diesem Buch). Auch Buch II endet mit dem Lobpreis von Psalm 72, 18–20. Warum sollte man den Bundesgott (*»Gott der HERR«*) für seine *»Wunder«* preisen und die Sehnsucht danach feiern, dass *»alle Lande« »seiner Ehre voll werden«*, wenn man nicht glaubt, dass die Sehnsucht von Psalm 72 erfüllt werden wird? Die Gläubigen der alttestamentlichen Epoche glaubten, dass der Mensch aus Psalm 1 der König aus Psalm 2 sein wird, von dem die Psalmen 45 und 72 handeln. Gerade weil sie glaubten, dass er kommen wird, sangen sie dieses Lob am Ende von Buch II.

Die Worte *»Amen! Amen!«* (72, 19) sind mehr als religiöses Beiwerk. Wer das Wort *»Amen«* mit Überzeugung spricht oder singt, bezeugt den zuversichtlichen Glauben, dass diese Dinge wahr sind. Es bedeutet, mich mit all meinem Wünschen und Sehnen mit den Sehnsüchten eins zu machen, die in diesen Psalmen und vielleicht besonders in Psalm 72 zum Ausdruck kommen. Das wiederholte *»Amen«* lässt keinen Raum für Zweifel: Es ist nicht das schwache, zaghafte, kaum hörbare »Amen« mancher Gebetstreffen; es ist ein jubelndes, überzeugtes »AMEN!«

Kein alttestamentlicher König Israels war die vollkommene Erhörung des Gebets von Psalm 72. Sie alle enttäuschten – manche total und manche zum Teil, aber jeder einzelne versagte. Nur des großen Davids größerer Sohn kann die Erhörung dieses Gebets sein. Wir danken Gott für seine gerechte, ewige und unbegrenzte Herrschaft. Wir beten mit Leidenschaft um seine Wiederkunft in Herrlichkeit, um über die neue Schöpfung zu regieren, *»einen neuen Himmel und eine neue Erde ..., in denen Gerechtigkeit wohnt«* (2 Petr 3,13), weil sie vom gerechten König aus Psalm 72 regiert werden.

ZUM NACHDENKEN

1. Wie ging es wohl alttestamentlichen Gläubigen, wenn sie dieses Lied über ihren König sangen?
2. Warum ist es deiner Meinung nach so wunderbar, dass sich Jesu Herrschaft über die ganze Welt erstreckt?
3. Wie können die Psalmen aus Buch II deine eigenen Gebete prägen und verändern?

PSALM 73 UND 74

9. DER SCHMERZ DES EXILS

Das dritte Psalmbuch (Ps 73–89) klingt völlig anders als die Bücher I und II. Es schmeckt nach Exil. Die ersten elf der insgesamt siebzehn Psalmen stammen aus der Schule Asafs (Ps 73–83). *»Asaf«* ist vermutlich eine Kurzformel für eine Gruppe von Liederdichtern, die ihren Namen auf einen der Leviten zurückführte, der zu Davids Zeiten die Musik geleitet hat (vgl. 1 Chr 15,17.19; 16,4–6; 2 Chr 29,30). Der Kontext, der in diesem Buch dominiert, ist das Exil Judas in Babylon. Zwei Beispiele, an denen man dies sehr deutlich sehen kann, sind Psalm 79,1 (*»Gott, es sind Heiden in dein Erbe eingefallen; die haben deinen heiligen Tempel entweiht und aus Jerusalem einen Steinhaufen gemacht«*) und Psalm 83,5 (*»›Wohlan!‹, sprechen sie. ›Lasst uns sie ausrotten, dass sie kein Volk mehr seien und des Namens Israel nicht mehr gedacht werde!‹«*).

Im Jahr 587 v. Chr. eroberte der neubabylonische König Nebukadnezar das, was von Juda noch übrig geblieben war. Er machte Jerusalem dem Erdboden gleich, beendete die davidische Monarchie und brannte den Tempel nieder, den Salomo erbaut hatte (vgl. 2 Kön 25; Jer 52; 2 Chr 36,15–21). Etwa 70 Jahre lang blieb der Zustand so, bis man ab 520 v. Chr. unter religiösen Lehrern wie Esra, Propheten wie Haggai und Sacharja, und politischen Führern wie Nehemia mit dem Wiederaufbau begann.

Nicht alle Psalmen in Buch III müssen unbedingt in dieser Zeit geschrieben worden sein (Ps 86 ist tatsächlich *»Ein Gebet Davids«*). Sie passen aber zu diesem Erleben und scheinen vor dem Hintergrund des Exils zusammengestellt worden zu sein.

Als Beispiele aus Buch III habe ich zunächst für dieses Kapitel zwei Klagepsalmen ausgewählt; dann folgen in Kapitel 10 zwei Psalmen, die eine fortwährende Freude an Zion zum Ausdruck bringen. Damit wird der Glaube bekundet, dass die Geschichte noch nicht zu Ende ist.

Buch III beginnt mit einer persönlichen (Ps 73) und einer gemeinschaftlichen Klage (Ps 74).

PSALM 73

WENN GOTT NICHT GUT ZU SEIN SCHEINT

Jeder Christ sollte Psalm 73 beten und ihn zu einem regelmäßigen Bestandteil seines Gebetslebens machen. Wenn wir das nicht tun, können uns ungute Gedanken überrumpeln, die uns vom geraden und schmalen Weg der Jüngerschaft abbringen. Die zentrale Frage, die in diesem Psalm gestellt und beantwortet wird, lautet: Ist Gott gut und gerecht? Es kann kaum eine wichtigere Frage geben. »Ja, natürlich ist er das«, stimmen wir fromm zu. Die Antwort unserer Erfahrung lautet jedoch häufig: »Nein, das scheint er nicht zu sein.« Falls er das aber nicht ist, wird damit jeglicher Motivation für ein gottgefälliges Leben die Grundlage entzogen. Es handelt sich also um eine sehr ernste Frage. Das ist die Frage, die – implizit und subversiv – schon in 1. Mose 3 von der Schlange im Garten Eden gestellt wurde. Die implizite Antwort, die Adam und Eva gaben, zerstörte ihr eigenes Leben und Schicksal und mit ihnen das gesamte Menschengeschlecht (vgl. Röm 5,12–21).

Wir wissen weder, wer diesen Psalm schrieb, noch, warum und wann er geschrieben wurde. Es gibt keine ausdrückliche Verbindung zum Exil, obwohl der Gesamtkontext von Buch III ein Hinweis sein kann, dass wir hier die beklommene Stimme eines Gläubigen aus dieser schrecklichen Zeit hören. Allerdings warf das Exil nur in akuter Weise die Frage auf, die unter Gottes Volk in jedem Zeitalter aufkommt, wenn es mit Kämpfen und Leid konfrontiert ist: Ist Gott gut?

Der Psalm beginnt mit einem Ruf, der in der schrecklichen Zeit des Exils gewiss einen Widerhall fand und weiter durch alle Leidenszeiten ertönt, nämlich der Beteuerung: *»Gott ist dennoch Israels Trost«* (Ps 73,1). Gott erweist seine allgemeine Gnade oder Freundlichkeit allen möglichen Menschen. Seine treue Bundesgüte, seine unerschütterliche Liebe, wendet er jedoch dem Volk zu, mit dem er im Bund steht. Das ist die Überschrift.

In der zweiten Hälfte des Verses wird die Aussage präzisiert. *»Israel«* wird dort nicht durch die ethnische Herkunft, sondern durch den Glauben definiert: *»alle, die reinen Herzens sind«*. In diesem Psalm gibt es eine starke Betonung des *»Herzens«* (siehe auch V. 7.13.21.26). Reinheit des Herzens – der primäre Wunsch und die Sehnsucht, Gott zu lieben – ist die Definition Israels. Die Bundesgüte Gottes wendet sich diesem wahren Israel zu, das zu allen Zeiten ein Überrest des äußeren Volkes Gottes ist – und zwar allein diesem Überrest. Daher ist die Reinheit des Herzens so wichtig!

Dieser Gläubige gibt Einblick in einen Gedankengang und in Empfindungen, die ihn tief beunruhigt haben. Er fasst dies zunächst in den Versen 2–3 zusammen. Das Ergebnis beschreibt er in Vers 2: Er wäre fast ausgeglitten und hätte den Halt verloren. Er war kurz davor, sich von der Realität zu verabschieden. In Vers 3 nennt er dann die eigentliche Ursache: Neid. Er beobachtete die *»Ruhmredigen«*, sah, dass es ihnen *»so gut ging«* (hebr. *Shalom*, ihren ganzheitlichen Frieden), und er fing an, sich zu wünschen, wie sie zu sein. Er begann seine Freude darüber zu verlieren, zum Gott Israels zu gehören, und stattdessen über den Zaun auf das »bessere« Leben der Gottlosigkeit zu schielen: »Wenn ich nur die köstliche Frucht essen könnte, die sie essen!

Ich sehne mich mit jeder Faser meines Körpers nach dem, was sie genießen.« Damit ist der unheilvolle Same gesät. Wenn man ihn wachsen lässt, wird er diesen Menschen von der Realität abkoppeln, sodass er sich auf dem schlüpfrigen Abhang ins Verderben wiederfindet.

In den Versen 4 und 5 wird das Wohlergehen der Gottlosen näher erläutert. Sie leiden keine *»Qualen«* (V. 4a, wörtl. »keine Schmerzen bis zum Tod«). Das heißt, ihr ganzes Leben verläuft ohne Qualen und Schmerzen. Sie erfreuen sich einer guten Gesundheit (V. 4b). Sie werden nicht von unerträglichen Lasten erdrückt, sei es bei der Arbeit, in ihrer Familie, ihrem Umfeld oder Land (V. 5a). Alles, wovon normale Menschen *»geplagt«* werden, scheint an ihnen vorüberzugehen. Was für ein herrliches Leben!

Dann aber wandert der Blick des Psalmisten in den Versen 6–11 langsam weiter dorthin, wo sich ihm ein Ausweg aus seiner Gefahr auftut. Er sieht nicht nur, was die Gottlosen *nicht haben* (Schwierigkeiten), sondern was sie – gerade weil sie keine Schwierigkeiten kennen – *haben*: Stolz! Weil bei ihnen alles glattläuft, fangen sie an zu glauben, sie könnten dieses Leben völlig durch ihre eigene Schlauheit und Kraft meistern – dass alles, was sie brauchen, in ihnen selbst liegt (ähnlich wie im Buddhismus). Dadurch werden sie stolz (V. 6a). Der nächste Schritt nach dem Stolz ist, auf denen herumzutrampeln, die ihnen im Weg stehen. So führt Stolz zu *»Frevel«* (V. 6b), harten Herzen (V. 7), Hohn und Bosheit (V. 8) und dazu, dass sie reden, als käme es vom Himmel und als gehöre ihnen die Welt (V. 9). Das Universum dreht sich um sie. Ihr Reden verrät den Glauben, dass es im Prinzip keine Grenze dessen gibt, was diese Menschen erreichen können.

Vers 10 ist schwer zu übersetzen. Wahrscheinlich ist mit *»der Pöbel«* jedoch Gottes Volk gemeint, was bedeutet, dass Gottes Volk sich vom Erfolg der Gottlosen verführen lässt. Deshalb *»läuft [es] ihnen … zu und schlürft ihr Wasser in vollen Zügen«*. Wenn das richtig ist, beschreibt Tate die Sache treffend: »Die Israeliten sind erkennbar so vom Wohlstand der Gottlosen und ihrer Straflosigkeit beeindruckt, dass sie sich ihnen ›zuwenden‹« (Tate, *Psalms 51–100*, S. 229). Psalm 73,11 kehrt zu der anmaßenden Zuversicht der Gottlosen zurück: Sie sind überzeugt, dass Gott nichts davon weiß, ihr Tun nicht sieht und ganz bestimmt nichts unternehmen wird, um sie zu bestrafen.

In Vers 12 fasst der Psalmist seine Beobachtungen zusammen. Er beobachtet über den Zaun die Gottlosen und sieht, dass sie *»glücklich für immer«* sind und ihr Reichtum ständig zunimmt. Das ist natürlich eine Verallgemeinerung. Auch Stolze, die nicht nach Gott fragen, werden krank und haben alle möglichen Schwierigkeiten. Dennoch haben viele von ihnen eine längere Lebenserwartung und auch die finanziellen Mittel, um einige Probleme abzuwenden, denen manche ärmeren, gottesfürchtigen Menschen ausgesetzt sind. Hiob 21 enthält eine ausführlichere Beschreibung des Wohlergehens der Gottlosen von einem ehrlichen, aber leidenden und desillusionierten Hiob.

Auch wenn es nicht in allen Bibelübersetzungen deutlich wird, wiederholt Psalm 73,13 das *»dennoch«* bzw. *»denn«*, das dem Gesagten Nachdruck verleiht (wie am Beginn von Vers 1). Der Psalmist sagt: »Ich will dir erzählen, welches Fazit ich zog, als ich über das Wohlergehen der Gottlosen nachdachte. Ich kam zum Schluss – oder kam beinahe zum Schluss –, dass all meine Mühe zwecklos war, *›mein Herz rein‹* zu halten: Es war ›umsonst‹. Ich weiß, ich habe in Vers 1 gesagt, dass Gott gut zu jenen ist, die reinen Herzens sind. An diesem Punkt war ich mir aber nicht mehr sicher, ob ich das glaube – ob ich wirklich glaube, dass man auf diese Weise wahre Güte finden kann. Ich wusch *›meine Hände in Unschuld‹*: Ich hatte mich sehr bemüht – wie der Apostel Paulus einmal sagen wird –, mir ein unverletztes Gewissen zu bewahren (vgl. Apg 24,16). Das scheint jedoch sinnlos gewesen zu sein. Denn *›[i]ch bin täglich geplagt‹* (Ps 73,14a), das Leben bestand aus einer *›Züchtigung‹* nach der anderen (V. 14b). Alles, was ich aufgrund meiner Herzenssehnsucht nach Reinheit und Gottgefälligkeit vorweisen kann, ist ein Leben, in dem sich ein Elend an das andere reiht. Die aber, die nicht nach Gott fragen, genießen all die ›guten‹ Dinge des Lebens. Wenn Gott wirklich ›gut‹ wäre, dann würde er sicherlich diejenigen mit Gutem segnen, die reinen Herzens sind. Das tut er aber nicht.«

Dieser geplagte Mann spürt, dass es Zeit für ihn wird, eine Entscheidung zu treffen. Er ist kurz davor, das Leben des Glaubens aufzugeben.

Ist es respektlos, sich Jesus, den Herrn, vorzustellen, wie er in seinen Gedanken und seinem Herzen die Furcht einflößende Reise durch die Verse 2–14 unternahm? Ich denke nicht, denn er empfand die Versuchung mit all ihrer Wucht. »Asaf als ein Vertreter des Israels Gottes weist uns auf den Herrn Jesus Christus hin, der das wahre Israel ist (vgl. Jes 49,3), der als der leidende Gottesknecht wusste, wie sich die Versuchung, aufzugeben, anfühlt (vgl. Jes 49,4a), doch er schüttelte sie ab« (Eveson, *Psalms*, Bd. 2, S. 21). Ihm wurden vom Versucher alle Reiche der Welt mit ihrem Wohlstand und ihren Annehmlichkeiten angeboten (vgl. Mt 4,8–9). Sicherlich spürte er die Verlockung und begann sich zu fragen, ob er nicht besser davonkäme, wenn er das Angebot annehmen würde. Er tat es aber nicht. Er war ohne Sünde.

Wir müssen in die Fußstapfen des Verfassers von Psalm 73 treten und in die des Herrn Jesus Christus in seinen Versuchungen. Wir müssen uns auf diese Reise der ehrlichen Verzweiflung begeben. Wir müssen diese Gedanken und Wünsche ans Licht bringen: sie – wie in diesem Psalm – unter die Überschrift von Vers 1 und in die Gegenwart Gottes bringen. Wenn wir so tun, als hätten wir die Empfindungen dieses Gläubigen nicht, dann spielen wir mit dem Feuer, denn diese Wünsche lauern in uns allen. Es ist besser, sie hervorzuholen und sie im hellen Licht der Wahrheit zu betrachten – und genau das tut der Psalmist jetzt.

ICH MERKTE AUF IHR ENDE

Vers 15 ist in mancher Hinsicht der Schlüssel, um diesen Psalm in Christus richtig zu lesen. Dieser gläubige Vertreter des Volkes Gottes, der durch den Geist Gottes, welcher der Geist Christi ist, spricht – er überlegt: *»Hätte ich gedacht: Ich will reden wie sie [wie in den Versen 13* *und 14] siehe, dann hätte ich das Geschlecht deiner Kinder verraten«.* Warum *»verraten«*? Verrat gefährdet ein Volk, deshalb ist ein solcher Vertrauensbruch besonders schwerwiegend. In gewisser Weise ist die Treue dieses Mannes von Bedeutung für das Schicksal des Volkes Gottes. Aus irgendeinem Grund ist es enorm wichtig, dass er die Grenze des Unglaubens nicht überschreitet, nicht in den Skeptizismus von Vers 13 fällt. Denn wenn er diesen schlüpfrigen Abhang weiter hinunterrutscht, wird das Leid nicht nur ihn allein treffen. Das Schicksal anderer beruht irgendwie auf seiner beständigen Treue.

Wir beobachten daher mit angehaltenem Atem, wie er versucht, das Wohlergehen des Gottlosen und das Leiden des Gläubigen (V. 14) zu verstehen (V. 16). Er geht *»in das Heiligtum«* (V. 17a), in den Tempel, wo sich die Bundeslade mit den beiden Gesetzestafeln befindet, der Opferaltar, der Gnadenstuhl und all die anderen Zeichen von Gottes Bundesverheißungen und Bundestreue. Vielleicht ist er (wie schon Asaf) ein Levit, der Tempeldienste zu verrichten hatte. Als er hier den Bund vor Augen hat und über ihn nachdenkt, sagt er: *»[Ich] merkte auf ihr Ende«* (V. 17b). Er hört von Neuem die Bundesverheißungen und -flüche (siehe z. B. 5 Mose 28).

Dann wird ihm klar, dass es diese überheblichen Gottlosen sind, die *»auf schlüpfrigen Grund«* gestellt sind und deren Sturz bevorsteht (Ps 73,18). Deshalb wäre er »fast gestrauchelt« (V. 2), weil er im Begriff war, sich mit ihnen zu identifizieren. Obwohl die Gottlosen so sicher und friedvoll scheinen, wird sehr *»plötzlich«* alles um sie herum zusammenbrechen, sie *»nehmen ein Ende«* (V. 19). Der *»Schrecken«* von Gottes Gericht wird über sie kommen: die schreckliche Angst eines schuldigen Gewissens; die Erkenntnis, furchtbar im Unrecht zu sein; all die brutalen, niederträchtigen Dinge, die sie gesagt und getan haben, die vor ihren schreckgeweiteten Augen aufsteigen, während sie dem gerechten Gericht Gottes entgegengehen und erkennen, dass niemand für sie eintritt.

Diese Leute, die so unerschütterlich, so gewichtig und so sicher wirken, werden wie *»ein Traum«* sein – etwas, das schnell vergeht, keine Substanz hat und einfach weggeblasen wird (V. 20). Gott wird sich erheben (V. 20), wie er es tat, als die Bundeslade in früheren Zeiten vor seinem Volk her in den Kampf zog (vgl. 4 Mose 10, 35). Wenn er das tut, wird es mit dem Wohlergehen der Gottlosen vorbei sein.

Das ist kein Wunschdenken dieses Gläubigen. Er hofft nicht lediglich darauf, dass die Gottlosen davongeblasen werden. Das Bundesgesetz verkündet es (z. B. 3 Mose 26, 14–39; 5 Mose 28, 15–68), und er glaubt es. Aufgrund des Gesetzes Moses konnte dieser Asafit die Aussage in Psalm 73, 18–20 treffen. Aufgrund des Gesetzes Moses konnte Jesus von Nazareth die gleichen Wahrheiten wissen und glauben. Aufgrund von Gottes Gesetz können auch wir die gleiche Zuversicht haben.

Weil das im Gesetz Moses klar offenbart ist, kann dieser Gläubige nun in den Versen 21–22 seine vorherigen Gedanken als dumm einordnen. Es tut uns leid für ihn, dass sein Herz *»wehe tat«* (V. 21a, wörtl. »(v)erbittert war«). Dieses Wort stammt von einem Begriff ab, der mit »Sauerteig und Essig« in Verbindung gebracht wird (Goldingay, *Psalms*, Bd. 1, S. 411). Dass es ihn *»stach in meinen Nieren«* (V. 21b), ist »eine Metapher für tiefe innere Qual« (Tate, *Psalms 51–100*, S. 230). Im Rückblick kann er jedoch sagen: *»da war ich ein Narr und wusste nichts«* – solches Denken reicht nicht weiter als der Verstand von Tieren (Ps 73, 22). Es ist töricht, so zu denken, weil man damit Gottes offenbartes Gesetz ignoriert, das mit allem Ernst feststellt: Derjenige, auf den die Beschreibung der Verse 6–11 zutrifft, wird ein schreckliches Ende nehmen und derjenige, der reinen Herzens ist, wird wunderbare Segnungen genießen.

Auf jene Segnungen kommt dieser Gläubige in den Versen 23–26 zurück. Er wendet sich ab von seinem natürlichen Fokus auf die guten Dinge dieses Zeitalters. Stattdessen wendet er sich den überaus guten Dingen zu, die all jene erhalten, die in der liebenden Bundesbeziehung mit Gott stehen: stets bei Gott zu bleiben, von der starken *»rechten Hand«* Gottes gehalten zu werden (V. 23), durch dieses Leben geleitet (V. 24a) und im zukünftigen Zeitalter *»mit Ehren«* angenommen zu werden (V. 24b). Es kann nichts Besseres geben! Auch wenn die Gottlosen Anspruch auf *»Himmel«* und *»Erde«* erheben mögen (V. 9) – Gott zu haben, bedeutet, alles zu haben, was man für *»Himmel und Erde«* braucht (V. 25). In dieser Zeit wird Leid zu ertragen sein (V. 14) – er sagt, dass ihm *»Leib und Seele verschmachtet«* –, »doch Gott ist alles, was ich für dieses Leben und in Ewigkeit brauche« (V. 26).

GOTT IST MEINE FREUDE

Wir sind diesem Gläubigen von seinem ehrlichen Ringen mit dem Wohlergehen der Gottlosen bis ins Heiligtum gefolgt. Dort wurde er an die große und unveränderliche Wahrheit erinnert, dass Gehorsam die Segnungen des Bundes, Untreue aber die Flüche des Bundes nach sich zieht.

Er ist eine Vorschattung des angefochtenen, aber siegreichen Glaubens des Herrn Jesus und für uns ein Vorbild solchen Glaubens. So schließt er mit der zuversichtlichen Bekräftigung, dass die Gottlosen nicht zu beneiden sind (V. 27). Mit einem großen, abschließenden Widerhall des Trostes von Vers 1 stellt er fest: *»das ist meine Freude, dass ich mich zu Gott halte«* – zu dem Gott, der seine *»Zuversicht«* in schwierigen Zeiten ist (V. 28).

Auch wir beginnen mit dem, was wir sehen. Unsere Sinne teilen uns in aller Deutlichkeit mit, dass es den Menschen, die nicht nach Gott fragen, im Leben sehr gut gehen kann. Nur wenn wir zu Jesus kommen, der die Erfüllung des Tempels – des *»Heiligtums«* (V. 17) – ist, werden wir an die großen Evangeliumswahrheiten erinnert, die wir hochhalten müssen: dass das Sichtbare nicht das Endgültige ist, dass wir im Glauben und nicht im Schauen leben, und dass der Tag kommen wird, an dem alle, die dem lebendigen Gott vertrauen, rehabilitiert werden und das vorläufige Wohlergehen der Gottlosen ein schreckliches Ende nehmen wird.

Das Schlusswort dieses Gläubigen und Repräsentanten – dieses Leiters des Volkes Gottes – ist die erklärte Absicht, *»dass ich verkündige all dein Tun«* (V. 28c). Hätte er das nicht getan, so hätte er sein Volk verraten (V. 15), aber sein Glaube versagte nicht. Jesus, unser Vorläufer im Glauben, hat den Weg gewiesen, indem er für uns diesen mächtigen, überwältigenden Versuchungen widerstand (vgl. Hebr 12, 2). Wenn wir diesen Psalm mit ihm singen, werden auch wir bestärkt und sehen, welch eine Torheit der Neid auf die Gottlosen ist. Wir werden darin ermutigt, uns letztlich an der Güte Gottes zu erfreuen, zu dem wir uns in Jesus Christus halten können (vgl. Ps 73, 28).

ZUM NACHDENKEN

1. Wurde dein Glaube an Gott schon einmal durch Ungerechtigkeit erschüttert?
2. Kannst du dich in der Beschreibung dieses Gefühls durch den Psalmisten wiederfinden?
3. Wie kann dir dieser Psalm helfen und deinen Glauben stärken?

PSALM 74

Bei Psalm 73 handelte es sich um die Stimme eines einzelnen, bedeutenden Gläubigen, der darauf bedacht ist, das Volk Gottes nicht durch Unglauben zu verraten (73,15). Dagegen hören wir in Psalm 74 die gemeinschaftliche Stimme des Volkes Gottes: einen gemeinsamen Klageruf (abgesehen von dem Einzelnen, der den Vers 12 und vielleicht auch die Verse 12–17 singt). In diesem Psalm kommt die Hoffnung für eine verzagte Gemeinde aus einer überraschenden Richtung.

Wie schon Psalm 50 und generell die Psalmen 73–83 ist dies ein Psalm Asafs. Während es in Psalm 73 keinen expliziten Hinweis auf das Exil gab, könnte das Trauma der Zerstörung Jerusalems in Psalm 74 nicht deutlicher erkennbar sein.

Der Psalm besteht aus drei Abschnitten, die jeweils einen charakteristischen und kontrastierenden musikalischen Klang aufweisen. Er beginnt mit einer tiefgehenden und qualvollen Klage (V. 1–11), die dann von einem ziemlich überraschenden Abschnitt voller Freude und Zuversicht unterbrochen wird (V. 12–17), und schließt mit einem inständigen Gebet ab (V. 18–23).

UM DIE ZERSTÖRTE GEMEINDE TRAUERN

Wir beginnen mit einer gequälten Frage: *»Gott, warum verstößest du uns für immer und bist so zornig über die Schafe deiner Weide?«* (V. 1). Dass hier von einer Verwerfung *»für immer«* die Rede ist, legt eine absolute oder vollständige Verwerfung nahe. Der Psalm fragt: »Warum hast du uns vollständig verworfen? Warum besteht dein Zorn so unerbittlich fort? Warum scheinen wir das Ziel eines unerbittlichen, unauslöschlichen Zorns zu sein?« Mit Mays' Worten:

»Ist die demütigende Gegenwart das, was wir auch für die Zukunft zu erwarten haben?« (*Psalms*, S. 247). Wird es für immer so bleiben?

In dieser Klage erinnert sich der Vorsänger an die Verheißungen (V. 1–2), er empfindet den Schmerz (V. 3–8) und äußert tiefe Verwirrung (V. 9–11).

Zuerst gedenkt er der Wunder der Verheißungen Gottes (V. 1–2). Bei diesem leidenden Volk handelt es sich, so teilt der Psalm Gott mit, um *»die Schafe deiner Weide«*, um die *»Gemeinde, die du vorzeiten erworben«* hast und die in *»Zion«* lebte, wo *»du wohnest«*. »Wir sind deine Herde, dein erlöstes Volk, das Volk, das du in deine Gegenwart geführt hast«, macht der Psalm deutlich. »Aber du rauchst in deinem Zorn gegen uns wie ein Vulkanausbruch.« All die wunderbaren Verheißungen liegen nun in Trümmern.

Das Wort *»Gemeinde«* bezieht sich auf das Volk Gottes im Alten Bund, das seine Erfüllung im Volk des Neuen Bundes findet: Juden und Heiden in Christus. Zu Recht sagt Johannes Calvin: »Die Heiligen klagen über die Verwüstung der Gemeinde« (*Johannes Calvins Auslegung der Heiligen Schrift*, Bd. 5, S. 20).

Als Nächstes bringt der Psalmist seinen Schmerz über das zum Ausdruck, was die Feinde Gottes getan haben. Wenn wir die Verse 3–8 lesen, müssen wir uns in unseren Gedanken und Herzen zurück zu jenem schrecklichen Tag begeben, von dem diese Augenzeugenberichte erzählen. Vielleicht können wir uns vorstellen, wie es sich anfühlen würde, wenn unser Elternhaus betroffen wäre. Wie viel schlimmer ist es jedoch, wenn es um den einzigen Ort auf Erden geht, an dem man dem lebendigen Gott begegnen konnte! In Vers 3 ruft der Verfasser zu Gott, er möge doch kommen und sich ansehen (*»Richte doch deine Schritte zu …«*), wie der Tempel *»so lange«* in Trümmern liegt. Es hat den Anschein, als würde das Exil zur Zeit der Abfassung schon einige Zeit andauern, und es ist kein Ende in Sicht. Die Trauer richtet sich insbesondere auf das *»Heiligtum«* in der Mitte des Tempels – auf den Ort, an dem der Verfasser von Psalm 73 so bedeutende Wahrheiten lernte (vgl. Ps 73, 17).

Daraufhin erinnert sich der Psalmist, dass Gottes Feinde (*»Deine Widersacher«*) wie betrunkene Rowdys herumbrüllten, fluchten, Graffitis an die Wände schmierten, urinierten und den Ort, an dem Gott seinem Volk begegnete, entweihten. An jenem schrecklichen Tag wüteten sie wie betrunkene Holzfäller im Wald: Sie zertrümmerten die schönen Schnitzereien, die an den Garten Eden erinnerten und die einzige Hoffnung auf eine Rückkehr nach Eden symbolisierten (V. 5–6; vgl. 1 Kön 6,23–35). Das war der Ort, an dem Gott auf Erden wohnte, und sie zerstörten ihn (Ps 74,7). Dahinter steckte eiskalte Bosheit: *»Lasst uns sie allesamt unterdrücken!«* (V. 8). Das ist der satanische Hass der Welt auf Gott und sein Volk. Der Autor kann jenen furchtbaren Tag nicht vergessen, der einen Schatten auf den Rest seines Lebens warf.

Schließlich bringt er in den Versen 9–11 seine quälende Verwirrung zum Ausdruck, indem er fragt: *»Wie lange?«* (V. 10) und *»Warum?«* (V. 11). In den Trümmern des Tempels befinden sich babylonische *»Zeichen«* (vielleicht militärische Symbole oder Widmungen an babylonische Gottheiten, V. 4b), doch *»[u]nsere Zeichen«* (Zeichen für das Volk Gottes) sind nicht zu sehen (V. 9). Es gibt keine sichtbaren Anhaltspunkte für die Bundestreue Gottes. Der Altar ist nicht mehr da, die Bundeslade gibt es nicht mehr und der Gnadenstuhl wurde zerstört. Darüber hinaus ist *»kein Prophet«* mehr *»bei uns«*, der uns sagen könnte, warum oder was oder wie lange. Vielleicht war Jeremia damals schon lange nach Ägypten verschleppt worden (vgl. Jer 41,16–43,7) und Hesekiel lebte nicht mehr. Es gab nur furchtbares Schweigen (vgl. Klgl 2,10).

Wie sollte unsere Reaktion auf Psalm 74,1–11 aussehen? Wir sollten über den entmutigenden Zustand von Christi Kirche trauern. Wir sehen Gottlosigkeit, wo Heiligkeit sein sollte, falsche Lehre auf Kanzeln, die Leuchttürme der Wahrheit sein sollten, und Spaltung, wo Einheit in der biblischen Wahrheit sein sollte. Das Problem ist nicht so sehr, dass die Kirche klein ist, obwohl sie das stellenweise ist. Das Schlimmste ist ihr Mangel an Reinheit. Wir aber empfinden größere Traurigkeit, wenn unsere eigene Gesundheit angeschlagen ist, wenn es unserer Familie nicht gut geht oder wenn wir mit schwierigen Umständen konfrontiert sind. Eine Wirkung der Psalmen besteht darin, unsere ungeordneten Empfindungen wieder zu ordnen, sodass uns wirklich bekümmert, was uns zutiefst bekümmern sollte, und dass wir uns von Herzen nach dem sehnen, was wir ersehnen sollten. Wir hören uns hier nicht einfach nur den Kummer von Gläubigen längst vergangener Zeiten an weit entfernten Orten an. Wenn wir in den Psalm einstimmen, fangen wir an, ihre Trauer zu teilen und spüren sie in unseren eigenen Herzen aufwallen.

AN DIE KRAFT DES SCHÖPFERS GLAUBEN

In Vers 12 kommt es zu einer plötzlichen und überraschenden Änderung des Tonfalls: Statt Schmerz und Verwirrung hören wir Zuversicht und Glauben. Die Lehre von der Schöpfung beginnt, sich in das Drama der Erlösung einzumischen.

Die Überschrift steckt in diesem Vers. Ein einzelner Vorsänger singt: *»Gott ist ja mein König von alters her, der alle Hilfe tut, die auf Erden geschieht.«* (Es ist gut möglich, dass dieser Einzelne auch die Verse 13–17 spricht.) Aber woher weiß er, dass Gott herrscht (*»mein König«*) und Gott rettet (*»alle Hilfe tut«*)? Die Antwort folgt nun und wird in poetischen Bildern ausgemalt, zunächst in Gestalt des Meeres und eines antiken Seeungeheuers (V. 13–15). Das *»Meer«* steht in der Sprache des Alten Testaments für den Ort des Durcheinanders, der Finsternis, der Gefahr, des Bösen und letztlich des Todes. Wenn Gott *»das Meer aufgewühlt«* hat (V. 13a), bedeutet das die Überwindung dieser bösen Macht: wie Gott es bei der Schöpfung tat, als er die Wasser trennte, damit trockenes Land entstand, auf dem Menschen leben können (vgl. 1 Mose 1,6–10), und wie er es später bei der Befreiung tat, als er das Rote Meer teilte (vgl. 2 Mose 14) und noch später den Jordanfluss (vgl. Jos 3). Eine parallele Art, die Überwindung der bösen Macht »des Meeres« auszudrücken, ist die Bezwingung eines Seeungeheuers: *»der Drachen über den Wassern«* (V. 13b) oder *»des Leviatan«* (V. 14a; vgl. Hiob 40,25–41,26; Offb 12,9). Die Bezähmung des Bösen wird also anschaulich als Teil des anfänglichen Wirkens des Schöpfers dargestellt, als er die Wasser versiegen ließ (Ps 74,15). Als Gott die Welt schuf, so verkündet unser glaubender Sänger, machte er eine Welt, in der das Böse sein Diener ist und niemals ein rivalisierender Gott sein kann – in der es stets Geschöpf bleibt und niemals dem Schöpfer gewachsen sein wird.

Diese glaubende Stimme redet mit Gott vor den Ohren von Gottes Volk, das bedrängt wird von den ungeheuerlichen Kräften der Gottlosigkeit, den übernatürlichen Kräften des Bösen. In der Erinnerung dieses Gläubigen konkretisieren sich diese Kräfte in der Bosheit und Gewalttätigkeit der babylonischen Soldaten. Diese Stimme spricht noch immer zu uns, denn auch in unseren Gemeinden sind Ungeheuer am Werk: übernatürliche Kräfte des Bösen, die Unordnung stiften, Gottes moralische Ordnung mit Füßen treten, mit Äxten hereinkommen, um das Volk Gottes zu zerstören, es von innen durch falsche Lehre und moralische Kompromisse zerrütten und von außen die Feindschaft einer westlichen Kultur schüren, die Jesus Christus immer unverhohlener ablehnt.

In den Versen 16–17 entfaltet sich das Thema der Schöpfung anhand von Grenzen. Wie den zerstörerischen Wassern in 1. Mose 1 Grenzen gesetzt wurden, die sie nicht überschreiten dürfen, so gibt es in der gesamten Schöpfung Grenzen, um eine materielle und moralische Ordnung zu gewährleisten. Wie schon bei den Wassern klingt mit Tag und Nacht, Sonne und Mond deutlich 1. Mose 1 an (vgl. 1 Mose 1,3–5.14–19). Es gibt Grenzen zwischen Tag und Nacht, zwischen Licht und Finsternis. Die Finsternis ist begrenzt, das Meer ist begrenzt, das Böse und das Chaos sind begrenzt. Es gibt Grenzen, die verhindern, dass die stabile, geordnete Schöpfung von Unordnung, Instabilität und grenzenlosem Bösen überrollt wird. Es gibt eine Unterscheidung – eine erschaffene, gesetzte, nicht verhandelbare Unterscheidung – zwischen richtig und falsch.

Der Begriffe *»die Bahn gegeben«* (V. 16b) und *»seine Grenze gesetzt«* (V. 17a) verdeutlichen, welche Funktion moralische Grenzen haben (vgl. 5 Mose 32, 8 zur Festlegung von Grenzen oder Spr 15, 25 zur Wahrung der Grenzen einer Witwe). Bei der Schöpfung legte Gott eine moralische Ordnung mit Grenzen fest. Weil sie bei der Schöpfung eingerichtet wurden (»Schöpfungsordnung«), können sie nicht zerstört werden – weder von babylonischen Rowdys noch von heutigen Zerstörern der Gemeinde Christi. Ähnliche Aussagen darüber, wie die Schöpfungsordnung die Erlösung gewährleistet, finden wir in Jeremia 33, 19–26.

Die Schöpfungsordnung gibt uns die Gewissheit, dass der Gott, der die Schöpfung geordnet hat (und die Ordnung der Schöpfung aufrechterhält), die Schöpfung vollständig wiederherstellen wird, wenn er am Ende sein Volk rettet. Deswegen weiß dieser Psalmist, so verwirrt er auch sein mag, dass es eine Antwort auf die Frage nach dem *»Warum?«* und eine Begrenzung des *»Wie lange?«* gibt (vgl. Michael Wilcock, *The Message of Psalms*, Bd. 2, S. 13).

UM DIE WIEDERHERSTELLUNG FLEHEN

Wenn wir nur die Klage aus Psalm 74, 1–11 lesen, könnten wir verzweifeln. Wenn wir nur die Zuversicht der Verse 12–17 hören würden, könnten wir selbstgefällig werden. Weil wir aber beides haben, ist der letzte Abschnitt des Psalms ein in Poesie gefasstes Gebet.

Diese Schlussverse sind voll von dringenden Appellen an Gott: *»So gedenke doch«* (V. 18); *»Gib … nicht … preis; … vergiss nicht«* (V. 19); *»Schau auf«* (V. 20); *»Lass … nicht …, lass die Armen und Elenden rühmen«* (V. 21); *»Mach dich auf … gedenke«* (V. 22); *»Vergiss nicht«* (V. 23).

Was auf dem Spiel steht, ist nicht unser Wohlbefinden als Glieder der Kirche Christi, sondern die Ehre Gottes, dessen *»Name«* verlästert wird (V. 18). Bei Jesus klang dies an, als er über Jerusalem weinte (vgl. Lk 19, 41–44) und als er betete: *»Vater, verherrliche deinen Namen!«* (Joh 12, 28). Die Gemeinde Gottes ist wie eine wehrlose *»Taube«* in einer Welt voll *wilder »Tiere«* (Ps 74, 19). Es gibt einen *»Bund«*, der aufrechterhalten werden muss; es gibt die *»dunklen Winkel des Landes«*, wo Gewalttaten geschehen und die Täter meinen, dass niemand sie sehen kann (V. 20). Das ist ein beängstigendes Bild – und noch dazu geht es darin nicht um unsere Gesellschaft (so dunkel es in ihr auch ist), sondern um die Gemeinde in Not, die von innen wie von außen vom Bösen heimgesucht wird. Wenn wir hören, dass Gemeindemitarbeiter sexuelle Unmoral verteidigen oder Pastoren Missbrauch begehen, dann spüren wir diese Dunkelheit. Jesus könnte dieses Gebet für das Volk Gottes zu seiner Zeit gebeten haben, angesichts ihrer massiven Gefährdung und ihrer gottlosen Anführer. Auch wir können es heute in ihm beten.

In den Versen 22–23 gibt es ein doppeltes Aufbegehren. Da ist *»das Toben deiner Widersacher«*, das größer und größer wird. Auf der anderen Seite bitten wir: *»Mach dich auf, Gott, und führe deine Sache.«*

Wenn wir also diesen letzten Abschnitt des Psalms beten, verbinden wir das stechende Gefühl der Trauer mit dem festen Vertrauen auf Rettung. Wir beten daher inständig, dass der rettende Schöpfer das tut, was er verheißen hat – dass er seine verwüstete Gemeinde wiederherstellt, damit sie für immer seine Herrlichkeit widerspiegelt. Zur Zeit des Alten Bundes beteten Gläubige für die Wiederherstellung von Gottes Gemeinde – zum Beispiel Simeon und Hanna in Lukas 2, 25.38. Und dann, eines Tages, hielt Simeon einen kleinen Jungen auf seinem Arm und wusste, dass ihr Beten nicht vergeblich gewesen war.

Als dieser Junge zum Mann herangewachsen war, sagte er über seinen eigenen Körper, dass andere *»diesen Tempel«* abbrechen werden – diesen Ort, an dem Menschen Gott sehen und ihm begegnen können: den Ort, an dem Gott uns begegnet – und dass er ihn wieder *»aufrichten«* wird (Joh 2, 19). Jesus erfüllte in seiner Person alles, was der Tempel vorschattete. Jesus ist der Ort des Opfers; er ist das

Opfer. Daher ist er der »Ort« – der einzige Ort –, an dem Sünder Gott begegnen können. Menschen zerstörten diesen Tempel am ersten Karfreitag. Für die Jünger wäre es angemessen gewesen, diesen Psalm am Samstag zu singen: »Warum brüllte und spottete der Feind (›Kreuzige ihn!‹) und zerstörte den Ort, an dem wir Gott begegneten, an dem wir den Vater sahen?« Tags darauf, am dritten Tag, sahen sie jedoch den gleichen Tempel wiedererrichtet.

Auch wir können diesen Psalm singen, während wir auf die herrliche Wiederkunft unseres Herrn warten und den verwüsteten Zustand seiner Gemeinde in unserer Zeit beklagen. Die verfolgte Kirche auf der ganzen Welt singt diesen Psalm, und wir müssen ihn mit ihr singen. Was unser näheres Umfeld betrifft, sollten wir über die liberale Theologie trauern, die das Vertrauen in die Wahrheit untergräbt. Wir sollten über das Wohlstandsevangelium trauern, das die Bereitschaft, Opfer zu bringen, untergräbt. Wir sollten über den Materialismus trauern, der die Bereitschaft zum Geben untergräbt. Wir sollten über die Kompromisse im Bereich der Sexualität trauern, die die Grenzen des Familienlebens untergräbt . Wir sollten eine Kultur der Stars und der Unterhaltung betrauern, die Demut und Reife untergräbt. Wir sollten über Parteiungen und Spaltungen trauern, die Gemeinden zerstören. Wir sollten über zerbrochene Leben, zerbrochene Gemeinden und zerbrochene Nationen trauern. Und wir sollten über die Dunkelheit und Unordnung in unserem eigenen Herzen trauern. Alles, was wir um uns herum sehen, sind die Trümmer dessen, was eigentlich eine herrliche Gemeinde sein sollte.

Was bedeutete es wohl fünf Jahrhunderte, nachdem dieser Psalm zum ersten Mal gesungen worden war, für Jesus von Nazareth, Psalm 74,12–17 zu singen? Sicherlich dies: Auf dem Thron des Universums sitzt jemand, der gerecht richtet, der eine Welt mit einer moralischen Ordnung erschaffen hat, der diese Ordnung am Ende wiederherstellen wird. Jesus glaubte das – als Mensch. Er baute sein Leben und seine Ewigkeit darauf, und es erwies sich als wahr. In meinem Schmerz und meiner Trauer über den zerrütteten Zustand von Gottes Kirche kann auch ich mich dem anvertrauen, der gerecht richtet (vgl. 1 Petr 2, 23), denn er ist der *»treue Schöpfer«* (1 Petr 4, 19). Nach Jesu Kreuzigung war die Tatsache, dass auch am Karsamstag die Sonne wieder aufging, ein ermutigender Hinweis für die Treuen, dass es einen Ostersonntag geben wird.

Wiederum zweitausend Jahre später stärkt die Tatsache, dass die Sonne auch heute Morgen aufging und dass auf den Sommer erneut der Herbst folgte, unsere Gewissheit, dass Jesus wiederkommen, dass die Ordnung in der Schöpfung wieder aufgerichtet und dass die zerrüttete Gemeinde wiederhergestellt wird. Wir sollten trauern. Wir können aber noch weit mehr tun, als zu trauern.

ZUM NACHDENKEN

1. Wo siehst du Gründe, in der Gemeinde entmutigt zu sein?
2. In welcher Hinsicht sehnst du dich danach, dass Gott sein Volk heute rettet?
3. Wie hilft dir dieser Psalm, für diese Dinge zu beten?

PSALM 84 UND 87

10. FREUDE AN DER HEIMAT

In Kapitel 9 haben wir die beiden Klagepsalmen betrachtet, mit denen Buch III der Psalmen beginnt. Nun sehen wir uns zwei Psalmen aus dem gleichen Buch an, die in einem gewissen Kontrast dazu stehen. In ihnen bringen wir unsere Freude an *»Zion«* zum Ausdruck.

Sowohl Psalm 84 als auch Psalm 87 besingen leidenschaftlich Zion, die Stadt, die *»auf den heiligen Bergen«* gegründet ist (87,1; vgl. 2,6). In der biblischen Bildsprache ist damit all das gemeint, was das Jerusalem des Alten Bundes vorschattete: der Ort, an dem sich Gottes Volk unter Gottes gesalbtem König versammelt und sich aufgrund der Opfer am Zugang zu Gott erfreuen darf. Das Neue Testament zeigt deutlich, dass all dies im Herrn Jesus Christus und seinem Volk erfüllt ist. In Hebräer 12,22–24 legt der Autor dar, dass der *»Berg Zion«* in der Versammlung der Gemeinde Christi erfüllt wird. Inspiriert durch Psalm 84 schrieb John Newton seinen bekannten Choral »Glorious things of thee are spoken, Zion, city of our God« (dt. »Herrlich tönt von dir die Kunde, Zion, unseres Gottes Stadt«; Übersetzung: Christian Skau). Newton geht darin zu Recht davon aus, dass Zion heute die Gemeinde Jesu Christi aus Juden und Heiden meint, die sich um den Christus versammelt und sich aufgrund seines Opfers am Zugang zum Vater erfreuen darf.

PSALM 84

Psalm 84 wurde höchstwahrscheinlich zum ersten Mal von Pilgern gesungen, die unterwegs nach Zion waren. Obwohl dieses später zerstört wurde, glauben wir, dass die Verheißungen, die Gott mit *»Zion«* verknüpft hat, erfüllt werden.

EIN LIED, DAS UNSERE HERZEN BEWEGT

»Die Sehnsucht ist in diesem Psalm allgegenwärtig« (Kidner, *Psalms*, Bd. 2, S. 302). In Psalm 84 geht es weniger um Fakten (obwohl es Fakten gibt), sondern vielmehr um Gefühle. Wenn wir in diesen Psalm einstimmen, steigen in uns Wärme und Freude auf. Er liefert nicht nur Informationen für unseren Verstand, sondern erwärmt unser Herz. Im 16. Jahrhundert vermerkte Johannes Calvin in seinen Artikeln zur Ordnung des Gottesdienstes in Genf:

> *»Die Gebete der Gläubigen sind bei unserer Art zu beten ja derart kalt, daß uns dies tief beschämen muß. Die Psalmen können uns dazu ermutigen, unsere Herzen zu Gott zu erheben. Sie können in uns das Verlangen entfachen, seinen herrlichen Namen anzurufen und durch unser Lob zu erheben.«*
>
> *(Reformatorische Anfänge: 1533–1541, S. 125)*

Diese Wärme haben wir heute nicht weniger nötig als die Genfer Gemeinde im 16. Jahrhundert.

Wir wissen nicht, wann dieser Mann von den Söhnen Korachs den Psalm schrieb. Er könnte ihn vor dem babylonischen Exil geschrieben haben, als der Tempel Salomos noch stand und die Pilger zu den Festen des Alten Bundes dorthin strömten. Der erwähnte *»Frühregen«* (V. 7) ist vielleicht ein Hinweis auf das Laubhüttenfest. Es scheint noch einen *»Gesalbten«* auf dem Thron zu geben (V. 10) – einen König aus Davids Geschlecht. Allerdings wurde der Psalm auch während des Exils und danach weiter gesungen, als man keinen König aus Davids Geschlecht mehr hatte (jedoch nach dem Exil immerhin einen zweiten Tempel). Er hat nun seinen Platz in Buch III gefunden, was andeutet, dass er für eine Zeit des Exils besonders passend ist. Der Psalm ist ein Lied für Gläubige aller Zeiten, die als *»Fremdlinge«* (1 Petr 1,1) weit entfernt von ihrer endgültigen Heimat leben.

Es ist am einfachsten, den Psalm in drei Teile zu gliedern (V. 2–5, 6–8 und 9–13). Jeder Abschnitt enthält eine Seligpreisung (V. 5.6.13) und jeder Abschnitt weckt in uns eine bestimmte Facette der Sehnsucht.

SEHNSUCHT NACH DEM GLÜCK DER HEIMAT

Das Lied wird von einem Einzelnen gesungen: von jemandem, der – wie immer in den Psalmen – durch den Geist Gottes und damit durch den Geist Christi redet. Er beginnt mit einem Ausruf: *»Wie lieblich …«* (V. 2). Das Wort, das mit *»lieblich«* übersetzt wird, bezieht sich weniger auf die objektive Schönheit seines Gegenstands (obwohl er schön ist), sondern mehr auf seine Liebe dazu. Er sagt also: »Wie sehr liebe ich deine Wohnungen, mein Gott! Es gibt keinen Ort, an dem ich lieber wäre.« Mit den *»Wohnungen«* ist die Stiftshütte und dann der Tempel des HERRN in Jerusalem gemeint. Das war der Ort, an dem der Herr der Heerscharen (*»HERR Zebaoth«*, der Bundesgott mit unvergleichlich großen Heeren) seine Gegenwart auf Erden kundtat.

Vers 3 verstärkt den Ausdruck dieser Sehnsucht. Dieser Gläubige *»verlangt und sehnt sich«* nach diesem Ort. Seine *»Seele«* (sein inneres Wesen) und auch sein *»Leib«* (seine körperliche Existenz) *»freuen sich«* daran, weil man an diesem Ort den *»lebendigen Gott«* finden kann. Der lebendige Gott ist die Quelle allen Lebens, das wirklich Leben ist. Dieser Gläubige ist mit seiner ganzen Person voll und ganz auf den lebendigen Gott ausgerichtet, der sich zu jener Zeit im Tempel offenbarte. Seine Gefühle und seine Sehnsucht sind Gott zugewandt. Nichts an diesem Gläubigen erhofft sich aus irgendeiner anderen Quelle Leben oder irgendetwas sonst, das das Leben lebenswert macht.

Als er sich an die Vorhöfe des Tempels unter offenem Himmel erinnert, wandern seine Gedanken zu dem *»Vogel«* und der *»Schwalbe«*, die dort nisteten (V. 4a). Vielleicht ist damit die Überlegung verbunden, dass der *»HERR Zebaoth«* trotz all seiner unendlichen Macht und Größe auch für das kleinste Geschöpf sorgt. Jesus sagte später, dass ohne den Vater nicht einmal ein Sperling zur Erde fällt (vgl. Mt 10,29). Das ist der Ort, an dem auch die Schwächsten und Verletzlichsten geliebt und versorgt werden. Welch ein *»lieblicher«* Ort! Dieser Gedanke war vielleicht ein Trost für jene, die ein Kind verloren hatten, sei es nach der Geburt oder im Mutterleib. Wie es ein Zuhause für den Sperling gibt, so gibt es ein Zuhause für dieses kleine Leben, denn das kleinste ungeborene Kind ist weit mehr wert als ein Sperling.

Der Verweis auf die *»Altäre«* (Ps 84,4) erinnert uns daran, dass die Schönheit dieses Ortes paradoxerweise untrennbar mit der Darbringung blutiger Sündopfer verbunden war. Nur weil auf den Altären Opfer dargebracht wurden, erhielten sündige Menschen einen gewissen Zugang zum lebendigen Gott. Nur wegen der Altäre konnte dieser Gläubige Gott mit *»mein König und mein Gott«* (V. 4) ansprechen. Das Wort *»mein«* weist auf eine im Bund verankerte Loyalität hin. Schlussendlich sollte es einmal ein vollkommenes Opfer geben, das vom König selbst für sein Volk dargebracht wurde. Dieser große König war sowohl Priester als auch Opfer. In ihm gibt es die vollständige und endgültige Vergebung und den wahren Zugang zu Gott.

Vers 5 blickt sehnsüchtig zurück (und vielleicht auch in die Zukunft). Er spricht eine Seligpreisung aus – die erste von drei Seligpreisungen in diesem Psalm: *»Wohl denen, die in deinem Hause wohnen«* (nämlich im Tempel). Solche Menschen sind beständig von frohem und tief empfundenem Lobpreis erfüllt.

All diese Sehnsüchte finden ihre Erfüllung in Jesus Christus, dem Einen, der größer als der Tempel ist (vgl. Mt 12, 6). Er ist das Opfer, das für Sünder auf dem Altar dargebracht wurde (vgl. Hebr 9, 28). Er ist der Ort, an dem Gott auf Erden wohnte (vgl. Joh 1, 14). Er ist der Eine, in dem Gott, der Vater, auf Erden von Sündern gefunden wird (vgl. Eph 2, 18). Er ist der Eine, in dem das Leben des lebendigen Gottes erschien (vgl. 1 Joh 1, 2). Heute ist die Gemeinde Jesu Christi durch seinen Geist der Tempel des lebendigen Gottes (vgl. 1 Kor 3, 16). Hans-Joachim Kraus schreibt dazu:

> *»Ps 84 findet seine Erfüllung in dem neutestamentlichen [›in Christus‹]. In Jesus von Nazareth ist das Leben erschienen [1 Joh 1, 2]. Hier hat Gott ›Wohnung‹ genommen [Joh 1, 14]. Die Gemeinde Jesu Christi, in der der erhöhte Herr gegenwärtig ist, tritt an die Stelle des alttestamentlichen Heiligtums. Zugleich aber weist der alttestamentliche Psalm hin auf das ›neue Jerusalem‹ einer endgültigen und unaufhebbaren Gottesgemeinschaft [Offb 21, 3 f. und 10 ff.].«*
> *(Psalmen, Bd. 2, S. 587)*

Wenn wir Psalm 84, 2–5 aus der Perspektive der Erfüllung in Christus beten, bringen wir damit die Sehnsucht unserer Herzen zum Ausdruck und vertiefen sie zugleich. Es ist die gleiche Sehnsucht, mit der sich Jesu Herz nach seiner Gemeinde und vor allem nach dem Neuen Jerusalem sehnt, das vom Himmel auf die Erde herabkommen und für alle Ewigkeit der Wohnort Jesu und seines Volkes sein wird. Menschen haben ein natürliches Verlangen, »nach Hause zu kommen« – besonders nach einer längeren Abwesenheit oder nach einem langen, anstrengenden Tag. Kein Wohnort dieses Zeitalters kann jedoch unser endgültiges Zuhause sein – egal, wie viele Erinnerungen damit verknüpft sind oder wie glücklich es auch sein mag. Die Sehnsucht eines Gläubigen sollte darauf gerichtet sein, endgültig nach Hause zu kommen, in dem Sinn, dass wir mit Jesus im neuen Jerusalem leben, welches der neue Himmel und die neue Erde ist. Wie sehr werden wir diesen wunderbaren Ort der Fürsorge, Sicherheit und Schönheit lieben!

AUSSCHAU HALTEN NACH DEM GLÜCK DER PILGERSCHAFT

Auch wenn der glücklich zu preisen ist, der zu Hause *sein* darf (V. 2–5), bedeutet es ebenso Glück, nach Hause zu *gehen* bzw. sich auf der Pilgerreise zu befinden. Das ist das Thema der Verse 6–8, zu denen die zweite Seligpreisung gehört (V. 6). Hier werden Menschen beschrieben, die ihre *»Stärke«* (oder »Zuflucht«) in dem Gott finden, welcher zu Zion wohnt, und die *»von Herzen dir [Gott] nachwandeln«*. Im Zusammenhang ist hier das Wandeln auf dem Weg nach Zion gemeint. Somit gibt die Formulierung der NGÜ den Sinn der Aussage richtig, wenn auch nicht wörtlich, wieder: *»deren Herz erfüllt ist von dem Wunsch, zu deinem Heiligtum zu pilgern«*.

Der Punkt ist, dass die, deren Liebe Zion gilt, nicht aufhören können, an die Reise nach Zion zu denken. Weil sie ihr Zuhause lieben, möchten sie, dass jeder Schritt in ihrem Leben sie ihrem Zuhause näherbringt. Sie wandern nicht ziellos durch dieses Leben, sondern sind willentlich, absichtlich und bewusst auf dem Weg nach Hause. Wie ein Pilger, der zu einem der großen Feste des Alten Bundes hinauf nach Jerusalem zog, ist ihr Herz beim Gang durch ihr Leben auf das herrliche Ziel ausgerichtet.

Es wird keine leichte Reise sein. Es gibt Zeiten, in denen sie durch das *»dürre Tal«* (V. 7) ziehen müssen – durch einen leblosen und trockenen Ort der Traurigkeit und des Weinens. Daher ist es bedeutsam, wenn der Autor schreibt, dass *»es ihnen zum Quellgrund«* wird und *»Frühregen … es in Segen«* hüllt (V. 7). Damit wird auf poetische Weise ausgedrückt: Wenn jemand, dessen Herz von der Liebe zu Zion erfüllt ist, durch trockene und tote Täler zieht, wird er diesen ziemlich rauen und traurigen Ort so verwandeln, dass dort Leben spendendes Wasser fließt. Ein Ort oder eine Zeit, die von Natur aus lebensfeindlich sind, werden verwandelt – einfach nur, weil jemand hindurchzieht, in dessen Herz die Pilgerwege nach Zion sind!

Diese Menschen werden auf ihrer Reise *»von einer Kraft zur andern«* gehen, bis sie am Ende ihrer Pilgerschaft vor dem *»wahren Gott in Zion«* erscheinen (V. 8). Sie – wie auch wir – werden älter und verfallen äußerlich, werden krank oder erleiden Verfolgung. Uns trifft das Elend der Sünde und die Konsequenzen der Sünde in einer zerbrochenen Welt. Innerlich erfahren wir dagegen eine wunderbare tägliche Erneuerung durch den Geist Gottes (vgl. 2 Kor 3,18). Diese Segensgabe für die Reise nach Hause ist auf ihre Weise ebenso wunderbar wie die Segnungen, die uns zu Hause erwarten. Das Singen dieses Psalms wird in uns diese Sehnsucht nach der Heimat solchermaßen wecken, dass wir unser ganzes Leben als Weg zum neuen Jerusalem betrachten können. Dort werden wir bei Gott wohnen, weil es Jesus, unseren Retter, gibt.

SEHNSUCHT NACH DEM MESSIAS

Psalm 84,9–10 kommt überraschend. Plötzlich und ohne ersichtlichen Grund betet der Vorsänger für den Messias – und lädt uns implizit ein, ebenfalls für ihn zu beten. Derjenige, den er *»unser Schild«* nennt, ist identisch mit der Person *»deines Gesalbten«*. Letzteres heißt auf Hebräisch *Messias* und auf Griechisch *Christus*. Im Horizont der alttestamentlichen Geschichte war das der König – jeder König – aus dem Geschlecht Davids. Gottes Volk sang das Lied aber auch während des Exils und danach, als es keinen solchen König mehr gab. Daran zeigt sich, dass sie von einem zukünftigen König sangen

– des großen Davids größerem Sohn. Es wird darum gebetet, dass Gott auf seinen Messias blicken, *»das Antlitz [deines] Gesalbten«* ansehen möge, was so viel bedeutet, wie seine Gunst und seinen Segen über ihn zu ergießen. Warum? Weil all der Segen Zions und all der Segen der Reise nach Zion nur aufgrund des gesalbten Königs und nur in Einheit mit ihm zu finden sind. Der alttestamentliche Gläubige betete um Gottes Gunst für den König. Wir wissen, dass diese Gunst in ihrer göttlichen Fülle auf Jesus ruhte, dem geliebten Sohn Gottes und größeren Sohn Davids. Wir beten nun dieses Gebet: dass die Gunst Gottes auf dem Volk des Gesalbten ruhen möge – auf der Gemeinde Jesu Christi.

Der Schlüsselbegriff der Verse 11–12 ist »gut«. Was im ersten Teil von Vers 11 mit *»besser«* übersetzt wird, lautet wörtlich »mehr *gut* als …« (das hebräische Wort für »gut« kommt auch hier vor). In den *»Vorhöfen«* Gottes ist dermaßen viel Gutes bzw. solcher Segen zu finden, dass alles sonstige Gute aus anderer Quelle bis zur Bedeutungslosigkeit verblasst (V. 11). Die Zeit folgt im Tempel anderen Gesetzen, denn ein Tag des wahren Segens dort ist unvergleichlich viel mehr wert als alle sogenannten Segnungen, die außerhalb von Christus – der die Erfüllung des Tempels ist – zu finden sind. Das Wort »gut« beinhaltet allerdings mehr als nur Vergnügen oder Freude: Wie das Ende von Vers 11 zeigt, ist es untrennbar mit moralischem Gutsein verknüpft – es ist das Gegenteil von den *»Zelten der Frevler«*.

Der Bundesgott ist *»Sonne und Schild«* in Zion, eben weil Zion der Ort des gesalbten Königs, des Messias ist, der Gottes *»Schild«* für uns ist (V. 10 ELB). Der HERR *»gibt Gnade«* (V. 12), weil er das Gebet, mit Gunst auf seinen gesalbten König zu blicken, erhört (V. 10). Das Volk des Königs erhält sämtlichen Segen Gottes einzig und allein deshalb, weil dieser zuerst in unbegrenztem Maß auf Christus, unseren König, ausgegossen wurde. Er ist der einzig wirklich Fromme, dem Gott *»kein Gutes mangeln«* lässt. In ihm – und nur in ihm – ist aller geistlicher Segen des wahrhaft Guten zu finden (vgl. Eph 1, 3). Er ist der Eine, der als wahrer Mensch auf Erden wandelte und dabei unerschütterlich auf den HERRN Zebaoth vertraute (Ps 84, 13). Daher ist er der vorrangige Empfänger des Segens vom Vater und der Eine, in dem und durch den all dieser Segen auf uns, sein Volk, ausgegossen wird.

Die Zusage, dass Gott den Frommen *»kein Gutes mangeln lassen«* wird (V. 12), war zu allen Zeiten für viele leidende Gläubige eine kostbare Verheißung. Für jeden, der in Christus ist – in dem Einen, der unsträflich war –, trifft es zu, dass Gott uns nichts anderes als nur Gutes gibt. Manchmal ist das schwer zu glauben, wenn uns unerklärliche und oft sehr schmerzhafte Verletzungen zugefügt werden. Auch für Jesus von Nazareth war es sicherlich nicht leicht zu glauben. Dennoch ist es wahr. Es war für ihn wahr, und es ist für uns wahr. Gott, unser himmlischer Vater, wird uns niemals etwas anderes geben als das, was er in seiner unendlichen Weisheit und Güte als das wahrhaft Beste für uns erkannt hat. Wir werden oft nicht verstehen, warum das so ist – und doch ist es so. Wenn wir dieser Verheißung vertrauen, brechen unerwartete Quellen des Leben spendenden Wassers für uns auf – während wir durch das dürre Tal ziehen und von Herzen den Tag herbeisehnen, an dem der Wohnort Gottes endlich auch unser Wohnort sein wird.

ZUM NACHDENKEN

1. Wie kannst du es praktisch umsetzen, dass jeder Schritt in deinem Leben ein Schritt hin zur neuen Schöpfung ist?
2. In welcher Hinsicht musst du den Heiligen Geist bitten, dich zu erneuern und auf dem Weg zu stärken?
3. Wie kannst du andere Christen ermutigen, ihren Weg mit Gott weiterzugehen?

PSALM 87

DIE SEHNSUCHT, DAZUZUGEHÖREN

Zu wem gehörst du? Wo willst du wirklich dazugehören? Die Sehnsucht nach Zugehörigkeit ist tief in unserem Menschsein verwurzelt. Sei es der Wunsch nach einem festen Platz in einer intakten Familie (eine Quelle der Not für so viele, die das nicht haben) oder das Streben nach der Staatsbürgerschaft in einem begehrten Land (viele Flüchtlinge bringen dafür kostspielige Opfer) – wir alle möchten irgendwohin gehören. Jemand sagt vielleicht: »Ich wünschte, ich wäre woanders geboren.« Ein anderer sagt: »Wenn ich dort nur dazugehören würde!«

In Psalm 87 steckt die wunderbarste Nachricht: das Angebot einer neuen Geburtsurkunde, die uns bescheinigt und garantiert, dass wir Bürger des begehrenswertesten Ortes überhaupt sind.

EIN LIED VON ZION

Dieses wunderbare Zionslied wurde gesungen – und vielleicht auch geschrieben –, als Zion wenig oder keine sichtbare Herrlichkeit besaß. Seine Platzierung in Buch III der Psalmen deutet darauf hin, dass es in die Zeit des babylonischen Exils passte. Unmittelbar zuvor steht mit Psalm 86 ein alter Psalm *»Davids«*. Er wurde vermutlich hier eingefügt, um an die Bedrängnisse des gesalbten Königs zu erinnern – Bedrängnisse, die nun sein Volk im Exil erlebt. Im Anschluss finden wir mit Psalm 88 eine tiefe Klage. Danach feiert Psalm 89 zunächst den Bund mit Davids Geschlecht, aber beweint dann den (augenscheinlichen) Bruch des Bundes mit dem Ende der Monarchie zur Zeit des babylonischen Exils.

Es ist also sehr bemerkenswert und überraschend, ausgerechnet hier Psalm 87 mit seiner jubelnden Freude über Zion zu finden. Calvin schreibt:

> *»Da die elende und traurige Lage der Gemeinde [des Alten Bundes], wie sie seit der babylonischen Gefangenschaft bestand, fromme Herzen entmutigen konnte, so verheißt hier der heilige Geist eine wunderbare ... Wiederaufrichtung derselben, infolge deren man keinen größern Wunsch kennen werde, als unter ihre Mitglieder gezählt zu werden.«*
>
> *(Johannes Calvins Auslegung der Heiligen Schrift, Bd. 5, S. 141)*

Darum können auch wir dieses Lied singen, wenn wir aufgrund der sichtbaren Not der Kirche Christi heute entmutigt sind.

AUF UNVERÄNDERLICHE LIEBE GEGRÜNDET

Diese Stadt ist *»fest gegründet auf den heiligen Bergen«* (Ps 87,1) – hier ist von Sicherheit die Rede. In der biblischen Bildsprache ist ein Berg – wie auch in der greifbaren Realität – ein stabiler Ort. Mit den *»heiligen Bergen«* ist der Gebirgszug gemeint, der als Gottes Eigentum abgesondert ist. Im Alten Vorderen Orient sprach man manchmal von einem märchenhaften Götterberg – man denke an den Olymp der späteren Griechen und Römer. Er wurde manchmal der »Berg im fernsten Norden« genannt. Im Alten Testament würdigt Gott dagegen die Hochebene, auf der Jerusalem erbaut ist, und verleiht ihm diese Bedeutung. Das ist der Ort, an dem Gott seinen Bund mit David und seinem Königsgeschlecht verkündet (2,6), mit den gesalbten Messiassen der alttestamentlichen Geschichte, die im endgültigen Messias ihren Höhepunkt finden sollten.

Psalm 87,1 klingt am Ende von Vers 5 erneut an: *»[E]r selbst, der Höchste, erhält es.«* Der Psalm betont also zweifach die Stabilität dieser von Gott gegründeten und befestigten Stadt.

Die Gemeinde Christi ist fest in dieser Bundesverheißung Gottes an Christus »gegründet«. Sie ist daher der Ort (oder das Volk), den *»der HERR liebt«* (V. 2): Das Wort *»liebt«* steht hier im Präsens und meint unveränderliche Liebe. (VanGemeren schreibt, dass die Verwendung des hebräischen Partizips hier »die Beständigkeit seiner Liebe zu Zion bestätigt«; *Psalms,* S. 655.) Die *»Tore«* einer antiken Stadt waren nicht einfach nur der Eingang durch die Stadtmauer, sondern Brennpunkte des Handels, der Regierung und der Rechtsprechung. Daher stehen die *»Tore Zions«* für Zion als Ganzes, ähnlich wie wir vielleicht vom »Kreml« sprechen und damit ganz Moskau oder sogar ganz Russland meinen.

Die Kirche Christi (*»Zion«*) verdankt ihre unerschütterliche Stabilität der unveränderlichen Bundesliebe Gottes zu ihrem König und daher zu ihrem ganzen Volk. Ihre Sicherheit basiert nicht darauf, dass ihr Volk stark oder beeindruckend wäre, denn wir sind (größtenteils) weder das eine noch das andere. Nein, unsere Sicherheit als Gemeinde Christi beruht nicht auf unserer Güte, unserer Moral, unserer Kraft oder unseren Fähigkeiten, sondern vollständig auf der unverdienten Liebeszusage Gottes an uns in Christus. Gott, der Vater, liebt den Herrn Jesus Christus mit unverbrüchlicher Liebe, und das seit aller Ewigkeit. Diese Liebe wurde auf uns als Gläubige in Christus ausgeweitet. Wenn wir in Christus sind, gehören wir zu einer Stadt, deren Baumeister und Schöpfer Gott ist (vgl. Hebr 11,10).

Gerade weil die Gemeinde Christi auf der gnädigen Liebe Gottes beruht, kann sie die wunderbare Versammlung sein, die nun in Psalm 87,3–6 gefeiert wird. Würde sie auf irgendwelchen menschlichen Leistungen oder Vorrechten beruhen, wäre sie ein ganz anderer und viel begrenzterer Leib.

VON HERRLICHER VIELFALT GEPRÄGT

—

Vielfalt und Inklusion sind Parolen der heutigen liberalen Kultur. »Wir sind eine inklusive Kirche«, verkünden manche. Oft ist damit gemeint, dass man moralische Standards akzeptiert, die von denen der Bibel abweichen. Das führt zu einer Vielfalt, die unter Gottes Gericht steht. Die Gemeinde sollte sehr wohl von Inklusion geprägt sein, doch diese sollte der Inklusion des Evangeliums entspringen: Zion ist die geistliche Heimat von Menschen, die auf der ganzen Welt leben. Das ist die Herrlichkeit Zions.

Die Verse 3–7 sind wie ein Sandwich aufgebaut. Im Hebräischen steht für *»von dir«* (V. 3) und *»in dir«* (V. 7) dasselbe Wort. Vers 4 und Vers 6 enden jeweils mit den Worten: *»Die sind dort [in Zion] geboren«*, und in der Mitte jubelt Vers 5: *»Ein jeder ist dort geboren.«*

Vers 3 ist die Überschrift dieses Abschnitts. Zur Zeit des Exils und auch nach dem Exil konnte niemand ernsthaft behaupten, dass in Zion *»herrliche Dinge«* zu *sehen* seien. Die Stadt war komplett zerstört, der Tempel dem Erdboden gleichgemacht und die Monarchie beendet. Nach dem Exil wurde ein zweiter Tempel gebaut, der aber viel unscheinbarer war als Salomos Tempel (vgl. Hag 2,3), denn es war ein *»Tag der geringen Anfänge«* (Sach 4,10). Nein, Zion sah damals nicht beeindruckender aus als die Gemeinde Christi heute. Dennoch *»sagte«* man *»herrliche Dinge«* von ihr – in Prophetien und in diesem vom Geist inspirierten Lied. Ganz wie John Newton es im Titel seiner Hymne formulierte: »Glorious things of thee are spoken, Zion, city of our God« (dt. »Herrlich tönt von dir die Kunde, Zion, unseres Gottes Stadt«).

Was sind diese herrlichen Dinge? Das erfahren wir in Psalm 87,4–6. Vielleicht überrascht es dich: Bei der Pracht Zions – der Herrlichkeit der Gemeinde Jesu Christi – handelt es sich um die erstaunliche und wunderbare Liste von Menschen, denen das Bürgerrecht in ihr gewährt wird. Die Gemeinde Jesu Christi wird das einzige wirklich weltumspannende Volk der Erde sein – und es steht dafür bereits in den Startlöchern.

In Vers 4 erhalten wir repräsentative Beispiele, welche Arten von Menschen zu den Bürgern Zions zählen werden. Zuerst sehen wir zwei alte Feinde: *»Ägypten«*, das im hebräischen Original und in manchen Übersetzungen als »Rahab« bezeichnet wird. Das ist der Name eines sagenhaften Ungeheuers aus alten Erzählungen über die Erschaffung der Welt, das auf der ganzen Welt sein Unwesen trieb. Die Verfasser des Alten Testaments griffen diese heidnischen Geschichten auf und verwendeten Rahab als spöttischen Spitznamen für das alte Ägypten. Sie meinten damit zunächst das Ägypten zur Zeit des Auszugs und dann später die lokale Supermacht, die für das Volk Gottes eine Versuchung darstellte, sein Vertrauen auf sie zu setzen und mit ihr ein Bündnis einzugehen (z. B. Ps 89, 11; Jes 30, 7; 51, 9–10; Hiob 26, 12). *»Babel«* bzw. Babylon war die unterdrückerische Macht, die das Volk ins Exil geführt hatte. Sowohl Ägypten als auch Babylon waren in dieser Bildsprache und aufgrund der historischen Erinnerungen an den Auszug und das Exil Orte, die für massive Feindseligkeit gegen den Bundesgott Israels standen. In Psalm 87, 4 entdecken wir nun, dass eines Tages Menschen aus ebendiesen Orten, die Gottes Feinde gewesen waren, ihre Knie vor Gottes gesalbtem König beugen werden. Man wird sie zu den Menschen zählen, die zu jenem Königreich gehören, über das sie einst gespottet hatten. Auch wenn sie von Natur aus Gottes Feinde gewesen waren, werden sie dann mit ihm versöhnt sein (vgl. Röm 5, 9–11).

Zweitens haben wir hier jemanden, den man als altes Ärgernis bezeichnen könnte: Zu Zeiten von König Saul und König David waren *»die Philister«* lange ein wunder Punkt für das Volk Gottes. Sie hatten das Volk Gottes durch fortwährende Raubüberfälle auf sein Land zermürbt. Doch diese Menschen werden nun den König anerkennen, der in der Erbfolge jener Monarchen regiert, die sie so geplagt hatten.

Dann gibt es da noch die *»Tyrer«*. Tyrus war eine reiche Handelsstadt – ein Ort, an dem die Menschen Reichtum, Karriere und weltlichen Erfolg anbeteten. Diese Menschen hielten sich vielleicht gar nicht für Feinde des Volkes Gottes. Dennoch bedeutete ihre Anbetung des Reichtums direkt im Norden des verheißenen Landes eine langanhaltende Verführung, die das Volk Gottes von der ungeteilten Hingabe an den Bundesgott weglockte. Auch sie, die scheinbar alles haben, werden sich von der Anbetung des Reichtums abwenden und nach Zion kommen.

Schließlich sind da noch die Kuschiter. Kusch lag vielleicht in Oberägypten oder Äthiopien. Es war ein weit entfernter Ort, dessen Bewohner eine andere Hautfarbe hatten und zu einer völlig anderen Volksgruppe gehörten. Das war, wie es Geoffrey Grogan ausdrückt, »der äußerste Rand von Israels Welt« (*Psalms*, S. 153). Auch dieses Volk, das geographisch und kulturell so unendlich fern vom Bundesgott und seinem Volk schien, wird die Knie vor Gottes gesalbtem König beugen.

Über all diese multiethnischen und derart unterschiedlichen Leute wird man sagen: *»Die sind dort [in Zion] geboren«* (Ps 87,4). Von Natur aus sind sie zwar in Ägypten, Babylon, Philistäa, Tyrus oder Kusch geboren – doch sie bekommen nicht nur ein Besuchervisum für Zion, sondern das Bürgerrecht. Tatsächlich wird ihnen sogar eine neue Geburtsurkunde ausgehändigt. Wir können uns vorstellen, wie jemand auf seinen Grabstein schreibt: »Geboren in Tyrus, wiedergeboren in Zion«, und ein anderer schreibt auf seinen: »Geboren in Kusch, wiedergeboren in Zion«. Wenn die grausamen assyrischen Herrscher eroberte Völker deportierten, dann siedelten sie diese als Sklaven um und schrieben über sie Aussagen wie: »Ich zählte sie zu den Assyrern.« Etwas viel Besseres schreibt der Gott Israels, der Gott und Vater Jesu, über dich und mich und über diese wunderbare Mischung von Männern und Frauen, die nichts davon verdient haben: »Ich zählte sie zu meiner Familie, meinem Volk; ich gab ihnen eine neue Geburtsurkunde, auf der geschrieben steht: ›Wiedergeboren in Zion‹, einschließlich aller dazugehöriger Privilegien.«

In den Versen 5 und 6 wird die neue Geburt dieser erstaunlichen Vielfalt von Menschen deutlich betont: *»Ein jeder ist dort geboren.«* Hier klingt eine gewisse Verwunderung mit. Der Dichter sieht sich die einzelnen Leute in seiner prophetischen Schau an und fragt: »Was? Er soll ein Bürger Zions sein? Wie bitte? Sie ist in Zion eingebürgert?«

Jawohl, sie wurden eingebürgert – wie auch wir. Diese Einbürgerung geschah durch eine persönliche Anordnung aufgrund der Liebe des Vaters, wie Vers 6 deutlich macht. Gott selbst schreibt ihre Namen – unsere Namen – in das Verzeichnis der Bürger Zions: » ______________ [füge hier ehrfürchtig staunend deinen Namen ein] ist in Zion geboren.« Wir erwidern: »Aber ich dachte, ich wurde in Babylon geboren, als Kind Adams, durch Sünde verdorben, Gott fern – jemand, der Gottes Zorn verdient hat und ohne Hoffnung in der Welt ist (vgl. Eph 2,3.12).« »Nein«, sagt der Vater liebevoll, »du wurdest in Zion wiedergeboren, im Volk Jesu, meines geliebten Sohnes. Jetzt bist du sein und deshalb für immer mein Kind.« In einem gewissen, wunderbaren Sinn trug Gott, der Vater, deinen und meinen Namen vor aller Ewigkeit in das Verzeichnis Zions ein. In gewissem Sinn schrieb Gott aber auch an dem Tag, an dem wir zum ersten Mal auf Jesus als unseren Herrn und Retter vertrauten und wiedergeboren wurden, unseren Namen in das Verzeichnis – wie ein Standesbeamter die Geburtsurkunde eines Neugeborenen ausstellt.

Jahrhundertelang – vielleicht über ein halbes Jahrtausend hinweg – sangen Gläubige dieses Zionslied, obwohl es kaum ein Anzeichen gab, dass diese Dinge jemals wahr werden könnten. Rut, die Moabiterin, kam nach Zion, ebenso Rahab, die Prostituierte aus Jericho, und zur Zeit Jonas einige Menschen aus Ninive. Im Großen und Ganzen war Zion aber ziemlich weit davon entfernt, der herrliche Ort zu sein, den dieses Lied besingt. In gewisser Weise ist dieser Psalm fast eine Auslegung der Verheißung in Psalm 86,9 an David (die wiederum ein Widerhall des Bundes mit Abraham ist): *»Alle Völker, die du gemacht hast, werden kommen und vor dir anbeten, Herr«*.

Dann aber geschah es ziemlich plötzlich, dass Zion begann, sichtbar herrlich zu werden. Aus historischer Perspektive passierte es im Handumdrehen. Seit dem Pfingsttag werden Menschen auf der ganzen Welt nach Zion hinein wiedergeboren – in das Volk Jesu

Christi. Menschen, die unterschiedliche Sprachen sprechen, sehr verschiedenen Kulturen angehören und aus allen sozialen Schichten stammen – ihnen wird nun das Bürgerrecht in Zion gegeben, wenn sie durch den Geist Christi von oben geboren und ihre Namen in das Lebensbuch des Lammes eingetragen werden. Die weltweite Kirche Christi ist trotz all ihrer Probleme ein herrlicher Ort. Wie oft habe ich mich in einer christlichen Versammlung umgesehen und gedacht: »Gäbe es nicht das Werk Christi, dann wäre es völlig unmöglich, eine derart vielfältige Mischung von Menschen freudig zu vereinen. Das ist wirklich die Erneuerung einer zerbrochenen Welt.«

DIE QUELLE ALL UNSERER FREUDE

Somit endet der Psalm sehr passend mit großer Freude: mit einer wunderbaren Versammlung ziemlich überraschender Menschen. Sie musizieren und besingen die große Wahrheit, dass in Zion alle Quellen zu finden sind, die ihre Freude nähren (Ps 87, 7). Alles, was das Leben lebenswert macht, entspringt der Zugehörigkeit zu Zion. Alles! Wir singen nicht: »Ein Teil dessen, worüber sich unser Herz freut, entspringt den Dingen, auf die wir vielleicht in diesem Leben stolz sind – unsere Nationalität, unsere Bildung, unseren beruflichen Erfolg, unsere Familie –, und dann gibt es am Ende noch etwas Raum für ein gewisses Maß an Freude über die Zugehörigkeit zur Gemeinde Christi.« Nein! Alle Quellen, die mein Leben nähren und mir Freude schenken, entspringen der Tatsache, dass ich durch die Neugeburt Teil der Gemeinde Jesu Christi bin. Jene Dinge, die die Welt für kostbar hält – die ich einst für kostbar hielt –, halte ich nun für wertlos gegenüber *»der überschwänglichen Erkenntnis Christi Jesu, meines Herrn«* (Phil 3, 8; vgl. Phil 3, 7–11). Deshalb soll Newtons Hymne mein Lebensmotto sein:

»Herrlich tönt von dir die Kunde,
Zion, unsres Gottes Stadt.

Er, des Wort sich niemals ändert
Formte dich zur Ruhestadt.
Auf dem Fels des Heils gegründet,
Wer kann deinen Frieden stör'n?
Mit des Heiles Maur'n umschlossen
Trotzt du aller Feinde Hohn.

Sieh den Strom lebend'gen Wassers
Aus dem Born der Liebe quill'n,
Deinen Sohn und Tochter laben,
Wehren jedes Mangels Furcht.
Wer wird matt, wo solche Ströme
Fließen ihren Durst zu still'n?
Gnade, die, wie Gott, der Geber,
Nie versaget für und für.«
(Übersetzung: Christian Skau)

ZUM NACHDENKEN

1. Überrascht es dich, dass es als Ausdruck der Herrlichkeit bezeichnet wird, wenn Gott eine Vielfalt von Menschen in sein Königreich holt?
2. Welche Schritte könntest du unternehmen, um in deiner Gemeinde bzw. durch deine Gemeinde noch unterschiedlichere Menschen zu erreichen?
3. Wie reagierst du auf den Gedanken, dass jegliche Freude der Zugehörigkeit zu Gottes Gemeinde entspringt?

PSALM 90 UND 91

—

11. VÖLLIGE SICHERHEIT

In Buch IV (Ps 90–106) herrscht ein anderes Empfinden als in Buch III. Die meisten Psalmen tragen hier keine Überschrift. Man findet wenig bis nichts über einen menschlichen König aus Davids Geschlecht. Die Hauptbetonung liegt auf der Sicherheit und Gewissheit, die für das Volk Gottes aus dem Wissen erwächst, dass der Bundesgott der letztendliche König ist. Seine souveräne Treue ist die Garantie für alle Verheißungen des Bundes.

Diese Psalmen bringen uns zurück in die Vergangenheit Israels, noch vor den Bund mit David, der augenscheinlich gebrochen ist (Ps 89) – zur Geschichte von Gottes Treue, bis zu Abraham und bis in die Zeit Moses hinein. Außerdem bringen sie uns nach oben, über die Hoffnung auf einen irdischen Messias hinaus zum souveränen Gott im Himmel, der Bürge dieser Hoffnung ist. Als Jesus, der gläubige Israelit, diese Psalmen zum ersten Mal sang, müssen sie für ihn eine tiefe Vergewisserung bedeutet haben, dass sein himmlischer Vater in Bundestreue geherrscht hat und schließlich das Ende des Exils herbeiführen wird (106, 47). Das tat er tatsächlich, nämlich durch Jesus selbst (vgl. Mt 1, 1–18). Diese Psalmen sind fast auf die gleiche Weise auch für Christi Gemeinde im Exil (vgl. 1 Petr 1, 1) eine Vergewisserung: Sie zeigen uns, dass wir schlussendlich in und mit Christus in unserem Erbe versammelt werden, das jetzt noch im Himmel für uns aufbewahrt ist (vgl. 1 Petr 1, 4) und eines Tages vom Himmel auf die Erde herabkommen wird (vgl. Offb 21).

PSALM 90

DAS WERK UNSRER HÄNDE WOLLEST DU FÖRDERN!

Sehnst du dich danach, für Jesus etwas Wertvolles zu vollbringen? Möchtest du, dass dein Leben zählt? Wir alle sehnen uns danach (oder sollten es zumindest). Die große Überraschung am Ende von Psalm 90 ist, dass wir berechtigt sind, Gott zu bitten, dem, was wir tun, Ewigkeitswert zu verleihen: *»Ja, das Werk unsrer Hände wollest du fördern«* (V. 17).

Zwar wird dieser Psalm zurecht häufig bei Beerdigungen zitiert, er ist aber immer relevant, wenn wir auf unserem Weg mit dem Herrn schwach und entmutigt sind.

Wer sang dieses Lied? Erstens handelt es sich um ein Gebet Moses. Das ist der einzige Psalm, der mit *»Ein Gebet des Mose«* überschrieben ist. Mose wird »Mann Gottes« genannt, womit im Alten Testament ein Prophet und später im Neuen Testament ein Hirte und Lehrer gemeint ist. In Buch IV erscheint Mose siebenmal (Ps 90,1; 99,6; 103,7; 105,26; 106,16.23.32), außerhalb von Buch IV kommt er nur einmal vor (77,21). Es ist nachvollziehbar, dass Mose das Bedürfnis hatte, diesen Psalm zu beten. Nach seiner Flucht aus Ägypten erlebte Mose zwischen seiner Wartezeit in Midian (wo er vielleicht der verpassten Gelegenheit nachtrauerte, das Volk Gottes zu führen; vgl. 2 Mose 2,11–22) und seinen letzten Minuten auf dem Berg Pisga (als er das Volk nicht in das verheißene Land führen konnte; vgl. 5 Mose 34) in seinem Dienst für Gott viele Zeiten der Frustration und Enttäuschung. Obwohl dieser Psalm also ein Gebet von Mose allein gewesen sein kann, wird der größte Teil im Plural gesprochen, so als würde Mose das Volk Israel während einer Zeit der gemeinsamen Niedergeschlagenheit im Gebet leiten. Der wahrscheinlichste Anlass könnte die Schlangenplage in 4. Mose 21 sein, wo das Volk Mose bat: *»Bitte den HERRN, dass er die Schlangen von uns nehme«* (4 Mose 21, 7). Möglicherweise leitete er sie mit diesem Psalm im Gebet an.

Psalm 90 war ursprünglich ein Gebet Moses, der Gottes Volk bis an die Grenze des verheißenen Landes brachte und natürlich Jahrhunderte vor der Wegführung aus dem Land lebte. Der Psalm steht aber auch am Anfang von Buch IV, das heißt, unmittelbar nach den eindrücklichen Bezügen zum Exil, die Buch III dominierten. Daher ist er auch ein Gebet für die Zeit des Exils. Sowohl während als auch nach dem Exil brauchten Gläubige dringend Ermutigung, um zu sehen, dass sie Gott nicht völlig umsonst dienten, auch wenn es den Anschein hatte.

Zuletzt ist dieser Psalm ein Gebet Jesu. Sicherlich dachte der Herr in den vielen Situationen, in denen sein Dienst enttäuschend und von Misserfolg überschattet war (z. B. in Joh 6, 66; 12, 37), über diesen Psalm nach und betete dafür, dass der Vater das Werk seiner Hände fördern möge.

Wenn Jesus es nötig hatte, diesen Psalm zu beten, dann haben wir es als sein Volk ziemlich sicher auch nötig, ihn für uns selbst zu beten. Wir können den letzten Vers aber nicht beten, ehe wir nicht die ersten sechzehn Verse gebetet haben. Psalm 90, 1–16 ist wie ein Sicherheitsfilter, der uns befähigt, Vers 17 auf die richtige Weise zu beten. Ohne die Verse 1–16 wäre das Gebet, Gott möge mich mit Erfolg krönen, ein gefährliches und egoistisches Gebet.

HEIMATLICHE GEFÜHLE UND NÜCHTERNE REALITÄT

Ein großer Teil des Psalms wird sich auf unsere Vergänglichkeit konzentrieren. Wir beginnen aber mit dem Fokus auf Gott. Im Hebräischen ist das erste Wort der Verse 1–2 *»Herr«* und das letzte Wort *»Gott«*. Ob wir nun ins Exil weggeführt wurden oder im verheißenen

Land leben, unsere schwache und vergängliche Existenz ist in einer unveränderlichen *»Zuflucht«* (wörtl. »Wohnung«) verwurzelt, und die ist Gott. Bevor Gott die Welt erschuf und bevor die Zeit überhaupt begann, *ist* Gott. Er ist das Zuhause all jener, die zu ihm gehören. In einer Familie, die oftmals umgezogen war, sagte ein Kind einmal zu seiner Mutter: »Mama, wo *du* bist, ist Zuhause.« So ist es mit unserem Gott. Er ist unveränderlich, unwandelbar in seinem Wesen, beständig in seiner Vorsehung, gleichbleibend in seinen Neigungen, nicht von Leidenschaften beherrscht und getrieben. In ihm und mit ihm leben wir, inmitten der Veränderungen dieser flüchtigen Welt.

Jesus hatte nichts, *»wo er sein Haupt hinlege«* (Lk 9, 58). Es ist bewegend, sich ihn vorzustellen, wie er diesen Psalm betet und zu seinem Vater sagt: »Du bist meine Wohnung von Ewigkeit zu Ewigkeit.« Auch wir können dies beten, sogar mit dem größeren Reichtum des Neuen Bundes, denn unser Zuhause ist bei dem Vater und dem Sohn, die durch den Geist zu uns kommen, um bei uns Wohnung zu nehmen (vgl. Joh 14, 23). Die Erinnerung, dass der ewige Gott unser Zuhause ist, schenkt uns eine Sicherheit, die uns auf den nüchternen Realismus vorbereitet, der nun folgt.

Du und ich sind ruhelos und unzufrieden, weil wir den Fehler machen, diese Welt für unser Zuhause zu halten. Das sollten wir nicht tun! Der Schöpfer, der uns aus Staub erschuf (vgl. 1 Mose 2, 7), verwob uns im Mutterleib zu einem wunderbar komplexen Organismus (mit erstaunlichen Fähigkeiten!), der durch Nerven, Sehnen, Bänder, Nervenbahnen und eine unüberschaubare Vielfalt von vernetzten Bindegliedern zusammengehalten wird. Staub ist zerfallene Materie. Als der Schöpfer mit vollkommener Gerechtigkeit verkündete, dass wir zum Staub zurückkehren sollen (vgl. 1 Mose 3, 19), verfügte er damit, dass menschliche Existenz stets vom Tod überschattet sein wird. Wir – die wir in unserer zusammengesetzten Form denken, phantasieren, sprechen, lieben, handeln, wünschen und uns freuen – werden eines Tages zerfallen, Zelle um Zelle und Atom um Atom, und wieder zu Staub gemacht. Eines Tages wird der Schöpfer dich und mich aufrufen, zum Staub zurückzukehren: *»Kommt wieder, Menschenkinder!«* (V. 3). An diesem Tag werden wir sterben. Der Tod ist Gottes endgültiges »Nein!« zum menschlichen Stolz (vgl. Jak 4,13–14). John Keats schrieb in seiner Ballade *La Belle Dame Sans Merci*: »Sah Könige, Fürsten, Ritter stehn – So bleich, wie Tod nur bleich sein kann« (*Gedichte*, S. 97). Für wie groß sich Könige und Fürsten auch halten mögen, sie alle werden sterben.

In Psalm 90,4–6 denken wir mit Mose über das Geheimnis der Zeit nach. Wir durchwandern die Zeit wie eine empfindliche Pflanze im heißen Klima des Nahen Ostens, die vielleicht kraftvoll und schön erblüht, doch dann plötzlich – allzu plötzlich – verdorrt. Mays schreibt:

> *»Zeit ist das Material unserer Sterblichkeit und daher der Lieblingsgegenstand unserer Torheit … Die Jungen meinen, sie seien unsterblich, die Alten verzweifeln, weil ihre Zeit vorüber ist.«*
>
> *(Psalms, S. 295)*

Wir sagen, dass die Zeit für uns arbeitet. Doch das tut sie nicht, denn über ihr liegt stets der Schatten des Todes. Wir brauchen diesen nüchternen Realismus in Bezug auf unsere Zerbrechlichkeit, unsere Sterblichkeit, unsere schreckliche Vergänglichkeit. Vielleicht hat man uns in der Kindheit oder als junge Erwachsene große Erwartungen aufgeladen, die uns erdrücken. Vielleicht hofften unsere Eltern, dass wir in einem gewissen Bereich erfolgreich sind und sagten uns das auch – sei es akademisch, musikalisch, sportlich oder beruflich. Wir sollten möglicherweise der Erfolg sein, der ihnen nicht gelang oder zu dem sich ihnen nie die Möglichkeit bot. Uns überkommt große Trauer, wenn wir langsam realisieren, dass wir es nicht schaffen werden, ihre Erwartungen oder unsere eigenen Hoffnungen zu erfüllen.

Es kommt aber etwas noch Schlimmeres als bloße Vergänglichkeit.

TRAURIGE KLUGHEIT UND SICHERER GLAUBE

—

In Vers 12 beten wir mit Mose darum, *»dass wir klug werden«*. Die Verse 7–12 lehren uns diese Klugheit. Die schrecklichen Worte: *»Kommt wieder, Menschenkinder!«* (V. 3), sind ein Rückbezug auf das Gericht Gottes über Sünder in 1. Mose 3, 19: *»Denn Staub bist du und zum Staub kehrst du zurück.«* Daher leitet uns Mose in Psalm 90, 7–9 an, im Gebet zu bekennen, dass der Grund für unsere Vergänglichkeit der gerechte *»Zorn«* und *»Grimm«* Gottes über unsere *»Missetaten«* und unsere *»unerkannte Sünde«* ist.

Wir leben unsere *»Tage«*, aber jeder Tag ist vom Zorn Gottes überschattet: *»wir bringen unsre Jahre zu wie ein Geschwätz«* (V. 9), oder wie ein »Seufzen«. Manchmal sagen wir über jemanden, der in hohem Alter starb: »Er war müde geworden; er war bereit, zu gehen.« Wie groß jemandes Leistungen auch sein mögen, das Sterbebett ist kein geeigneter Ort für Stolz. Selbst wenn wir ein langes Leben (*»siebzig Jahre«* waren für die Antike eine sehr gute Lebenserwartung) oder ein sehr langes Leben (*»achtzig Jahre«*) haben, gibt es so etwas wie den perfekten Tag nicht. Über jedem Tag, selbst dem glücklichsten und besten, liegt ein gewisser Schatten von *»vergebliche[r] Mühe«* – und sei es nur die Angst, dass es nicht so bleiben wird. Das Wort, das mit *»was daran köstlich scheint«* (V. 10) übersetzt wird, meint etwas wie Stolz, Prunk oder strahlende Vitalität. Das kann und wird nicht bleiben.

Warum ist das Leben vom Tod überschattet? Weil wir Sünder sind und in einer Welt unter der Sünde leben. »Wir sind sterblich, weil Gott zornig ist, und Gott ist zornig, weil wir sündig sind« (Michael Wilcock, *The Message of Psalms*, Bd. 2, S. 76). Das stimmt auch nach Christus noch, soweit es unsere *körperliche* Existenz betrifft. Wir haben in Christus Vergebung. Es gibt keine Verdammnis für die, die in Christus sind (vgl. Röm 8, 1). Gott ist nicht mehr zornig auf uns. Wir warten aber noch auf die Erlösung unserer *Körper*, die um der Sünde willen *»tot«* (das heißt: sterblich, sterbend) sind (vgl. Röm 8,10.23). Es ist nicht wahr, dass Christen sich dem Tod nicht stellen müssen. Wir müssen dem Tod begegnen – sowie dem Sterben, der Krankheit, der Schwäche, der Gebrechlichkeit und dem Altern (es sei denn, Jesus kommt zuvor wieder).

Die Verse 11 und 12 lehren uns, darum zu beten, dass wir diese nüchterne Wahrheit gründlich erfassen. Wir müssen anhand unserer Zerbrechlichkeit und Sterblichkeit begreifen, dass Gottes Zorn gegen Sünder glühend und groß ist. Wir müssen unsere Tage zählen und *»bedenken, dass wir sterben müssen«* – wir dürfen nicht vergessen, dass wir Sünder sind, denen vergeben wurde, die für die Erlösung ihrer Körper aber dennoch auf den Tag der Auferstehung warten. Ein Tor lebt, als wäre er unsterblich. Der Kluge hingegen bedenkt jeden Tag, dass er aufgrund der Sünde vergänglich ist. Dann, und nur dann, demütigen wir uns unter die mächtige Hand unseres Gottes.

Der Psalm, der mit unserem ewigen Zuhause begann, hat uns in die Tiefen unserer Zerbrechlichkeit und Schuld geführt. Er endet mit Gottes Gnade. Das Gebet in den Versen 13–17 beruft sich auf die Bundesverheißungen. In Vers 13 finden wir die einzige Verwendung von Gottes Bundesnamen *»HERR«* in diesem Psalm. Mit der Frage *»Bis wann?«* (ELB) wird aufgegriffen, was schon Psalm 89,47 am Ende von Buch III gefragt hat. Die Frage dahinter ist die Frage nach dem Bund: Wird der Bundesgott seinem Bund treu sein – dem kostbaren Bund, von dem (am Ende von Ps 89) anscheinend nur noch Fetzen übrig sind? Wenn am Ende von Ps 90,13 von *»deinen Knechten«* die Rede ist, dann ist das eine Zuschreibung im Rahmen des Bundes. Gemeint ist: »die, die dir gemäß dem Bund als Knechte dienen«. In Vers 14 bitten wir um die *»Gnade«* des Herrn – *chesed*. Wir beten nicht darum, dass Gott nett zu uns sein soll. Wir beten darum, dass er seine Bundesverheißung der Gnade erfüllen möge. Alle Bundesverheißungen, die Noah, Abraham, Mose und David in den jeweiligen Bünden gegeben wurden, finden ihr großes »Ja!« in Jesus Christus (vgl. 2 Kor 1,20). Letztlich leitete Mose das Volk Gottes mit diesen Versen an, um für das Kommen des Christus zu beten, der alle Bundesverheißungen erfüllen wird.

In Psalm 90,15 bittet Mose zuversichtlich darum, dass die zukünftige Freude all die Traurigkeit und Not einer Welt unter der Sünde mehr als ausgleichen wird. So wird es auch sein. Gegenwärtig sehen wir nur, dass wir *»so lange Unglück leiden«*. Wenn aber Christus wiederkommt, werden die gnädigen Werke Gottes – seine *»Herrlichkeit«* – seinem Volk wunderbar und majestätisch gezeigt werden (V. 16).

Das Gebet von Vers 17 soll darum gemeinschaftlich gebetet werden, als Volk Gottes. Es ist nicht so sehr ein Gebet um »meinen« persönlichen Erfolg in der Nachfolge, sondern ein Gebet für die gemeinsame Nachfolge des entmutigten Volkes Gottes. Es sollte zudem in Christus gebetet werden. Vers 17 ist vorrangig ein Gebet Jesu Christi. Der Vater erhörte sein Gebet. Die Prophezeiung, dass Jesus eines Tages die Frucht seiner Leiden sehen und die Fülle haben wird (vgl. Jes 53,11), wird sich herrlich erfüllen, wenn er die unzählbare Schar, deren Sünden durch sein vollbrachtes Werk bezahlt wurden, durch die Auferstehung in den neuen Himmel und auf die neue Erde kommen sieht. Das *»Werk«* Jesu wird ganz gewiss gefördert!

Weil sein Werk gefördert werden wird und weil die leibliche Auferstehung Jesu dies zeigt, wissen auch wir, dass all unser Werk, das wir in seinem Namen tun, Frucht bringen wird (vgl. 1 Kor 15,58). Alle, die in der geduldigen Nachfolge beharren, dürfen darum beten, dass die Arbeit unserer Hände etwas Bleibendes bewirkt. Wir vertrauen auf Gott und ruhen in ihm (unserer *»Zuflucht«* und »Wohnung«), während wir unser Leben weiterhin eifrig für Jesus und das Evangelium einsetzen. Wir bemühen uns, unter unseren Nachbarn, Arbeitskollegen, Freunden und Familienmitgliedern Zeugnis von Jesus zu geben. Wir tun, was wir können, um ihnen das Evangelium von Jesus weiterzugeben und so zu leben, dass die Güte und Kraft dieses Evangeliums sichtbar wird. Psalm 90 gibt uns ein Gebet Jesu Christi an die Hand, ein Gebet, in das wir einstimmen dürfen. Es ist ein Gebet, das wir besonders dann beten können, wenn uns die

Zerbrechlichkeit unseres Lebens zutiefst schmerzt. Ein Nachfolger Jesu zu sein ist hart, aber es ist die Mühe wert!

ZUM NACHDENKEN

1. Welchen Unterschied könnte es für dich machen, die Zeit aus Gottes Perspektive zu sehen?
2. Wann schmerzt dich die Zerbrechlichkeit des Lebens am meisten?
3. Für welches Werk deiner Hände möchtest du Gott bitten, es zu fördern?

PSALM 91

Psalm 90 ist ein Gebet: Mose, der Mann Gottes, leitet das Volk an, zu Gott zu rufen, er möge das Werk unserer Hände fördern (90,17). In vieler Hinsicht ist Psalm 91 die gottgegebene Antwort auf den Ruf von Psalm 90. Es handelt sich um einen außerordentlich schönen und beruhigenden Psalm. Vers für Vers verströmt er Zusagen von Sicherheit, Sieg und Ehre. Es ist nicht verwunderlich, dass er seit Jahrhunderten der Lieblingspsalm vieler Menschen ist.

Dennoch sollten wir vorsichtig sein. Vielleicht müssen wir gerade hier, noch mehr als irgendwo sonst, der Versuchung widerstehen, kurzerhand die »schönen« Stellen der Schrift auf uns selbst zu beziehen – nur weil wir gern wollen, dass das für uns zutrifft. Die große Frage – die Frage, an der jede Segnung hängt – lautet: Wem werden diese Verheißungen gegeben? Wir müssen diese Frage ehrlich stellen und beantworten, bevor wir darüber nachdenken, wie wir diesen Psalm singen und wie wir mit ihm umgehen.

Wir müssen also anfangen, den Psalm in seiner ursprünglichen Bedeutung zu hören. Er beginnt mit einer Überschrift, die aus einer Feststellung (Ps 91,1) und der Antwort darauf (V. 2) besteht. Dann folgt eine lange Rede mit Zusicherungen, was Gott für jemanden tun wird (V. 3–13), und zum Schluss folgt eine Zusicherung, bei der Gott selbst versichert, was er für diese Person tun wird (V. 14–16).

WER FINDET SICHERHEIT?

»Wer unter dem Schirm des Höchsten sitzt« (V. 1) ist eine Formulierung im Singular: »Derjenige, der …« Wörtlich genommen ist das, was nun gesagt werden wird, also auf einen Einzelnen gemünzt. Dieser Einzelne kann in weiterer Folge für jeden Menschen stehen, der

die Bedingungen des Psalms erfüllt, doch zunächst sollten wir an eine Einzelperson denken.

Vers 1 liest sich wie eine Tautologie, bei der die zweite Zeile das Gleiche sagt wie die erste. Man könnte versucht sein zu sagen: »Natürlich bleibt der, der unter dem Schirm des Höchsten sitzt, im Schatten des Allmächtigen. Der Höchste ist schließlich derselbe wie der Allmächtige und Schirm und Schatten drücken die gleiche Sicherheit aus. Das ist, als würde man sagen, wer bei Gott Schutz findet, findet bei Gott Schutz!« Damit würde man jedoch missverstehen, wie Poesie funktioniert. Die zweite Zeile betont und verstärkt die erste. Gemeint ist daher etwas wie: »Wer an dem sicheren Ort lebt, den Gott, der Höchste, anbietet, der ruht wirklich völlig sicher im Schatten Gottes, des Allmächtigen.« Das heißt, wer ernsthaft allein bei diesem Gott Sicherheit sucht, der wird sie finden – er wird sie tatsächlich finden! Das ist das Thema des Psalms.

In Vers 2 hören wir, wie diese Person mit Glauben antwortet. Sie sagt: »Ja, dieser Gott ist mein Zufluchtsort; ich vertraue ihm.« In den Versen 1–2 werden vier Bezeichnungen für Gott verwendet: Der *»Höchste«* ist ein sehr alter Name. Wir finden ihn zum ersten Mal in 1. Mose 14,19, wo Melchisedek, der Priesterkönig von Salem (dem späteren Jerusalem), ihn gebraucht, als er Abraham segnet. Der *»Allmächtige«* (hebr. *Shaddai*) ist ebenfalls ein sehr alter Titel (vgl. 1 Mose 17,1; er erscheint häufig im Buch Hiob). Der *»HERR«* ist der Bundesname des Gottes Abrahams, Isaaks und Jakobs und des Gottes Moses. *»Gott«* ist der allgemeinste Name für die Gottheit. Zusammengenommen belegen diese vier Bezeichnungen, dass dieser Mensch sein Vertrauen keineswegs auf irgendeine selbstdefinierte Spiritualität setzt, sondern auf den Schöpfer und Bundesgott, wie ihn die Bibel bezeugt.

Die Wahrheit, mit der der Psalm überschrieben ist, lautet also: Echte Sicherheit ist darin zu finden – und zwar allein darin –, von ganzem Herzen dem Gott der Bibel zu vertrauen. Das klingt nett, beruhigend und fromm, bis wir ehrlich darüber nachdenken, wie wir mit Gefahr umgehen. Wir sind stets auf der Suche nach einem

Zufluchtsort. Dir und mir gefällt vielleicht der Gedanke, allein bei Gott Zuflucht zu suchen und allein bei ihm Sicherheit zu finden. In Wirklichkeit suchen wir jedoch Sicherheit durch die Stärkung unserer Gesundheit, durch Bewegung, durch Bildung, durch Qualifikationen, durch Geld, Versicherungen, Investitionen oder Rentenansprüche, durch zwischenmenschliche Beziehungen und auf viele weitere Arten. Wir haben nichts dagegen, unserem Sicherheits-Mix noch ein bisschen Gott hinzuzufügen, aber wir suchen Sicherheit nicht in Gott *allein*. Somit gibt es schon gleich zu Beginn ein Problem damit, die Verheißungen dieses Psalms auf uns selbst zu beziehen. Das ist einfach keine Beschreibung von mir oder dir.

Nein, dieser Psalm dient zuerst und vor allem der Bestärkung des Königs Israels. Es gibt mehrere Gründe, die dies nahelegen. Ein etwas technischer Grund ist, dass das Vokabular des Psalms eine außergewöhnlich große Zahl von Wörtern enthält, in denen die Sprache der früheren Psalmen Davids aus Buch I und II anklingt (z. B. *»Zuversicht ... Burg«*). Ein zweiter Grund ist, dass die Wucht der Verheißungen natürlicherweise für einen König, der sein Volk in den Kampf und zum Sieg führt, am meisten Sinn ergibt. Man beachte etwa, wie Psalm 91,13 den Triumph über Feinde formuliert, die als furchterregende Kreaturen dargestellt werden. (John Eaton spricht für viele Kommentatoren, wenn er schreibt: »Die Person, die mit solchen Verheißungen überschüttet wird, kann kaum jemand anderes als der König sein«; *Kingship and the Psalms*, S. 17.) Ein dritter Grund ist, dass der Teufel, als er diesen Psalm bei der Versuchung Jesu zitiert, mit der Bedingung *»Bist du Gottes Sohn, so ...«* (im Sinne von »Wenn du der Sohn Gottes bist, dann ...«, Lk 4, 9) beginnt. Der Titel *»Gottes Sohn«* stand zunächst für den gesalbten König aus Davids Geschlecht (siehe z. B. 2 Sam 7,14; Ps 2, 7). Der Teufel setzt voraus – und Jesus widerspricht ihm nicht –, dass nur derjenige die Verheißungen dieses Psalms für sich geltend machen kann, der *»Gottes Sohn«* ist, also der gesalbte König. (Natürlich war Jesus keineswegs damit einverstanden, wie der Teufel die Verheißung anwenden wollte; dazu kommen wir später.)

SICHERHEIT IST ALLEIN BEI GOTT ZU FINDEN

Psalm 91, 3–13 ist eine einzige lange, umfassende, gehaltvolle Zusage für diese Person – für den König: *»Denn er [Gott] errettet dich«*. Der Abschnitt wird in Vers 9 durch eine Wiederholung von Vers 2 unterbrochen. Sie erinnert daran, dass diese Verheißungen dem gelten, dessen *»Zuversicht«* der HERR ist. Vers 9 verwendet das gleiche Wort *»Zuflucht«*, das uns zu Beginn von Psalm 90 so wertvoll geworden ist.

In Psalm 91, 3–8 geht es sowohl darum, *wovor* der König gerettet wird als auch darum, *wie* er gerettet wird. Er wird zunächst vor den gefährlichen Angriffen feindlicher Menschen gerettet (*»des Jägers«*, V. 3) und vor gefährlicher Krankheit (*»der verderblichen Pest«*). Vers 4 stellt Gott bildlich als einen großen und starken, beschützenden Vogel dar, der den König mit seinen mächtigen Schwingen bedeckt, sodass er unter Gottes Flügeln Zuflucht findet. Diese schöne Metapher wird in etwas anderer Weise in Rut 2, 12 gebraucht. Hier jedoch bezieht sie sich (wie in Ps 57, 2) höchstwahrscheinlich auf die riesigen Flügel der symbolischen Cherubim, die diese über der Bundeslade im Allerheiligsten des Tempels ausbreiteten und die den Gnadenstuhl, den Thron Gottes, stützen (vgl. Tate, *Psalms 51–100*, S. 77). Der Schutz Gottes ist also mehr als ein hübsches Bild. Er bezieht sich auf den Schutz, der in Gottes Bund mit dem König zugesagt und auch eingehalten wird. Dieser Bundesbezug wird durch die Erwähnung von Gottes *»Wahrheit«* (oder »Treue«, d. h. der Bundestreue) am Ende von 91, 4 unterstrichen. Sie ist für den König wie ein Schild oder Schutzwall.

In den Versen 5–6 ist anschaulich vom Schutz zu allen Zeiten und vor allen Bedrohungen die Rede. Dass »jederzeit« gemeint ist, wird zunächst durch die einfachen Begriffe *»der Nacht«* und *»des Tages«* ausgesagt und dann durch die nachdrücklicheren Formulierungen

»im Finstern« und *»am Mittag«*. Das bedeutet: zu jeder nur denkbaren Zeit – von der hellsten bis zur finstersten Stunde. Die Formulierungen *»Grauen«*, *»Pfeil«*, *»Pest, die … schleicht«* und *»Seuche, die … Verderben bringt«* können sogar einen dämonischen Beiklang haben. Dadurch würde dem König zugesichert, dass Gott ihn vor jeder Art von Gefahr schützt, selbst vor den dunkelsten übernatürlichen Schrecken aus der Welt der Dämonen und Geister.

Die Verse 7–8 malen aus, wie extrem die Gefahr ist, vor der der König behütet wird. Rings um ihn herum werden Tausende im Kampf fallen, aber er bleibt bewahrt. An den Gefallenen um ihn her wird er sehen, *»wie den Frevlern vergolten wird«*, zu denen er nicht gehört. Aus diesem Grund wird er beschützt, denn er steht als Sohn Gottes in der rechten Beziehung zu Gott.

Das ist ein beeindruckendes Bild. Es wird in den Versen 10–13 fortgesetzt, nach der Erinnerung an das Bekenntnis des Königs in Vers 9. Das *»Haus«* (wörtl. »Zelt«) des Königs in Vers 10 kann sein Zelt im Heerlager meinen. Wahrscheinlicher ist aber, dass es als allgemeines Bild der menschlichen Zerbrechlichkeit zu verstehen ist – ein Mensch kann so leicht vernichtet werden, wenn Gott ihn nicht beschützt. Er wird jedoch beschützt werden, denn den *»Engeln«* – Gottes mächtigen Boten, die gesandt sind *»zum Dienst um derer willen, die ererben sollen die Seligkeit«* (Hebr 1, 14) – ist der Auftrag gegeben, ihn zu beschützen. Sie werden sein unüberwindbares Sicherheitskommando sein. Sie werden ihn auf *»allen«* seinen *»Wegen«* behüten, wo er auch hingeht und was er auch tut. Sie bewahren ihn vor Schaden (Ps 91, 11–12). Außerdem werden sie sicherstellen, dass er erstaunliche Siege erringt über alle möglichen Feinde, symbolisiert durch die Kraft des Löwen und die gefährliche Bedrohung durch giftige Schlangen (V. 13).

Wenn wir diesen Teil des Psalms erreicht haben, freuen wir uns für diesen gläubigen König, der allein in Gott seine Sicherheit findet und dem – tief und umfassend – zugesichert wird, dass es im Universum keinen sichereren Menschen geben kann. Keine Gefahr ist denkbar, die seine Sicherheit bedrohen oder seinen endgültigen Sieg über alles Böse gefährden kann.

EINE VERTRAUTE, LIEBENDE BEZIEHUNG

Der Psalm schließt mit einer direkten Aussage aus dem Mund Gottes. (Dieser Ausspruch und der von Ps 95,7b–11 sind die einzigen direkten Reden Gottes in den Psalmen 90–100. Das kann andeuten, dass die Psalmen 91 und 95 als eine Klammer um die Psalmen 92–94 zu verstehen sind.) Der HERR, der Bundesgott, verkündet, dass dieser König ihn *»liebt«* (der Begriff meint, ihm in Liebe anzuhängen, wie es Gott in 5 Mose 7,7 mit seinem Volk tut) und seinen Namen kennt. Er erklärt seine Treue zu diesem Bundesgott, wie er sich ihm offenbart hat (seinen *»Namen«*). Zwischen Gott und diesem König besteht eine Beziehung, die von vertrauter und verbindlicher Bundesliebe geprägt ist, wie von einem Vater zum Sohn und von einem Sohn zum Vater.

Auf der Basis dieser unerschütterlichen, treuen Liebe erklärt Gott, der Vater, dass er diesen König, seinen Sohn, *»erretten«* und *»schützen«* will (Ps 91,14). Dieser Sohn wird das Vorrecht genießen, dass seine Gebete erhört werden (V. 15), wie Gott es auch in Psalm 2 dem König verheißen hat (V. 8: *»Bitte mich …«*). Er empfängt Ehre, ein langes Leben und Heil (91,15–16).

GELTEN DIESE VERHEISSUNGEN UNS?

So kommen wir zurück zu der Frage, mit der wir begonnen haben: Gelten diese wunderbaren Verheißungen nun uns, oder nicht? Zunächst lautet die traurige Antwort: Nein. Sie gehören dem König aus Davids Geschlecht. Das bedeutet letztlich, dass sie dem größeren König gelten, der alle Verheißungen an David erben wird. Jesus

Christus ist der Mensch, der in all den Gefahren seines irdischen Lebens völlig unter dem Schirm Gottes saß, seines Vaters, des Höchsten und Allmächtigen, des Bundesgottes. Er ist der Eine, der stets über seinen Vater sagte: *»Meine Zuversicht und meine Burg, mein Gott, auf den ich hoffe«* (V. 2).

Als der Teufel diesen Psalm zitierte (V. 11–12, siehe Mt 4, 6 und Lk 4, 10–11), hatte er mit seiner Implikation recht, dass diese Verheißungen für Jesus, den gesalbten König, den Sohn Gottes galten. Womit lag der Teufel dann falsch? Er verdrehte die Verheißung der Sicherheit und nahm sie aus dem untrennbar mit ihr verbundenen Kontext der treuen, liebenden Bundesbeziehung heraus. In dem Moment, in dem Jesus eine Verheißung als eine Art Zauberstab verwendet hätte, den er eigenständig und unabhängig von seinem Vater schwingen kann, hätte er die Bande der treue Liebe, auf denen die Verheißung beruht, zerrissen. Nein! Diese Verheißung gehört dem Sohn, der seinem Gott und Vater mit hingebungsvoller Anbetung und rückhaltloser Liebe treu anhängt. Dieser Sohn, und zwar einzig dieser Sohn, erbt tatsächlich all die Verheißungen des Psalms.

Er erbte sie durch den Tod selbst. Denn obwohl die Leiden Jesu scheinbar die Verheißungen zunichtemachten, bedeuteten die Auferstehung, Himmelfahrt und die Einsetzung Jesu im Himmel das endgültige »Ja!« zu sämtlichen Verheißungen. Dieser König trat tatsächlich die Schlange nieder (V. 13). Er ist der Same der Frau, der den Kopf der Schlange zertreten sollte (vgl. 1 Mose 3, 15), und das tat er durch seinen Sieg am Kreuz.

Doch was ist mit uns? Das Wunder – das überragende Wunder – der biblischen Geschichte ist, dass sie uns zeigt: All die Segnungen dieses Psalms gehören tatsächlich uns. Sie gehören uns nicht von Natur aus, denn keiner von uns verdient es, sie zu erben. Sie gehören uns aber unumstößlich in Christus, der uns auf der Grundlage seines Gehorsams allen geistlichen Segen erworben hat (vgl. Eph 1, 3; Röm 5, 12–21). Der großartige Abschluss von Römer 8 ist eine Art neutestamentlicher Kommentar zu Psalm 91: *»Der auch seinen eigenen Sohn nicht verschont hat, sondern hat ihn für uns alle dahingegeben*

– *wie sollte er uns mit ihm nicht alles schenken?«* (Röm 8,32). Der Schlüssel sind die Worte »*mit ihm*«. Denn »mit Christus« – vereint mit Christus, durch den Geist – darf jeder Gläubige die erstaunlichen Verheißungen von Psalm 91 für sich in Anspruch nehmen. Sie gehören uns in Christus!

Im Jahr 1956 wurden Jim Elliot und vier weitere Missionare von Angehörigen jenes Amazonas-Stammes in Ecuador getötet, denen sie das Evangelium bringen wollten. Elliot war 28 Jahre alt. Seine Witwe Elisabeth schrieb seine Geschichte auf und wählte den Buchtitel in Anlehnung an Vers 1 dieses Psalms: *Im Schatten des Allmächtigen*. Es war ein mutiger und aussagekräftiger Titel für die Geschichte eines Mannes, der einen vorzeitigen und gewaltsamen Tod erlitt. Sich in Christus im Schatten des Allmächtigen zu befinden, bewahrt uns nicht vor Leid, Krankheit oder gar einem gewaltsamen Tod. Es meint etwas Tieferes – wie auch bei Jesus, dem Herrn: Es bedeutet die Zusicherung der leiblichen Auferstehung. Im Leben Jesu kam die Erfüllung der Verheißungen dieses Psalms erst nach seinem Leiden und Sterben. In seiner leiblichen Auferstehung sehen wir ihn vor jedem Angriff und aus allem Leiden gerettet. Dieser Psalm nahm Jesus nicht vom Leiden aus (wie der Versucher meinte), sondern er versprach die endgültige Rettung von allen Versuchungen. Das gilt auch für uns, die wir mit unserem Herrn leiden, um mit ihm verherrlicht zu werden (vgl. Röm 8,17).

ZUM NACHDENKEN

1. Wie könnte es bei dir aussehen, unter dem Schirm des Höchsten zu wohnen, deine Zuflucht zu Gott zu nehmen und ihn zu lieben – wie Jesus es tat?
2. Welche der Verheißungen des Psalms bedeutet dir momentan am meisten?
3. Worin besteht das Problem, wenn man diese Verheißungen an Jesus vorbei auf sich bezieht?

PSALM 95 UND 107

12. GERICHT UND RETTUNG

In diesem Kapitel betrachten wir einen weiteren Psalm aus Buch IV und anschließend den ersten Psalm aus Buch V, der jedoch eng mit dem Ende von Buch IV verbunden ist.

Nach den beiden Psalmen 90 und 91, die Buch IV einleiten, scheinen die Psalmen 92–100 so etwas wie eine Untergruppe zu sein. Sie sind allesamt anonym. Mehrmals erscheint der Refrain *»Der HERR ist König«* (93,1; 96,10; 97,1; 99,1) und es gibt weitere Verweise darauf, dass Gott König ist (z. B. 95,3; 98,6). Wir greifen nur einen dieser Psalmen heraus: Psalm 95.

PSALM 95

In Hebräer 3 und 4 finden wir eine energische Ermahnung, die auf einem Teil dieses Psalms basiert.

Es handelt sich um einen kurzen Psalm, der aus zwei Teilen besteht, wobei der erste wiederum zweigeteilt ist. Psalm 95,1–7a fordert uns (zweifach) zur Anbetung auf und nennt zwei Gründe dafür. Die Verse 7b–11 rufen dazu auf, Gottes Stimme zu hören und seine Warnung zu beherzigen.

KOMMT, FEIERT MIT

Der erste Aufruf befindet sich in den Versen 1 und 2. Wir hören eine Stimme – wem sie gehört, wissen wir nicht –, die das Volk Gottes aufruft, in den begeisterten Lobgesang einzustimmen. Das Wort *»Kommt«* heißt hier so viel wie: »Kommt, macht mit!« Diese Verse laden uns ein und ermahnen uns, uns an dem gemeinsamen, schallenden Jubel über Gott zu beteiligen. Die Wendungen *»frohlocken«*, *»jauchzen«*, *»mit Danken«* und *»mit Psalmen«* vermitteln das Bild eines glücklichen Volkes, das lärmend und fröhlich feiert. Sie (wir) sollen dies tun, indem sie *»dem HERRN«* singen, dem Bundesgott, der als *»Hort unsres Heils«* bezeichnet wird (V. 1). Das hebräische Wort, das als *»Hort«* wiedergegeben wird, bezieht sich auf »einen hohen Felsen, der schwer zugänglich und daher möglicherweise ein sicherer Zufluchtsort ist« (Goldingay, *Psalms*, Bd. 3, S. 754). Dieser Gott ist so hoch, sicher und unzugänglich, dass keine böse Macht ihn antasten kann. Wenn wir bei ihm sind, werden auch wir gerettet und sind in Sicherheit. Die Formulierung *»vor sein Angesicht kommen«* (V. 2) bedeutet, in seiner unmittelbaren Gegenwart zu sein.

Warum sollten wir in diese lärmende Ausgelassenheit einstimmen wollen? Die Antwort steht in den Versen 3–5: aufgrund der Schöpfung. Der HERR, der Bundesgott aus Vers 1, ist ein *»großer Gott ... über alle Götter«*. Das Universum ist voll von Gottheiten, die der menschlichen Vorstellungskraft entsprungen sind. In den Gedanken und der Anbetung der Menschen erscheinen sie als real, aber sie besitzen keine objektive Realität. Wenn es keine Menschen mehr gäbe, gäbe es auch diese Gottheiten nicht mehr. Der Bundesgott der Bibel steht jedoch über ihnen und wird deshalb als *»großer König«* bezeichnet (V. 3). Andere Völker nannten ihren König »großer König« – dieser prahlerische Titel wird zum Beispiel in 2. Könige 18,19 für den assyrischen Herrscher verwendet, als er König Hiskia in Jerusalem belagert. Es gibt aber nur einen wahrhaft großen König, und das ist der Gott der Bibel.

Psalm 95,4–5 verdeutlicht sein Königtum über die gesamte geschaffene Ordnung mit einem Merismen-Paar. Dies ist eine Redefigur, bei der die Gesamtheit einer Sache durch zwei gegensätzliche Pole ausgedrückt wird (z. B. in 1 Mose 1,1: *»Himmel und Erde«* bedeutet das, was ganz oben ist, und das, was ganz unten ist, und alles dazwischen). Hier nun haben wir *»die Tiefen [wörtl. ›die abgelegenen Teile‹] der Erde« und »die Höhen der Berge«* (Ps 95,4) – das sehr Niedrige und das richtig Hohe und alles dazwischen. Es gibt nichts so Niedriges in der Schöpfung, dass es sich außerhalb der Autorität des Schöpfers befände, und keine Region liegt so hoch, dass sie über seine Macht erhaben wäre. In Vers 5 sehen wir dann *»das Meer«* und *»das Trockene«*. In der biblischen Bildsprache steht das *»Meer«* sowohl für das buchstäbliche Meer als auch für den Aspekt der Schöpfung, der von Chaos, Dunkelheit und Bösem gezeichnet ist. Selbst das liegt nicht außerhalb der Macht des Schöpfers.

Die Stimme dieses Anführers des Volkes Gottes fordert uns auf, uns an dieser lautstarken Feier zu beteiligen, weil es den einen wahren Gott gibt – und nur diesen einen –, der der konkurrenzlose Schöpfer aller Dinge ist. Es gibt keine ihm entgegengesetzte Macht des Bösen, die ihm seine Autorität streitig machen könnte, denn er schuf alle Dinge und herrscht über alle Dinge, und zwar ausnahmslos. Das ist eine außerordentlich gute Nachricht. Wenn die Welt ein Schlachtfeld wäre, auf dem unterschiedliche Gottheiten darum wetteifern, wer die Oberhand gewinnt, dann würden wir an einem wahrlich furchterregenden Ort leben. Doch so ist es nicht. Der HERR, der Bundesgott der Bibel, ist der einzige und alleinige große Gott.

SICH GEMEINSAM BEUGEN

Nun ruft die gleiche Stimme uns herbei, um niederzufallen (V. 6). Das Wort *»Kommt«* bedeutet hier so viel wie »Kommt herein«, als wäre es eine Einladung in den Tempel, an den Ort der Gegenwart Gottes. An die Stelle der jubelnden Begeisterung – oder vielleicht besser: neben sie – tritt eine zutiefst demütige Beugung. Die Worte *»anbeten«*, *»knien«* und *»niederfallen«* haben eines gemeinsam: eine vertikale Bewegung, und zwar stets nach unten! Wir sehen hier dieses jubelnde Volk knien, sich in tiefer Demut niederwerfen. Sie (und wir) dürfen keinen Widerspruch zwischen freudigem Gesang und tiefer Demütigung sehen. In der Euphorie eines Auftritts oder Konzerts kann uns gemeinsames Singen mitreißen. Diese Art des gemeinsamen Singens bewirkt jedoch in unseren Herzen und Körpern eine willige Unterwerfung unter den Gott, den wir preisen.

Die Begründung für diesen zweiten Aufruf ist eine andere: Nach den Versen 1–2 wurde als Grund angeführt, dass der HERR der Schöpfer aller Dinge ist (V. 3–5). Nun lautet die Begründung, dass er derjenige ist, *»der uns gemacht hat«* – nämlich Israel, das Volk Gottes. In besonderer Weise hat er das Volk Gottes geschaffen, geformt und zusammengefügt. Er tat dies vor allem beim Auszug aus Ägypten, als er sich selbst ein Volk zum Eigentum herausrief, das in einer Bundesbeziehung zu ihm leben sollte.

Vers 7 greift die bekannte Bundesformulierung auf: »Ich will ihr Gott sein und sie sollen mein Volk sein« (vgl. 2 Mose 6, 7; Hes 36, 28; Jer 7, 23; 30, 22; 31, 33). Im Mund des Volkes wird dies zu: *»Denn er ist unser Gott und wir das Volk seiner Weide.«* Wir fallen nieder, weil er uns geformt hat, um ihm im Rahmen dieser persönlichen Bundesbeziehung zu gehören. Der Vers geht aber noch weiter. Er zeigt Gott nicht nur als den Schöpfer Israels, sondern auch als den Pastor oder Hirten Israels. Wir sind seine *»Schafe«* und entsprechend ist er unser Hirte.

Wenn wir bei der dritten Zeile von Psalm 95, 7 angekommen sind, wären wir vielleicht bereit, das Lied zu beenden. Wir haben einen doppelten Aufruf und zwei Begründungen gehört. Wir wurden aufgefordert, ausgelassen zu singen, weil Gott der alleinige Schöpfer aller Dinge ist. Zudem wurden wir angehalten, uns demütig vor diesem Schöpfergott zu beugen, dem Schöpfer und Hirten des Volkes Gottes.

Wir lernen daraus, dass wir in unseren Gedanken und Herzen diese beiden Tatsachen zusammenhalten sollten: Gott ist der Schöpfer aller Dinge; und Gott ist der Schöpfer und Hirte der Gemeinde. Der Gott, den wir mit unserem Singen und Niederbeugen in der Gemeinde anbeten, ist der Gott, der die ganze Welt gemacht und geformt hat und sie lenkt. Er ist keine Lokalgottheit, die zu uns gehört. Wir gehören zu ihm und er regiert die Welt. Dadurch gewinnt unsere gemeinsame Anbetung ein Empfinden der Freude (V. 1–2) *und* der tiefen Ehrfurcht (V. 6).

Des Weiteren müssen wir lernen, in unseren Zusammenkünften jubelnde Freude und tiefe Demut zusammenzuhalten. Das ist nicht so einfach. Vielleicht ist es leicht, ansteckende Ausgelassenheit zu erreichen, eine einnehmende laute Fröhlichkeit, die uns aufputscht und sich gut anfühlt. Möglicherweise ist es auch einfach, sich in einer Weise ehrfürchtig zu beugen, bei der die Freude fehlt. Keines von beidem ist die echte Anbetung des Volkes Gottes, denn beide Elemente sind nötig.

Der eigentliche Schock kommt allerdings im letzten Teil des Psalms. In manchen Kirchen, die ich in meiner Jugend besuchte, ließ man üblicherweise die Verse 7b–11 weg, vermutlich, weil man sie als zu düster für eine christliche Zusammenkunft empfand. Das war falsch! Sie mögen zwar ernüchternd sein, doch sie sind notwendig.

GEMEINSAM GEHORCHEN

Die gleiche Stimme ruft: *»heute«* (V. 7), denn der Tag, an dem das Volk Gottes das Wort Gottes hört, ist stets *»heute«*. Darin liegt eine existenzielle Unmittelbarkeit. Es ist niemals eine Sache von gestern oder für morgen, etwas, das ich hinter mir zurücklassen oder für heute auf Eis legen kann. Nein, es ist immer *»heute«* – es ist immer nötig, zu hören, ganz gleich, wie oft ich es in der Vergangenheit schon gehört habe oder wie oft ich es wohl in der Zukunft wieder hören werde. Was zählt, ist das Jetzt.

Das Volk, das aufgerufen war, ein großes Getöse zu machen (V. 1–2), wird nun feierlich aufgefordert, den Mund zu halten und die Ohren zu öffnen: *»Wenn ihr doch heute auf seine Stimme hören wolltet«* (V. 7). In dieser Aufforderung klingt ein großes Thema aus 5. Mose an (z. B. 5 Mose 6, 3–4, mit dem wiederholten *»Höre!«*).

Die Aufforderung wird von einer nüchternen Warnung begleitet. In Vers 8 sagt der Psalmist im Grunde: »Erinnert euch an jenen Ort, der den Beinamen ›Versuchung‹ (Massa) und ›Streit‹ (Meriba) erhielt, und was dort geschah (vgl. 2 Mose 17, 1–7; 4 Mose 20, 1–13).« An jenem Ort verhärtete das Volk Gottes sein Herz gegen Gott. Sowohl kurz nach dem Auszug (2 Mose 17) als auch viel später (4 Mose 17) leisteten sie Widerstand gegen Gottes Wort. Sie mögen die äußere Form des gemeinsamen Gottesdienstes eingehalten haben, vielleicht mit einer Menge lautem Gesang, aber ihre Herzen waren fern von Gott (vgl. Jes 29, 13).

Psalm 95, 9 berichtet, wie die Vorfahren der Zuhörer Gott an jenem Ort *»versuchten«*. Das Wort *»versuchten«* hängt mit dem Wort *»Massa«* (V. 8) zusammen – Gott sagt gewissermaßen: »Sie massaten mich.« Obwohl sie Gottes Treue und Rettung beim Auszug aus Ägypten, beim Durchzug durch das Rote Meer und später bei seiner Versorgung in der Wüste erlebt hatten, vertrauten sie ihm nicht und wollten ihm auch nicht vertrauen.

Die Konsequenzen, die sie wegen ihrer harten Herzen trafen, waren verzweifelt ernst (V. 10–11). Gott war zu Recht sehr zornig auf sie. *»Vierzig Jahre«* lang – eine ganze Generation lang – wandte er sich von ihnen ab und erklärte feierlich, keiner von ihnen (außer Kaleb und Josua) werde das verheißene Land, seinen Ort der *»Ruhe«*, betreten (vgl. 4 Mose 14, 20–24).

Hier endet der Psalm. Es ist ein überraschender und ernüchternder Schluss für einen Psalm, der so heiter begann.

Hebräer 3, 7–4, 13 nimmt Psalm 95 als Predigttext: Der Autor des Hebräerbriefes predigt dem Volk des Neuen Bundes dort die gleiche

Warnung. Die *»Ruhe«*, die für das verheißene Land angekündigt war, ist Vorbote einer größeren und tieferen ewigen Ruhe, die dem wahren Volk Gottes bestimmt ist. Das wahre Volk Gottes wird sich auszeichnen durch das demütige, gehorsame Hören des Wortes Gottes, durch den Glauben an das dort gehörte Evangelium und durch ein Leben des Gehorsams im Vertrauen auf das Evangelium. Wenn von dieser tiefen Veränderung des Herzens und der daraus folgenden neuen Ausrichtung nichts bei ihnen zu erkennen ist, dann gilt ihnen diese Warnung – sie sollten sich in Acht nehmen.

Höchstwahrscheinlich erlebte Jesus von Nazareth in seinem irdischen Leben, dass ein Leiter den Leuten in der Synagoge diesen Psalm vorlas, dass er sie – und ihn – aufforderte, jubelnd anzubeten, sich ehrfürchtig zu beugen und das Wort Gottes mit gehorsamem Glauben anzunehmen. Jesus reagierte auf diese Aufforderung mit vollkommenem Glauben. Wenn wir nun heute diesen Psalm hören, hören wir vielleicht in einem gewissen Sinn seine Stimme, wie er uns als Leiter des Volkes Gottes ermahnt, ermutigt, lehrt und warnt. Lasst uns seine Stimme hören und ihr folgen.

Dass die Verse 1–7a und 7b–11 in diesem Psalm auf so markante Weise zusammengefügt sind, lehrt uns etwas von bleibender Wichtigkeit. Es ist allzu leicht, eine christliche Versammlung zu genießen – ausgelassen in den Gesang und in die fröhliche Gemeinschaft einzutauchen –, wie es auch für einen Israeliten im Alten Bund allzu leicht war, ebendies bei ihren Zusammenkünften zu tun. Das ist aber keine wahre Anbetung. Wahre Anbetung, die gemeinsam im freudigen Gesang und demütigen Gebet zum Ausdruck gebracht wird, ist von einer eifrigen Aufmerksamkeit für das Wort Gottes geprägt und einem von Herzen kommenden, gewissenhaften Gehorsam gegenüber diesem Wort. Lasst uns darauf achten, alle elf Verse dieses Psalms zu hören und zu beherzigen!

ZUM NACHDENKEN

1. Findest du es einfacher, dich tief vor Gott zu demütigen oder ihm laut zuzujubeln? Wie kannst du beides stärken?
2. Wie reagierst du auf die Warnung der Verse 7b–11?
3. Wie kannst du anderen helfen, so anzubeten, wie es uns Psalm 95 vor Augen malt?

PSALM 107

WAS BEDEUTET ES, VON GOTT GELIEBT ZU WERDEN?

Wir sagen oft – und manchmal auch recht leichtfertig: »Gott liebt dich.« Aber was heißt das? Stell dir einmal vor, dass Gott dich wirklich mit unveränderlicher Liebe liebt: dass er dich stets geliebt hat, dass er dich jetzt liebt und dass er dich in alle Ewigkeit lieben wird. Stell dir vor, dass er dich niemals mehr lieben kann, als er dich heute liebt, und dass er dich niemals weniger lieben wird. Das klingt doch wunderbar – wenn es denn wahr ist.

Das Neue Testament lehrt uns, dass es für alle, die zu Christus gehören, wahr ist. Wir wissen, dass uns nichts von der Liebe Gottes scheiden kann, die in Christus Jesus, unserem Herrn, ist (vgl. Röm 8,39). Diese Liebe, die uns hier zugesprochen wird, ist die Erfüllung der treuen Bundesliebe Gottes zu seinem Volk im Alten Testament, denn jede Verheißung des Alten Bundes findet ihr »Ja!« in Christus (vgl. 2 Kor 1,20).

Nehmen wir also an, es ist wahr. Was passiert, wenn du deine Geschichte – deine Lebensgeschichte, wie du sie tatsächlich durchlebst – neben diese Beteuerung der Liebe Gottes stellst? Sieht sie wahr aus? Oder müsste man deiner Erfahrung nach eigentlich ehrlicher sagen, dass Gott uns wohl an manchen Tagen mehr liebt als an anderen? Wir haben gute und schlechte Zeiten: Kann es wirklich sein, dass Gott uns an den dunkleren Tagen genauso liebt wie an den helleren?

Der Schlussvers von Psalm 107 lädt uns ein: Wer *»weise«* ist, möge gut auf diesen Psalm hören. Er wird uns helfen, zu erkennen, *»wie viel Wohltaten der Herr erweist«* (Ps 107,43). Es wird für uns eine unschätzbare Hilfe für die Höhen und Tiefen unseres Lebens sein, über den Inhalt dieses Psalms nachzudenken.

WENN DIE EXILANTEN ZUSAMMENGEBRACHT WERDEN

Mit Psalm 107 beginnt Buch V der Psalmen (Ps 107–150). Nach den großen Psalmen über das Königtum Gottes (Ps 92–100) schließt Buch IV mit zwei älteren Psalmen von David (Ps 101 und 103) und dem *»Gebet für den Elenden«* (Ps 102). Diese drei bestätigen »die anhaltende Bedeutung des davidischen Königtums« (O. Palmer Robertson, *The Flow of the Psalms,* S. 149). Das Buch endet mit drei langen »Halleluja«-Psalmen, deren Refrain einheitlich *»Halleluja«* (d. h. »Lobt den HERRN«) lautet (Ps 104–106). Sie handeln von der Schöpfung (Ps 104), der langen Geschichte der Treue Gottes (Ps 105) und von Israels Untreue (Ps 106). Diese Untreue brachte das Volk Gottes verdientermaßen ins Exil. Daher schließt Psalm 106 mit dem Gebet: *»bring uns zusammen aus den Völkern«* (106,47), mit anderen Worten: »Bring uns aus dem Exil zurück!« Um die Erhörung ebendieses Gebets geht es in Psalm 107 am Anfang von Buch V.

Das deutet darauf hin, dass Buch V erst nach der Rückkehr einiger Juden aus dem Exil als eine Mischung aus zeitgenössischen und älteren Psalmen zusammengestellt wurde. Eveson erläutert:

»Im Gegensatz zum vorhergehenden Buch legen viele Psalmen aus Buch V nahe, dass das Exil vorüber ist und ein Neuanfang im Raum steht« (*Psalms*, Bd. 2, S. 247).

VIER GESCHICHTEN, EINE GESCHICHTE

Nach einer einleitenden Überschrift (Ps 107,1–3) besteht der Hauptteil des Psalms aus vier ziemlich ähnlichen Geschichten von Not und Rettung (V. 4–9; 10–16; 17–22; 23–32). Darauf folgt ein Abschnitt, der deutlich anders gestrickt ist (V. 33–42), und ein Schlussvers (V. 43).

Vers 1 gibt die Überschrift vor: *»Danket dem HERRN [dem Bundesgott]; denn er ist freundlich.«* Das heißt so viel wie: *»[S]eine Güte [seine beständige Bundesliebe] währet ewiglich.«* Das große Wort *»Güte«* (hebr. *chesed*) erscheint wieder in den Versen 8, 15, 21 und 31 und nochmals abschließend in Vers 43 (als *»Wohltaten«*). Das ist das große Thema des Psalms.

Wenn wir in die Geschichten des Psalms eintauchen, müssen wir daran denken, dass es stets um Gottes unveränderliche Bundesliebe geht und dass dies Dankbarkeit in uns hervorrufen soll. Die Formulierung aus Vers 1 finden wir auch an anderen Stellen wieder – zum Beispiel in Ps 106,1 und in jedem einzelnen Vers von Psalm 136. Außerdem finden wir sie in Jeremia 33,10–11, wo es im Kontext ausdrücklich um die Rückkehr aus dem Exil geht. Psalm 107,1 ist so etwas wie ein Motto für die Rückkehr aus dem Exil.

Die Verse 2–3 ergänzen diese Überschrift. Wir erfahren von der Freundlichkeit und Güte Gottes durch die Geschichte des Volkes, das *»erlöst«* (aus der ägyptischen Sklaverei in der Frühzeit der israelitischen Geschichte) und *»zusammengebracht«* (aus dem Exil) wurde. Wir hören nun, was es bedeutet, ein erlöstes und zurückgebrachtes Volk zu sein.

Die vier Geschichten (V. 4–9; 10–16; 17–22; 23–32) beginnen jeweils mit einer *Not*, die ins *Gebet* führt, welches *erhört* wird, was wiederum zu *Freude und Dankbarkeit* führt. In manchen Bibelübersetzungen scheinen vier verschiedene Gruppen zu Wort zu kommen. Es handelt sich hier aber nicht um vier unabhängige Geschichten, die von vier unterschiedlichen Gruppen nacheinander berichtet werden. Diese vier Geschichten werden vom *gleichen* erlösten und zurückgebrachten Volk erzählt. Sie erzählen die eine Geschichte von Gottes Rettung auf vier anschauliche und sich ergänzende Weisen.

VERLOREN IN EINER WÜSTENWELT

Als Erstes werden wir zu einem verzweifelten Volk geführt (V. 4–5): Sie irren umher, sind verloren, hungrig und durstig. Es gibt keine *»Stadt«*, in der sie *»wohnen«* könnten. Die Erfahrung, in der Wüste umherzuirren und Mangel zu leiden, machte das Volk Gottes intensiv während der Jahre der Wüstenwanderung zwischen dem Auszug aus Ägypten und dem Einzug in das verheißene Land – insbesondere, ehe sie als Mittelpunkt ihres Erbes eine *»Stadt«*, Jerusalem, erhielten. Das Exil in Babylon fühlte sich ziemlich ähnlich an: fern von der Heimat, weit weg von der geliebten *»Stadt«* Zion. Wir können der Spur aber auch in die Zukunft folgen, bis zu dem, was der Herr Jesus Christus erlebte. Zunächst *»hungerte ihn«* in der Wüste, als er versucht wurde (Mt 4,1–2). Am Schluss litt er am Kreuz unter tiefem, ungestilltem Durst (vgl. Joh 19,28). Das ist für uns eine anschauliche Beschreibung der Entbehrungen all jener, die unter dem gerechten Gericht Gottes stehen, wie auch derer, denen zwar vergeben wurde, die aber noch auf die endgültige Erlösung ihrer Körper warten (vgl. Röm 8,23).

Gott erhörte den Schrei aus Psalm 107,6, indem er das Volk in eine *»Stadt, in der sie wohnen konnten«*, führte (V. 7). Beachte die erneute Erwähnung der *»Stadt«*. Die Ankunft in dieser Stadt weckt in ihnen Dankbarkeit. Sie verstehen, dass der Bundesgott, der die durstige Seele sättigt und Hungrige mit Gutem füllt, der Gott der unveränderlichen Liebe und Güte ist (V. 8–9). Jesus kannte diesen Gott, seinen Vater, als den Gott der unveränderlichen Liebe. Als er die Hungrigen speiste, machte er seinen Vater bekannt. Er ist selbst der Weg, der sein Volk in eine Stadt führt – in das neue Jerusalem, das aus dem Himmel auf die Erde herabkommt.

GEFANGEN IN EINER FINSTEREN WELT

Wie in den wechselnden Szenen eines Films kommen wir als Nächstes zum gleichen Volk, das nun nicht mehr »in einer zu weiten Welt verloren, sondern in einer zu kleinen gefangen ist«, wie Derek Kidner es formuliert (*Psalms*, Bd. 2, S. 385). Sie und wir sind Gefangene in einem dunklen Kerker, zur Zwangsarbeit verurteilt (V. 10–12). Mit dem Wort *»Dunkel«* ist der Todesschatten gemeint. Anders als in der ersten Szene wird ausdrücklich ein Grund für diese Lage genannt: Sie waren Gott *»ungehorsam«* und hatten seinen *»Ratschluss«* verachtet. Zwangsarbeit war die bittere Erfahrung der hebräischen Sklaven in Ägypten. Sie trieb sie dazu, nach Rettung zu schreien (vgl. 2 Mose 2, 22–25). Auch das Exil in Babylon war eine Art Gefangenschaft und Zwangsarbeit – vielleicht für einige buchstäblich, aber für alle im übertragenen Sinn. Gott hatte sie gewarnt, dass es so kommen würde, wenn sie dem Bund untreu sind (z. B. 3 Mose 26, 33; 5 Mose 28, 47–48). Als Jesus die Strafe für unsere Sünden trug, erlebte auch er, was es bedeutet, von einer finsteren Welt umgeben zu sein: beobachtet, gehasst, als Gefangener gefesselt zu werden und in übernatürlicher Finsternis und dem Todesschatten zu hängen. Wir wissen ebenfalls, was es heißt, die Sklaverei der Sünde zu ertragen – Sünde als übernatürliche Macht zu erleben, die uns gefangen nimmt und nicht mehr freigibt, die unser Leben dunkel und elend macht.

Wieder schrien sie um Hilfe (Ps 107, 13), und der HERR führte sie aus der Finsternis und zerbrach ihre Ketten (V. 16, ein Anklang an Jes 45, 2). Er führte das alte Israel aus der Finsternis der Sklaverei in das verheißene Land. Zur Zeit des Psalmisten führte er Israel aus der Sklaverei des Exils zurück ins Land. Er zerbrach auch die eisernen Ketten des Todes, die Jesus banden und holte ihn aus der Finsternis des Grabes, schließlich war er gekommen, *»auf dass es erscheine denen, die sitzen in Finsternis und Schatten des Todes«* (Lk 1, 79). Wenn uns daher der Sohn von der Sklaverei der Sünde befreit, sind auch wir wirklich frei (vgl. Joh 8, 36). Ebenso wie den Menschen damals tut uns der Vater auf diese Weise seine unveränderliche Liebe kund – indem er uns aus der finsteren Sklaverei heraus und in die Freiheit führt.

SCHWACH IN EINER WELT DER KRANKHEIT

In Szene 3 sehen wir das gleiche Volk sterbenskrank werden (Ps 107, 17–18). Ebenso wie in Szene 2 geschieht das aufgrund ihrer Übertretung. Durch die Sünde kam der Tod in die Welt, und jede Krankheit ist ein Todesschatten. Jegliche Krankheit ist eine Folge der Sünde. (Um es klarzustellen: Individuelle Krankheit muss nicht unbedingt die Folge bestimmter Sünden sein, obwohl sie das sein kann; doch generell gäbe es keine Krankheit, wenn es keine Sünde gäbe.) Die alten Hebräer wussten, was es bedeutet, an den *»Seuchen Ägyptens«* (5 Mose 28, 60) zu leiden. Die Israeliten im Exil waren oftmals sehr schwach. Jesus wusste bereits während seines Lebens, was es heißt, unseren Schmerz zu tragen und unter dem Schatten unserer Sünden zu leiden, bevor er am Ende die volle Strafe für unsere Sünden am Kreuz ertrug. Auch wir wissen, wie es ist, krank zu sein, zu altern, gebrechlich zu werden und durch das Tal des Todesschattens zu gehen. Obwohl uns in Christus vergeben ist, bleiben unsere Körper immer noch sterblich, sodass wir im Todesschatten leben (vgl. Röm 8, 10).

Wieder schreien sie (Ps 107,19). Wieder rettet Gott (V. 20). Und wieder danken sie ihm freudig (V. 21–22).

VERÄNGSTIGT IN EINER GEFÄHRLICHEN WELT

In Szene 4 sollen wir deutlich spüren, wie klein wir sind und wie stark und gefährlich die Welt ist, in der wir leben. Wir sehen vor uns ein Boot, klein und ungeschützt, in den mächtigen Wellen eines gewaltigen Sturms (V. 23–27). Es ist eine beängstigende Szene. Das Meer ist hier sowohl buchstäblich als auch bildlich gemeint. In der biblischen Poesie ist es häufig ein Symbol für die übermächtigen und übernatürlichen Kräfte des Chaos und des Bösen, des Todes, des Teufels und der Dämonen – all der Mächte im Universum, die uns bedrohen und viel zu stark für uns sind.

Die alten Hebräer kannten die Macht jenes Meeres, das ein unheilvolles, unüberwindliches Hindernis darstellte (das Rote Meer). Jesaja beschreibt Jerusalem als eine Stadt, die das Exil als *»Elende, über die alle Wetter gehen«* überdauert (Jes 54,11). Das Leben Jesu war von einem Sturm bedroht, der zweifellos durch böse und übernatürliche Kräfte auf dem See Genezareth hervorgerufen wurde. Auch wir wissen, wie es ist, sich zu klein, zu schwach und völlig unfähig zu fühlen, um es mit den starken Chaoskräften aufzunehmen, die unser Leben und unsere Familien durcheinanderbringen.

Wieder beten sie (V. 28), und wieder erhört Gott (V. 29–30). Er stillt den Sturm, wie er es (bekanntlich und sehr dramatisch) durch die Worte Jesu in Galiläa tat (vgl. Mk 4,35–41). Daher sagen sie wieder Dank (Ps 107,31–32).

Ein alter Kommentator, A. F. Kirkpatrick, schreibt:

> *»Israel war kurz davor, in der großen Wüste der Welt zu verschmachten, aufgrund seiner Übertretungen*

im düsteren Kerker des Exils gefangen, aufgrund seiner eigenen Sünde todkrank und fast schon verschlungen vom weiten Ozean der Völker.«

(The Book of Psalms, S. 637–638)

Diese historischen Erfahrungen Israels sind Vorschattungen der Leiden Jesu und der Erfahrung seines Volkes in jedem Zeitalter. Wir erkennen die Liebe Gottes an seiner Rettung aus dieser vierfach schrecklichen Bedrängnis.

EINE ÜBERRASCHUNG ZUM SCHLUSS

Die Überraschung an dieser Stelle des Psalms ist, dass als Nächstes nicht noch eine fünfte Szene nach dem gleichen Muster folgt. Stattdessen sehen wir, wie Gott sein Volk durch schwere Zeiten (V. 33–34.39–40) und durch gute Zeiten (V. 35–37.41) führt. Beachte, dass es Gott ist, der beides tut. Die schlechten Zeiten passieren nicht einfach, sondern Gott lässt sie zu. Sowohl die schlechten als auch die guten Zeiten sind die fortwährende Umsetzung seiner unermüdlichen Liebe. Deshalb muss der Weise diese Dinge beachten und sich merken, denn bei all diesen Ereignissen – den schweren wie den guten – handelt es sich um die *»Wohltaten«* des Herrn (V. 43).

Aus der Perspektive der alttestamentlichen Geschichte handelt es sich hier um einen Katalog von Bundesflüchen und -segnungen (vgl. 5 Mose 28). Die guten Zeiten sind der Segen der Bundestreue, die schlechten Zeiten sind Gericht aufgrund der Auflehnung gegen den Bund. Daher besteht die echte Überraschung darin, dass Gott bei einem von Natur aus untreuen Volk ausharrt, um es an den Ort des Segens zu bringen. Er gebraucht Leid, um es zu demütigen und zur Umkehr zu führen, damit er es dann segnen kann. Selbst Jesus, der keine Sünde kannte, wurde durch Leiden vollkommen gemacht (in dem Sinn, dass er als Mensch in vollkommenem Gehorsam gegenüber seinem Vater lebte; vgl. 2 Kor 5, 21; Hebr 2, 10). Als Jesus diesen

Psalm während seines irdischen Lebens hörte und sang, bedachte wohl auch er die Wohltaten seines Vaters. Er verstand, dass bei dem Prozess, vollkommen gemacht zu werden, selbst er, der niemals sündigte, unweigerlich auch den Weg durch die Tränentäler gehen musste.

Wenn das für ihn galt – den vollkommenen Menschen, der litt, damit uns vergeben werden kann –, dann wird es ganz bestimmt auch für uns gelten. Gott hat verheißen, dass er jeden Einzelnen aus seinem Volk Jesus charakterlich gleichgestalten möchte (vgl. Röm 8,29). Zu diesem *»Besten«* wirkt er immerfort in denen, die ihn lieben (Röm 8,28). Wir wünschen uns manchmal – ich wünsche mir häufig –, dass das nicht so schmerzhaft wäre. Gottes Ziel ist aber nicht unsere Bequemlichkeit, sondern unsere Christusähnlichkeit. Er hat verheißen, dies zu bewirken. Wir sollen gesegnet werden, indem wir Jesus ähnlicher werden, bei dem wir am Ende sein werden. Wie schmerzhaft es auch in diesem Leben sein mag – dann werden wir sehen, dass es sich mehr als gelohnt hat.

Die Höhen und Tiefen des Lebens sind kein Zeichen, dass Gottes Liebe zu- oder abgenommen hätte. Weil wir in Christus sind, der Gottes Gesetz vollständig und endgültig erfüllt hat, ist bei jedem von uns seine unveränderliche Liebe fortwährend am Wirken. Gott liebt dich wirklich – und das ist immer ein Grund, ihm voller Freude zu danken.

ZUM NACHDENKEN

1. Was hast du in diesem Psalm über die Liebe Gottes gelernt?
2. Findest du irgendetwas überraschend, das Gott in diesem Psalm tut?
3. Wo erkennst du in deiner eigenen Vergangenheit Gottes Wohltaten?

PSALM 109 UND 110

13. EIN VERRAT UND EINE VERHEISSUNG

Auch wenn Buch V wohl nach dem Exil zusammengestellt wurde, nahmen die vom Geist inspirierten Redakteure zwei kleine Gruppen von älteren Psalmen Davids mit auf (108–110 und 138–145; zudem stammen auch vier Wallfahrtslieder von David: 122, 124, 131 und 133). Zwei davon wollen wir uns nun ansehen. Der erste Psalm konzentriert sich auf den Verrat an König David – einen Verrat, der einen größeren Verrat viele Jahrhunderte später vorschattete. Im zweiten gibt Gott König David eine wunderbare Verheißung – eine Verheißung, die in des großen Davids größerem Sohn erfüllt wird. Wie wir sehen werden, zitiert das Neue Testament beide Psalmen.

PSALM 109

EIN SCHWIERIGER PSALM

Wenn wir uns aufmachen, die Psalmen beten zu lernen, stellen wir fest, dass manche leichter zu beten sind als andere. Psalm 109 ist einer von den schwierigen und stellt uns vor ein Problem: Wir tun uns schwer damit, wenn der Psalmist für die Bestrafung seiner Feinde betet, und wir fragen uns, wie wir dieses Gebet denn mitsprechen können und ob wir das überhaupt tun sollten. Ich habe Psalm 109 ausgewählt, weil er dieses Problem ausgesprochen deutlich erkennen lässt. Weitere Beispiele sind Psalm 69, 25–29, Psalm 104, 35 und Teile der Psalmen 137 und 139 (vgl. Kap. 15).

Psalm 109 fühlt sich an, als würde man beten: »Lieber Gott, mein liebender himmlischer Vater, ich möchte dich wegen Soundso bitten, der mir auf der Arbeit Schwierigkeiten macht. Bitte mach, dass er bald stirbt. Lass seine Kinder als Bettler umherziehen, ohne dass jemand Mitleid mit ihnen hat. Bitte tu das für mich. Ich danke dir, lieber himmlischer Vater. In Jesu Namen, Amen.«

Natürlich wollen wir kein derart rachsüchtiges Gebet sprechen! In Wirklichkeit sind Gebete wie Psalm 109 jedoch keineswegs so. Sie sind etwas völlig anderes, und wenn wir etwas Vorsicht walten lassen, können wir sie in unser Psalmengebet einschließen.

Es gibt mindestens fünf Gründe, weshalb wir sie nicht außen vor lassen sollten:

- Solche Gebete sind in die Struktur vieler Psalmen eingewoben, sodass wir das ganze Gefüge des Psalters zerstören, wenn wir sie herausnehmen.
- Wir dürfen nicht der oberflächlichen und irrigen Vorstellung verfallen, dass diese Gebete Teil des hässlichen Alten Testaments sind, während wir als Christen dem viel netteren Neuen Testament folgen. Viele Aussagen, denen wir im Neuen Testament den meisten Beifall zollen, sind letztlich Zitate aus dem Alten Testament (z. B. *»Du sollst deinen Nächsten lieben wie dich selbst«* aus 3 Mose 19, 18 oder *»Hungert deinen Feind, so speise ihn mit Brot«* aus Spr 25, 21–22, zitiert in Röm 12). Gleichermaßen enthält das Neue Testament einige ziemlich heftige, negative Aussagen, die dem Alten Testament in nichts nachstehen (z. B. 1 Kor 16, 22).
- Wenn wir einmal anfangen, uns herauszupicken, welche Teile der Psalmen wir beten wollen, dann

haben die Psalmen als Ganzes aufgehört, uns anzuleiten. Schließlich sind wir es dann, die auswählen, was wir gern beten möchten.

- Die Geschichte des Christentums bestätigt nachdrücklich die Praxis, alle Psalmen zu beten.
- Das Neue Testament zitiert ausdrücklich und zustimmend eine Reihe dieser Gebete, die wir in den Psalmen so problematisch finden. (Insbesondere zitiert Apg 1,16–20 zustimmend aus Ps 69 und Ps 109. Ich erläutere dies näher in Kapitel 8 meines Buches *Teaching Psalms*, Bd. 1, v. a. S. 129.)

Der Psalm beginnt mit einer Beschreibung der Krise, in der sich David befindet (Ps 109,1–5). Anschließend betet David energisch gegen seine Feinde und insbesondere einen Verräter (V. 6–20). Daraufhin spricht er ein inständiges Gebet für sich selbst (V. 21–29) und schließt mit Lobpreis (V. 30–31).

Am Beginn und Ende des Psalms finden wir Lobpreis (V. 1.30). Weit davon entfernt, ein Problem zu sein, sollen wir in den Versen dazwischen eine Wahrheit finden, die uns zum frohen Lob Gottes bewegen soll.

EIN GEBET IN DER KRISE

Im Kern geht es in diesem Psalm darum, was über David *gesagt* wird. Wird er verurteilt oder gerecht gesprochen? Gott schweigt und David wünscht sich, dass er spricht (V. 1), weil da eine Menge anderer Leute sind, die *»ihr Lügenmaul ... wider mich aufgetan«* haben (V. 2). Ihr Charakter ist von *»Frevel«* gezeichnet, ihre Motivation ist *»Hass«* und sie *»feinden«* David *»an«* (V. 4), obwohl er ihnen *»Liebe«* entgegenbrachte und ihnen *»Gutes«* tat (V. 2–5).

Soweit wir Davids Lebensgeschichte kennen, könnte er hier entweder von Doëg, dem Edomiter, sprechen, der David an Saul verriet (vgl. 1 Sam 21; 22, 9), von Ahitofel, der sich dem Aufstand von Davids

Sohn Absalom anschloss (vgl. 2 Sam 16–17), oder von Schimi, der David verfluchte (vgl. 2 Sam 16,5–8). Wir wissen es nicht. Es geht jedenfalls darum, dass David angefeindet und eines Fehlverhaltens beschuldigt wird. Darum muss er dringend rehabilitiert werden.

EIN GEBET GEGEN DEN VERRÄTER

Beachte, dass Psalm 109,6–20 kein Fluch, sondern ein Gebet ist. David betet zu Gott: *»Gib«* ihm einen Zeugen, der *»zu seiner Rechten«* steht (das ist Gerichtssprache), um gegen diesen falschen und verräterischen Zeugen auszusagen (V. 6–7). In Vers 6 ist der *»Frevler«* der ersten Vershälfte praktisch gleichbedeutend mit dem *»Ankläger«* in der zweiten Hälfte des Verses. Ihm *»einen Frevler«* zu bestellen heißt, ihm jemanden zuzuweisen, der ihm feindlich gegenübersteht – einen Staatsanwalt, der ihn verurteilen wird.

Man spricht bei Gebeten, in denen solche Aussagen vorkommen, zuweilen von »Fluch-« oder »Rachepsalmen«. Das sind sie aber gerade nicht. Weder David hier noch andere Psalmisten an anderer Stelle versuchen, einen Fluch über ihre Feinde zu bringen. Stattdessen sprechen sie mit Gott über ihre Feinde. Das ist etwas anderes, denn damit wird der Ausgang in Gottes Hände gelegt. Der König beherzigt, was das Alte Testament als Gottes Anspruch lehrt: *»Die Rache ist mein, ich will vergelten«* (5 Mose 32,35, dies wird in Röm 12,19 zitiert). Wenn der HERR sagt: *»ich will vergelten«,* dann sollen du und ich (und David) es nicht tun. Unter Verwendung von Gerichtssprache betet David, dass er, der des falschen Handelns angeklagte König, rehabilitiert und der falsche Zeuge von der Unhaltbarkeit seiner Anschuldigungen überführt wird. Denn wenn der falsche Zeuge nicht überführt wird, wird der König zu Unrecht verurteilt werden.

In Psalm 109,8 erfahren wir, dass dieser Mann ein *»Amt«* ausfüllt. Es handelt sich nicht nur um irgendeinen Israeliten, sondern um eine hochrangige Persönlichkeit in Davids Regierung. Entsprechend ist sein Verhalten nicht nur ein persönlicher Affront gegen David, sondern Verrat gegen den König. Hochverrat ist wahrscheinlich in den Gesetzen aller Nationen das schlimmste Verbrechen, denn er bedroht das Gefüge des ganzen Landes. Das Volk hoffte, unter dem Schutz des gesalbten Königs, des »Messias«, sicher zu leben (vgl. Klgl 4,20). Sollte Davids Feind Erfolg haben, ist die ganze Nation in Gefahr. Wir müssen nachempfinden, wie ernst dieses Verbrechen ist.

In Psalm 109,9–15 richtet David sein Gebet gegen die Familie dieses Mannes. Das ist wahrscheinlich der Teil, den wir am schwierigsten finden. Für unsere individualistische westliche Weltsicht ist es unverständlich, weshalb (auch wenn der Mann selbst schuldig ist) seine Frau und seine Kinder bestraft werden sollen. Wir müssen aber verstehen, welcher Gedanke diesem Gebet zugrunde liegt. David betet, dass die ganze Familie dieses Mannes *»ausgerottet werden«* soll und niemand übrigbleibt. Warum? Weil die allgemeinen Überzeugungen und das Verhalten seiner Familie mit dem Verhalten des Mannes übereinstimmen. Wie der Vater, so auch der Sohn und die Tochter – das ist der normale Lauf der Dinge. Der Geist des Verrats, der diesen Mann antreibt, ist wie ein schreckliches Virus, mit dem auch seine Familie und alle anderen, die unter seinem Einfluss stehen, infiziert sind. Wie ein lebensbedrohliches Virus ausgerottet werden muss, um die restlichen Menschen zu schützen, so müssen alle entfernt werden, die die Anliegen dieses Mannes teilen.

Doch selbst bei der Betrachtung dieser allgemeinen Wahrheit müssen wir uns daran erinnern, dass die Bibel uns immer wieder kleine Ausblicke auf herrliche Ausnahmen schenkt. Die Moabiter waren von alters her Feinde des Volkes Gottes, doch Rut kehrte um und fand unter den Flügeln des Gottes Israels Zuflucht (vgl. Rut 2,12). Es gab leibliche Nachkommen der Pharaonen, die sich dem Volk Gottes anschlossen (vgl. z. B. 2 Mose 12,38; 1 Chr 4,17–18). Das ist wunderbar. Allerdings mussten sie zuerst die Solidarität mit ihrer Gemeinschaft aufgeben und sich von der verdorbenen Familie oder Kultur lossagen, die sie geprägt hatte (vgl. Apg 2,40). David betet in Psalm 109,9–15 darum, dass alle, die das verräterische Herz teilen, überwunden und entfernt werden. Das ist ein notwendiges Gebet, selbst wenn es die wunderbare Möglichkeit der Umkehr nicht anspricht.

In den Versen 16–19 geht es offensichtlich um Angemessenheit, denn die Strafe, um die David betet, stimmt genau mit dem Vergehen überein, dessen dieser Mann schuldig ist. Das Wort *»Barmherzigkeit«* (V. 16) ist wiederum die »beständige Liebe« (*chesed*). Dieser Mann hat es verwirkt, beständige Liebe zu empfangen, weil er eine solche auch nie gezeigt hat. Es gefiel ihm dagegen, andere zu verfluchen, und so wurde das Fluchen Teil seines Charakters. Deshalb, so betet David, wird er von Gott verflucht werden (V. 17–19).

Vers 20 betont, dass diese Strafe vom HERRN ausgeht, nicht von König David. Jene, die Gottes gesalbten König falsch anschuldigen und Böses über ihn reden, greifen Gottes ganzes Volk an. Gott aber verhieß schon zu Abrahams Zeiten, dass diejenigen, die Abrahams Volk verfluchen, von Gott verflucht werden (vgl. 1 Mose 12, 3). Somit betet David darum, dass Gott eben das tut, was Gott schon längst zugesagt hat.

EIN GEBET UM REHABILITIERUNG

In Psalm 109, 21–29 betet der König erneut darum, rehabilitiert zu werden. Er bittet darum *»um deines Namens willen«*, denn Gottes Ehre hängt von der Rehabilitierung von Gottes König ab. Er befindet sich in einer verzweifelten Notlage, schwindet dahin und ist dem Tode sehr nah. Er sehnt sich danach, gesegnet (V. 28) und rehabilitiert (V. 29) zu werden – dass also das abschließende Urteil zu seinen Gunsten und gegen seine Verleumder ausfällt.

DER LOBPREIS DES KÖNIGS

David schließt mit der Bekräftigung, dass er die *»Menge«* des versammelten Volkes Gottes im Lobpreis des guten Gottes anführen will, der *»dem Armen zur Rechten [steht], dass er ihm helfe von denen, die ihn verurteilen«* (V. 30–31; das ist wieder Gerichtssprache). Beachte, dass David Gott nicht nur dafür preist, dass er David selbst, den König, gerecht spricht, sondern dass die Rehabilitation des Königs die Gewährleistung bedeutet, dass Gott jedem helfen wird, der zum König gehört.

König David hatte recht damit, dafür zu beten, dass er als König von Gottes erwähltem Volk nicht aufgrund einer falschen Anklage verurteilt wird. Er hatte recht, weil das Wohlergehen und der Friede des ganzen Volkes auf seiner Rehabilitation beruhen. Er hatte recht, weil dieser Verräter das ganze Gefüge des Volkes Gottes gefährdet. In diesem Psalm geht es nicht um einen persönlichen Rachefeldzug zwischen zwei Personen. Es geht um einen Verräter, der dem König ein Messer an die Kehle hält: dem König, der die einzige Hoffnung des gesamten Volkes ist.

Einige Wochen nach Jesu Tod und Auferstehung sprach der Apostel Petrus über Judas Iskariot und zitierte dabei aus zwei Psalmen. Ein Zitat stammte aus diesem Psalm: *»sein Amt soll ein andrer empfangen«* (V. 8; Apg 1, 20). Wer auch immer König David Jahrhunderte zuvor verriet, es war eine schreckliche Vorschattung des Judas. Er hatte ein *»Amt«* innerhalb der Apostelgruppe und verriet seinen Meister mit einem Kuss. Der Meister, der ihm nichts als Liebe entgegengebracht hatte, erntete im Gegenzug Lügen und Verrat. Das schreckliche Schicksal des Judas (vgl. Apg 1, 18) ist eine Warnung, dass Psalm 109 wahr ist.

Uns bewegt aber immer noch die Frage: Können wir das beten? Wir verstehen vielleicht noch, wie Jesus das beten kann. Er gab aus Liebe sein Leben für Sünder. Er ist der Einzige, der mit absolut reinen Motiven zugleich darum beten kann, dass der Vater jenen vergibt, die ihn kreuzigen, weil sie nicht wissen, was sie tun (vgl. Lk 23, 34), und dass der Vater Judas Iskariot dem schrecklichen Gericht überantwortet, das ihn treffen muss und zu Recht trifft.

Aber was ist mit uns? Stephanus, der erste christliche Märtyrer, betete, dass Gott denen vergeben möge, die ihn steinigten (vgl. Apg 7,60). Wir sollen für die bitten, die uns verfolgen, sie segnen und nicht verfluchen (vgl. Mt 5,44; Röm 12,14). Wie passt dazu ein solcher Psalm? Wenn wir im Vaterunser die Worte *»Dein Reich komme«* sprechen, beten wir in einem gewissen Sinn um das Endgericht. Wir bitten den Vater, er möge sein Reich kommen lassen, wohl wissend, dass an jenem Tag alle verurteilt werden, deren Herz endgültig verstockt und somit unbußfertig ist. Es ist schrecklich, darum zu bitten. Dennoch ist es nötig, darum zu bitten. Denn wenn dieses Endgericht nicht käme, würde der neue Himmel und die neue Erde weiterhin von Sünde befleckt sein und Jesus, der Herr, würde weiterhin nicht die Ehre bekommen, die ihm gebührt. Nur ein endgültiges und unumstößliches Gericht wird ausreichen, um *»einen neuen Himmel und eine neue Erde ..., in denen Gerechtigkeit wohnt«* herbeizuführen (2 Petr 3,13). Dort werden wir sehen, wie jede Zunge bekennt, *»dass Jesus Christus der Herr ist, zur Ehre Gottes, des Vaters«* (Phil 2,11).

Wir können und dürfen hier keine Namen nennen – wir dürfen nicht dafür beten, dass eine bestimmte Person verurteilt wird. Schließlich wissen wir nicht, wer bis zum Schluss unbußfertig bleibt. Wenn wir beobachtet hätten, wie die Gruppe der Apostel auf Jesu Verhaftung und seinen Prozess reagierte, dann hätten wir vielleicht gefolgert, dass Simon Petrus verdammt wird, da er seinen Meister mehrmals verleugnete. Glücklicherweise hätten wir uns damit geirrt. Hätten wir zu den Christen der ersten Generation gehört, dann hätten wir vielleicht bei Saulus von Tarsus, der gegen die Gemeinde wütete, vermutet, dass er verdammt wird – und glücklicherweise hätten wir uns wieder geirrt. Wir können jedoch unter der Leitung Jesu beten, dass aller Verrat an Jesus und seinem Volk schließlich ein Ende finden wird. Dieser Psalm zeigt uns, wie wir dafür beten können.

Johannes Calvin schreibt, dass König David ein Typos ist:

> *»[D]a er aber die Person Christi, des Hauptes der Gemeinde, darstellt, erfüllt sich, was er sagt, recht eigentlich in diesem, sodann auch in allen einzelnen*

> *Gläubigen, sofern sie seine Glieder sind. Sie sollen also hier lernen, bei ungerechter Bedrängnis durch ihre Feinde die Hilfe ihres himmlischen Rächers anzurufen.«*
>
> *(Johannes Calvins Auslegung der Heiligen Schrift, Bd. 5, S. 353)*

Man könnte noch mehr dazu sagen, unter anderem auch folgende tiefe Wahrheit: Wenn ein Verfolger wunderbarerweise umkehrt, so wie es Saulus von Tarsus tat, dann wurde für seine Sünden tatsächlich am Kreuz bezahlt. Daher wird das Gebet dieses Psalms immer erhört, ob durch Gericht über den Verfolger oder durch die Wunden des Erlösers, der für diesen Menschen bezahlt (vgl. mein Buch *Teaching Psalms*, Bd. 1, S. 132–133).

ZUM NACHDENKEN

1. Rächst du dich oder bittest du Gott um Hilfe, wenn Menschen dich schlecht behandeln?
2. Wann würdest du am ehesten dafür beten, dass Gott richtet? Denkst du, du solltest häufiger darum bitten?
3. Wie verändert das Nachdenken über das Kreuz die Art und Weise, wie du diesen Psalm liest?

PSALM 110

Es ist schön und gut, zu sagen, dass Gottes König gewinnen wird. Aber wie wird er gewinnen? Wird er die menschliche Kraft durch eine stärkere Kraft überwinden? Wird er seine Gegner überwältigen und sie dann in die Vergessenheit versinken lassen?

Wenn du ein Nachfolger Jesu bist, ist das von großer Bedeutung – denn der Jesus, dem du nachfolgst, scheint für viele kein Gewinnertyp zu sein. Den meisten Leuten kommt der Gedanke, dass Jesus Christus die Welt erobern wird, geradezu absurd vor. Psalm 110 wird uns zeigen, weshalb dieser Anspruch dennoch glaubhaft ist. Das Neue Testament zitiert diesen Psalm außergewöhnlich häufig oder spielt auf ihn an. Er ist wie eine Webseite, in der es von Verlinkungen zu anderen Seiten nur so wimmelt.

In der kleinen Sammlung von Davidspsalmen kurz nach Beginn von Buch V ist dies ist der dritte und letzte Psalm. Bei Psalm 108 handelt es sich um eine Zusammenstellung aus zwei früheren Psalmen Davids, es geht darin um den Sieg des Königs im Krieg. In Psalm 109 befindet sich der König – wie wir gesehen haben – in ernsten Schwierigkeiten, da er hintergangen wurde und ihm die Verurteilung aufgrund von Verrat und Falschaussagen droht. Er ruft Gott, den Richter, eindringlich an, ihm zum Recht zu verhelfen (109, 31). Wird er zu seinem Recht kommen? Mit dieser Frage im Kopf treten wir an Psalm 110 heran.

Dieser kurze und bekannte Psalm lässt sich klar in zwei Abschnitte unterteilen. Jeder Abschnitt fängt mit einer Aussage an, die Gott im Himmel über seinen König macht: Psalm 110, 1–3 beginnt damit, dass Gott zum König spricht und ihm eine Verheißung gibt. Dann beginnen die Verse 4–7 mit einem Eid, den Gott im Hinblick auf den König schwört.

SIEG DURCH VERÄNDERTES LEBEN

Als Erstes fällt auf, dass der König Sieg benötigt, weil er viele Feinde hat. Die *»Feinde«* erscheinen in Vers 1. In Vers 2 wird dann beschrieben, wie der König *»inmitten deiner Feinde«* herrscht, was andeutet, dass die Feinde rings um ihn her sind. Durch den Anfang von Psalm 2 wissen wir, dass das so zu erwarten ist: All die mächtigen Leute der Welt, die sich in jeder Hinsicht uneinig sind, stimmen darin überein, dass sie nicht vom Bundesgott im Himmel (dem *»HERRN«*) oder seinem gesalbten König auf Erden regiert werden wollen (Ps 2,1–3).

Die alttestamentlichen Feinde von David und seinen Nachfolgern waren Völker wie die Philister, Moabiter, Edomiter, Ammoniter, Assyrer und Babylonier. Sie repräsentierten jedoch lediglich eine generell rebellische Menschheit. Wir alle weigern uns von Natur aus, Gottes König über uns herrschen zu lassen. Wir sind entschlossen, unsere eigenen Entscheidungen zu treffen, wenn es um unsere Arbeit, unsere Karriere, unsere sexuellen Beziehungen, unseren Besitz, unser Geld und unsere Rechte geht. Der Gedanke, dass unsere (vermeintliche) Freiheit durch eine äußere Macht eingeschränkt werden könnte, die uns sagt, was wir tun sollen, klingt für uns abstoßend.

Angesichts einer feindlichen Welt macht Gott dem König eine feierliche Erklärung. Die Wendung, die mit *»Der HERR sprach«* übersetzt wird, bedeutet eigentlich so viel wie: »prophetischer Ausspruch des HERRN«. Die einzige andere Verwendung dieses gewichtigen Begriffs innerhalb der Psalmen finden wir in Psalm 36,2, wobei die meisten deutschen Übersetzungen das anders wiedergeben. Hier in Psalm 110,1 spricht Gott im Himmel zu *»meinem Herrn«*, womit »mein Meister« gemeint ist. Bald wird klar werden, dass »mein Herr« der menschliche König aus Davids Geschlecht ist.

Der Bundesgott im Himmel sagt zum König: *»Setze dich zu meiner Rechten«*. Das ist eher symbolisch als buchstäblich gemeint – das

»Sitzen zur Rechten« bedeutet, eine Macht- und Autoritätsposition innezuhaben, die einem von demjenigen verliehen wurde, zu dessen Rechten man sitzt. Wir würden sagen, Gottes »rechte Hand« zu sein. In der Symbolik des Alten Testaments war der leere »Stuhl« im Allerheiligsten unter den Flügeln der Cherubim der Thron, auf dem der unsichtbare Gott saß, um die Welt zu regieren – Gott wird beschrieben als der, *»der über den Cherubim thront«* (z. B. 1 Sam 4, 4).

Der König aus Davids Geschlecht sitzt nicht leiblich auf diesem Thron. Der Thron ist der Ort, von dem aus er die Autorität Gottes ausübt. Von Salomo wurde sogar gesagt, dass er auf dem Thron des HERRN saß (vgl. 1 Chr 29, 23). Psalm 80 berichtet davon, dass Gott sich einen Mann seiner Rechten großgezogen hat (vgl. Ps 80, 18). Jeremia redete in Erwartung des Neuen Bundes prophetisch von dem Tag, an dem ein Fürst emporgebracht wird, der *»aus ihrer Mitte«* (d. h. ein Mensch) kommen wird, den Gott *»herzutreten«* lässt, um Gott zu *»nahen«* (Jer 30, 21).

Von diesem Thron aus kann der König seine Füße auf den Nacken seiner Feinde setzen, sodass sie *»zum Schemel unter deine Füße«* werden (Ps 110, 1). Als Josua fünf Könige besiegte, rief er die Obersten seines Kriegsvolks herbei: *»Kommt her und setzt eure Füße auf den Nacken dieser Könige«*, zum anschaulichen Zeichen ihrer Niederlage und Josuas Sieg (Jos 10, 24). Der König aus Psalm 110 wird diese Art von Sieger sein. Das bedeutet es, zur Rechten Gottes zu sitzen.

Zudem wird sich seine Macht ausweiten. Er *»wird das Zepter deiner Macht [das Symbol der Macht] ausstrecken aus Zion«* (Ps 110, 2), dem Ort des Bundes mit David (vgl. 2 Sam 5, 7). Er wird die Verheißungen erben, die David in 2. Samuel 7 gegeben wurden und die in Psalm 2 widerhallen.

Wie soll das geschehen? Der Schlüssel ist Psalm 110, 3. Sein Heer wird ihm *»willig«* in den Kampf folgen. Es wird sich dabei nicht um zögerliche Wehrpflichtige handeln, sondern um Menschen, deren Herzen zutiefst verändert wurden. Komme, was da wolle – welche Leiden sie auch ertragen müssen und wie auch immer der Kampf verlaufen mag –, ihre rückhaltlose Bereitschaft, ihrem König zu dienen, steht außer Zweifel. Es wird ein sehr prächtiges Heer sein: *»in heiligem Schmuck«*. Ihre glänzende Kleidung verrät die Andersartigkeit und Heiligkeit ihres Lebens. Die Wendung *»Aus dem Schoß der Morgenröte habe ich dich geboren wie den Tau«* vermittelt ein Bild frischer, jugendlicher Energie – es handelt sich um dynamische Freiwillige. Charles Spurgeon schrieb, dass »Bekehrte in großer Zahl« kommen werden – »sobald sein Ruf erschallt, eilen sie mit Freuden herzu, um seiner Herrschaft zu huldigen und sich aus innerem Antriebe seinem Feldherrnstabe zur Verfügung zu stellen; beim Schall des Evangeliums treten sie behende in großer Zahl hervor, gerade wie am Morgen der Tau auf einmal da ist und in unzähliger Menge auf Feld und Wiese perlt« (*Die Schatzkammer Davids*, S. 1530). Durch dieses *willige* Heer wird der König siegen.

SIEG DURCH PRIESTERLICHES HANDELN

In Vers 4 sehen wir eine weitere feierliche Verheißung Gottes. Die Feierlichkeit wurde in Vers 1 durch den »prophetischen Ausspruch« signalisiert. Hier beruht sie auf der Formulierung: *»hat geschworen und es wird ihn nicht gereuen«*. In gewisser Hinsicht bereut Gott niemals etwas. Es gibt jedoch Situationen, in denen Gott sich entscheidet, umzuschwenken, wenn Menschen unter seiner souveränen Leitung auf die eine oder andere Weise reagieren. Er beschließt, Segen vom Glauben abhängig zu machen: Wenn er einem Menschen Glauben gewährt, ändert er auch seine Haltung gegenüber ihm und schenkt ihm Segen statt Fluch (wie er es z. B. zur Zeit Jonas mit Ninive machte, vgl. Jona 3, 9–10). In diesem Sinn kann man über Gott sagen, dass er etwas bereut. Hier in Psalm 110, 4 sehen wir hingegen etwas absolut Unumstößliches. Wir Menschen können tun und sagen, was wir wollen – Gott im Himmel hat entschieden, dass das, was er nun ankündigt, wahr ist und für immer wahr bleiben wird. Seine feierliche Verheißung lautet, dass der König *»ein Priester«* sein wird.

Er wird ein Priester-König sein: In seiner Person wird er das Amt des Königs (für Gott über Menschen zu herrschen) und das Amt des Priesters (für Menschen vor Gott als Mittler einzutreten) miteinander vereinen. Darüber hinaus wird er *»ewiglich«* Priester sein. Sein Priestertum wird nicht damit enden, dass er in Rente geht oder stirbt. Seine Mittlerschaft – sein Eintreten für sein Volk vor Gott – wird niemals aufhören. Sie ist bleibend, endgültig und unveränderlich.

Er wird zudem für immer ein Priester *»nach der Weise Melchisedeks«* sein. Von Melchisedek (übersetzt: »König der Gerechtigkeit«) erfahren wir in 1. Mose 14, kurz nachdem die Geschichte des Volkes Gottes begann. Die Priester, die später im Rahmen von Gottes Bund mit Mose eingesetzt wurden, entstammten dem Geschlecht Aarons. Dieser Priester in Psalm 110 steht jedoch in der Erbfolge Melchisedeks. In einer höchst überraschenden Wendung des Berichts von 1. Mose 14 segnete dieser alte Priester-König aus der Stadt Salem (später Jerusalem) Abraham (der damals noch Abram hieß) und Abram gab ihm eine Opfergabe, den Zehnten. Auf diese Weise bestätigte der große Patriarch, dass dieser Priester-König in seiner einzigartigen Person jemanden vorschattete, der größer sein würde als Abraham – jemanden, der groß genug ist, um Abraham zu segnen, und der zu Recht von Abraham den Zehnten erhält. Als Priester-König regierte Melchisedek ein Volk (durch seine Rolle als König) und ermöglichte seinem Volk das erstaunliche Vorrecht des Zugangs zu Gott (durch seine Rolle als Priester). In Hebräer 7 wird all das erläutert.

Hier in Psalm 110 wird nun dem König aus Davids Geschlecht verheißen, dass er ein Priester-König in der Weise sein soll, wie es Jahrhunderte zuvor durch Melchisedek vorgeschattet wurde.

An dieser Stelle müssen wir das Priestertum des Königs (V. 4) mit dem Erscheinen des willigen Heers in Vers 3 in Beziehung setzen. Es liegt nämlich an seinem Priestertum, dass er – wie es im Neuen Bund erfüllt ist – seinem Volk die Vergebung der Sünden und damit Zugang zu Gott ermöglichen wird, wodurch ihre Herzen verändert werden. Dies wird er für immer tun.

Kein Wunder, dass der Psalm mit einem Bild des Triumphs schließt (V. 5–7). Der souveräne Gott (*»Der Herr«*, hebr. *Adonai*) ist zu seiner Rechten. Es tut hier nichts zur Sache, dass er zur Rechten Gottes ist; wenn wir das buchstäblich und nicht symbolisch verstehen, geraten wir in jede Menge Schwierigkeiten! Nein, wenn uns gesagt wird, dass Gott zu seiner Rechten ist, verstehen wir, dass Gott im Himmel so eng mit ihm verbündet sein wird, dass er zwangsläufig siegen wird. Die aufrührerischen *»Könige«* aus Psalm 2 werden zerschmettert, wenn dieser König zu Recht zürnt (*»am Tage seines Zorns«*, Ps 110, 5). Die Macht von den rebellischen *»Völkern«* und der *»Häupter … auf der Erde«* wird vollständig gebrochen (V. 6). Er zieht seinen Truppen bei der siegreichen Offensive voran, hinter den fliehenden Feinden her, und macht dann eine Pause – so das Bild von Vers 7 –, um einen erfrischenden Schluck Wasser zu trinken. Schließlich wird er sein Haupt nach seinem endgültigen Sieg hoch erheben. Mit dieser alten und leicht verständlichen Militärsprache wird beschrieben, dass dieser König siegt – und zwar auf der ganzen Linie!

DER KÖNIG IST DER PRIESTER

Wir neigen dazu, das Königtum für wichtiger als das Priestertum zu halten, aber vielleicht sollte es umgekehrt sein. Weil dieser König Priester ist, folgt alles andere. Das Königtum wird im Namen Gottes über das Volk ausgeübt; das Priestertum hingegen im Namen des Volkes vor Gott. Nur weil dieser König ein Opfer bringt, um die Sünden seines Volkes zu sühnen, kann er ein Volk anführen, dessen Herzen in der Tiefe verändert wurden. Es bildet daher ein großes und unbesiegbares Heer von Männern und Frauen, die entschlossen sind und die Gnade erhalten haben, das Böse mit Gutem zu überwinden. Ein solches Heer, das Böses nicht mit Bösem vergilt, wird nicht aufzuhalten sein. Es folgt einem König, der sich selbst am Kreuz als das endgültige Opfer darbrachte und so das Böse mit Gutem überwand.

ERFÜLLUNG UND ANTWORT

Wie bei so vielen alttestamentlichen Bildern zeigt sich bei der Beschreibung der Person, um die es hier geht, das Gleiche wie bei König Sauls Rüstung, als David sie anprobierte: Sie erweist sich als viel zu groß für irgendeine Persönlichkeit des Alten Testaments. Wir müssen warten, bis Jesus von Nazareth kommt. In ihm sehen wir diesen König-Priester über die Erde gehen, das Königreich Gottes in seiner eigenen Person verkündigen und sich selbst als das Opfer darbringen, durch das er, der große Hohepriester, die Sünden all derer sühnt, die ihm vertrauen.

Kein Wunder, dass das Neue Testament nicht müde wird, diesen Psalm zu zitieren und auf ihn anzuspielen: Wann immer wir hören, dass Jesus »zur Rechten Gottes sitzt«, dann ist das ein Zitat dieses Psalms (z. B. Apg 2,34–35). Hebräer 5–7 entfaltet Jesu Priestertum nach der Ordnung Melchisedeks. Immer wieder wird von seinem endgültigen Sieg auf eine Weise geredet, in der Psalm 110 anklingt (z. B. 1 Kor 15,25).

Wie antworten wir also darauf?

- *Wir sollten uns warnen lassen.* Wir sind Toren (vgl. Ps 2), wenn wir in der Rebellion gegen diesen König verharren, denn Gott hat feierlich und unabänderlich erklärt, dass er siegen wird. Jesus sagte zu denen, die ihn verurteilten: *»Von nun an werdet ihr sehen den Menschensohn sitzen zur Rechten der Kraft«* (Mt 26,64).
- *Wir sollten willig sein.* Welch eine Freude ist es, ein williger Streiter des Herrn Jesus Christus zu sein und ihm gern und freigiebig unser Leben, unsere Kraft und unseren Dienst zu schenken!
- *Wir dürfen Gewissheit haben.* Die vielleicht tiefgreifendste Auswirkung dieses Psalms ist eine

umfassende Gewissheit: Durch den priesterlichen Dienst Jesu verändert Gott auf der ganzen Welt Herzen und nimmt bereitwillige Menschen in seinen königlichen Dienst. Unser Leben ist nun *»wo Christus ist, sitzend zur Rechten Gottes«*; dort ist unser Leben völlig sicher *»verborgen«* (Kol 3,1–3). Eines Tages werden auch wir sozusagen einen erfrischenden Siegestrunk aus dem Bach nehmen und unsere Häupter emporheben, wenn wir an seinem endgültigen Sieg über alles Böse teilhaben.

ZUM NACHDENKEN

1. »Durch dieses willige Heer wird der König siegen.« Christen gehören zu Gottes Heer. Wie kann dieses Bild die Art und Weise verändern, wie du deinen Tag angehst?
2. Warum ist es wichtig, dass Jesus sowohl Priester als auch König ist?
3. Was möchtest du Gott sagen, nachdem du diesen Psalm gelesen hast?

PSALM 120–122 UND 126–128

—

14. HINAUF NACH ZION ZIEHEN

Eine der schönsten Sammlungen des Psalters umfasst die sogenannten Wallfahrtslieder. Die Psalmen 120–134 sind allesamt überschrieben mit *»Ein Wallfahrtslied«*. Mit an Sicherheit grenzender Wahrscheinlichkeit wurden diese Lieder von den Pilgern gesungen, die zu den großen Festen des Alten Bundes hinauf nach Jerusalem zogen, und zwar möglicherweise nach der Rückkehr aus dem Exil (Buch V als Ganzes wurde eindeutig während des Exils oder danach zusammengestellt, siehe Ps 137). Auch einige ältere Lieder (Ps 122, 124, 131 und 133 stammen *»Von David«* und Ps 127 *»Von Salomo«*) wurden in diese Sammlung mit aufgenommen.

Jerusalem liegt relativ hoch, aber dass man »hinauf« nach Jerusalem zieht, bezieht sich nicht darauf. Selbst wenn man auf dem Gipfel des (viel höheren) Hermon losgehen würde, ginge man immer noch nach Jerusalem »hinauf«. Das liegt nicht an seiner Höhe über dem Meeresspiegel, sondern an seiner Bedeutung. In den Tagen des Alten Bundes stand hier der Tempel, in dem Gottes Gegenwart wohnte. Deshalb war Jerusalem der wichtigste Ort auf Erden. Hier berührten Gottes »Füße« die Erde. Hier hatten Sünder durch Opfer einen gewissen Zugang zu Gott. Hier herrschte Gottes König über Gottes Volk.

All dies wurde in Jesus Christus, dem Herrn, erfüllt. Er ist in jeder Hinsicht die Erfüllung dessen, was der Tempel vorschattete: Er ist der Eine, der größer ist als der Tempel, der große Hohepriester, das vollkommene Opfer für Sünden und der König aus Davids Geschlecht.

Als er damals auf Erden umherzog und auch jetzt, da er durch seinen Geist in seiner Gemeinde gegenwärtig ist, war und ist er »Jerusalem« oder »Zion«. Wenn wir diese Lieder in die Tonart des Neuen Bundes transponieren, handeln sie von Jesus Christus und seiner Gemeinde. Im Blick auf seine biblische Bedeutung ist »Jerusalem« heute kein Ort mehr in jener Region im Nahen Osten. Jerusalem ist in Jesus erfüllt (vgl. Mt 12, 6; Joh 2, 12–22), ist ansatzweise an der Ortsgemeinde zu sehen (vgl. 1 Kor 3, 16; 1 Petr 2, 5) und wird vollendet sein, wenn die vollendete Gemeinde Christi im neuen Jerusalem wohnt, welches die neue Schöpfung ausfüllen wird (vgl. Hebr 12, 22; Offb 21, 2).

Es ist gut möglich, dass zumindest in dieser Psalmen-Sammlung einige Psalmen in Dreiergruppen zusammengefasst sind. Daher werden wir von unserem gewohnten Muster abweichen, zwei Psalmen pro Kapitel zu betrachten, und uns diesmal zwei Dreiergruppen ansehen.

PSALM 120–122

EINE STADT DES FRIEDENS

Wo finden wir Frieden? Zahllose Menschen – vielleicht du selbst – sehnen sich nach Frieden, nach Harmonie mit sich selbst und nach Harmonie mit den Menschen in ihrem Umfeld.

Entzweiung und Einheit sind ein durchgängiges Thema in den Wallfahrtsliedern. Diese Sammlung beginnt mit einem Lied, das das Elend beklagt, in einer von Streit zerrissenen Welt zu leben. Der Psalmist ist in großer *»Not«* (Ps 120, 1), weil er von *»falschen Zungen«* umgeben ist (Die Wahrheit ist das erste Opfer des Krieges!) sowie von *»denen, die den Frieden hassen«* und den *»Krieg«* anfangen (V. 6–7).

Es ist ein jämmerliches Bild, und wir wissen genau, wovon der Psalmist redet, denn auch wir leben in der gleichen, kaputten Welt.

So viele Ehen sind geprägt von Betrug und Streit. In viel zu vielen Familien sind die Beziehungen zwischen Kindern und Eltern zerrüttet und es herrscht bittere Rivalität zwischen Geschwistern. Sei es in unserer Nachbarschaft, an unserem Arbeitsplatz, in unserer Region oder unserem Land – Streit oder drohender Streit ist eine allgegenwärtige und schmerzliche Realität. Er verursacht so viel Leid. Natürlich sind du und ich nicht nur Opfer der kriegerischen Sünden anderer, sondern Teil des Problems. Psalm 120 hilft uns, die Not zu empfinden, in einer solchen Welt zu leben.

Die Psalmen 120–122 stellen eine stimmige Dreiergruppe dar. Während Psalm 120 die Zerbrochenheit der Welt beklagt, ist Psalm 121 ein Lied für die Reise zu einem besseren Ort. Die Pilger machen sich auf den Weg nach Jerusalem, um die Hilfe zu suchen, die vom HERRN kommt, dem Bundesgott. Psalm 122 ist dann ein Lied für die Ankunft.

Diese Dreiergruppe passt außerdem stimmig in die gesamte Sammlung von Wallfahrtsliedern: Diese beginnt mit Streit, endet aber schließlich mit dem Klang gesegneter Harmonie in den Psalmen 133 und 134, als sich Gottes Volk in Einheit im Tempel versammelt. Wir behalten diesen Rahmen von Krieg und Frieden im Kopf und schließen uns nun dem Pilger aus Psalm 122 an: Er (oder sie – aber der Einfachheit halber belassen wir es bei der Einzahl) kommt in Jerusalem an, um dort an der Zusammenkunft teilzunehmen.

EINE BESONDERE STADT: ERSTAUNEN, SICHERHEIT, EINHEIT

Die Verse 1–5 wirken, als würde der Pilger unmittelbar vor der Stadt stehen. Mit Davids Lied versucht er, sein Erstaunen darüber in Worte zu fassen, was er hier vorfindet! (Wenn *»Von David«* bedeutet, dass es ursprünglich von David geschrieben wurde, dann ist das, was er sagt, vermutlich in gewissem Sinn prophetisch, denn der Tempel wurde erst nach seinem Tod gebaut.) Ein ansteckendes Gefühl der

Freude ist zu spüren. *»Ich freute mich«* (V. 1), als die Leute zum ersten Mal den Vorschlag machten, auf Pilgerfahrt zu gehen, und zwar insbesondere, weil diese Reise *»zum Hause des HERRN«* führte. Bald würde er nun im Tempel sein, wo Sünder dem lebendigen Gott nahekommen können, ohne lebendig verbrannt zu werden – ihre Sünden werden durch Opfer bedeckt und sie können Vergebung finden. An diesem Ort wirkten die Priester, die Opfer darbrachten, als Mittler zwischen sündigen Menschen und dem heiligen Gott.

Für uns ist es schwierig, das ehrliche Staunen nachzuempfinden, das ein wahrer Gläubiger des Alten Bundes angesichts des Tempels verspürte. Dennoch ist es gut, es zu versuchen. Das wird uns helfen, jenes Erstaunen in die Ehrfurcht und staunende Freude zu übersetzen, die wir angesichts von Jesus Christus empfinden sollten. Jede Regung der erleichterten Freude, die dieser Gläubige empfand, wird in deinem und meinem Herzen noch verstärkt, wenn wir bedenken, dass unsere Sünden durch das Opfer Jesu vergeben sind, und wenn wir durch die hohepriesterliche Mittlerschaft Jesu in die Gegenwart Gottes, des Vaters, treten.

Es ist diese Verwunderung, die unser Pilger zusammen mit seinen Weggefährten zum Ausdruck bringt, als sie sagen: *»Nun stehen unsere Füße in deinen Toren, Jerusalem«* (V. 2). Das ist keine kalte Standortbestimmung per GPS (»Wir sind in Jerusalem«), das ist ein fasziniertes Staunen: »Ist es zu fassen?! Wie wunderbar! Wir sind tatsächlich in Jerusalem!«

Auch Paulus verwendet das Wort *»stehen«*, wenn er von der *»Gnade, in der wir stehen«* spricht (Röm 5, 2). Zuvor »standen« wir an einem schrecklichen Ort, unter dem Gericht Gottes. Jetzt »stehen« wir an einem neuen Ort, in einer neuen Sphäre – der Gnade Gottes. John Newton greift dies in seinem Choral »Glorious things of thee are spoken« auf, wenn er schreibt:

»Heiland, wenn allein aus Gnaden
Ich ein Bürger Zions bin ...«

(Übersetzung: Christian Skau)

Als sich die Pilger in der Stadt umsehen, erkennen sie Jerusalem als *»eine fest in sich geschlossene Stadt«* (Ps 122, 3 ELB). Das bedeutet, dass die Stadt stabil zusammengehalten wird: Sie ist gut gebaut, solide und fest. Es gibt keine Risse, keine Lücken in der Mauer, durch die ein Feind eindringen könnte. Sie ist keine geteilte Stadt, wie Berlin vor 1989. Es handelt sich um eine sichere und uneinnehmbare Stadt mit Fundamenten und Mauern, die erdbebensicher sind und Angriffen standhalten. Jerusalem ist eine solide, herrliche, gewichtige Stadt mit guter Substanz, großen Steingebäuden und guten Steinmauern. Der Psalmist fühlt sich hier sicher. Die Stadt Gottes ist der einzig wirklich sichere Ort der Welt.

Nachdem unser Pilger staunend die Stärke der Stadt wahrgenommen hat, fällt ihm auf, wer zu ihr hinaufzieht und weshalb. *»Die Stämme«* (V. 4) sind die zwölf Stämme der Söhne Jakobs, die einen Großteil der alttestamentlichen Geschichte damit zubrachten, einander zu bekämpfen. Als dieses Lied nach dem Exil gesungen wurde, waren die meisten Stämme zerstreut worden, sie waren von der Bühne der Geschichte verschwunden. Es sind also bemerkenswerte Worte, die da gesungen werden, sieht der Sänger doch vor seinem geistigen Auge die zwölf Stämme, wie sie gemeinsam hinaufziehen, *»zu preisen den Namen des HERRN«*. Was könnte diese ewig streitenden Stämme vereinen? Die Antwort lautet: der gemeinschaftliche Lobpreis, die gemeinsame Anbetung des gleichen Gottes. Wen oder was wir anbeten, wird bestimmen, zu wem oder wohin wir gehören. Letztendlich gehören wir zu jenen, die anbeten, wen oder was wir anbeten. Dagegen sind wir Rivalen derer, die sich mit ihrer Kraft anderen Zielen verschrieben haben. Unser Problem ist, dass wir von Natur aus uns selbst anbeten – wir erschaffen Götzen für uns selbst, die wir selbst formen und auswählen. Ich bete die Götzen, Projekte oder Träume an, die ich mir aussuche. Du betest die Götter und Ziele an, die du dir aussuchst. Ab diesem Moment befinden wir uns zwangsläufig im Krieg oder zumindest auf dem Weg dorthin. Die menschliche Gesellschaft kann keine stabile Harmonie erleben, solange rivalisierende Götter – und damit rivalisierende Anbetung

– nebeneinander existieren wollen. Es kann natürlich ein fragiles »Leben und leben lassen« geben, bei dem wir uns trotz gewisser Reibungspunkte miteinander arrangieren, ohne dass es zum totalen Krieg kommt. Eine stabile Sache kann und wird das aber nicht sein.

Dieser Pilger sieht mit den Augen des Glaubens eine Stadt, die im Zentrum des weltweiten, gemeinsamen Lobpreises und der Anbetung steht. Deshalb ist sie eine stabile und sichere Stadt. Die Sicherheit dieser Stadt beruht auf der vereinten Anbetung ihrer Bürger und Pilger. Die Kirche Christi ist heute dort in bester Verfassung, wo sie unter der biblischen Autorität Christi, ihres Haupts, vereint ist. Viel zu oft verstehen wir unter »Freiheit« nur den Freiraum, die Stabilität zu verlassen, die sich aus der freudigen Unterordnung unter Christus ergibt.

EINE STADT, IN DER DER KÖNIG REGIERT

Während sich die Pilger in Jerusalem umsehen, bleibt ihr Blick an der Regierung hängen. Sie sehen *»Throne zum Gericht«* (V. 5) – ein anschauliches Bild für den Ort, an dem Entscheidungen getroffen werden, wo Recht gesprochen und Autorität ausgeübt wird. Diese *»Throne«* sind die *»des Hauses David«*. Ihre Autorität geht vom gesalbten König aus Davids Geschlecht aus. Weil sich alle Bürger und alle Pilger gehorsam der gleichen Autorität beugen – einer guten und gottgefälligen Autorität –, hat die Harmonie Bestand. Diese Stadt ist der Ort, an dem der Gesalbte, der Christus, regiert.

Unsere Pilger sahen in ihrem Tagtraum des Glaubens eine wunderbare Stadt. Hier wohnte Gott, hier war man in Sicherheit, hier war jeder zwischenmenschliche Krieg besiegt und zu gemeinsamer Anbetung geworden, hier regierte der Christus. Doch das war ein Tagtraum. Wenn der Psalmist seine Augen öffnete und einen nüchternen Blick auf die historische Realität des alttestamentlichen Jerusalems warf, dann muss er etwas völlig anderes gesehen haben.

Das Jerusalem der alttestamentlichen Geschichte war weit davon entfernt, eine *»fest in sich geschlossene Stadt«* zu sein. Allzu häufig war es von Zwistigkeiten zerrissen, von Schwäche heimgesucht und von Sünde verdorben. Es war keineswegs ein Ort der Einheit, sondern immer wieder ein Ort des Streits und des Krieges. Beugte sich jedermann freudig vor der guten Autorität des davidischen Königs? Nein. In Wirklichkeit war Jerusalem in vielerlei Hinsicht das Gegenteil dessen, was es sein sollte. Von Zeit zu Zeit erhaschte man einen kurzen Blick auf das, was Gott mit Jerusalem vorhatte. Im Großen und Ganzen war es aber eine furchtbare Enttäuschung.

Die furchtbarste, größte Enttäuschung folgte jedoch viele Jahre später, als der Mann, auf den alle Prophezeiungen hindeuteten, nach Jerusalem kam. Die Bevölkerung beugte sich nicht vor seiner guten Autorität, sondern klagte ihn zu Unrecht an, sie hasste ihn, verurteilte ihn und kreuzigte ihn. Als Jesus Jerusalem betrat, weinte er über die Stadt und sagte:

> *»Wenn doch auch du erkenntest an diesem Tag, was zum Frieden dient! Aber nun ist's vor deinen Augen verborgen. Denn es wird eine Zeit über dich kommen, da werden deine Feinde um dich einen Wall aufwerfen, dich belagern und von allen Seiten bedrängen und werden dich dem Erdboden gleichmachen samt deinen Kindern in dir und keinen Stein auf dem andern lassen in dir, weil du die Zeit nicht erkannt hast, in der du besucht worden bist.«*
> *(Lk 19, 42–44)*

Das Jerusalem, das in Psalm 122, 1–5 gefeiert wird, wurde nicht im historischen Jerusalem der alttestamentlichen Geschichte erfüllt. Es war ein Jerusalem, das man nur mit den Augen des Glaubens sehen konnte, und das ist es immer noch. Es wird erst erfüllt werden, wenn der Herr Jesus Christus, der gestorben, auferstanden und in den Himmel gefahren ist, seine weltweite Gemeinde gebaut hat und dann vom Himmel zurückkehrt, um seine Gemeinde zu sammeln. Sie soll in dem vollkommenen, himmlischen Jerusalem wohnen, das vom Himmel auf die Erde herabkommen wird. Dann – erst dann – wird für alle Ewigkeit die vollkommene Gegenwart Gottes, die ungetrübte Sicherheit, die grenzenlose Harmonie und die freudige Unterordnung unter die Herrschaft von Gottes König sichtbar werden. Es ist dieses himmlische Jerusalem, das in den Formulierungen dieses Psalms herbeigesehnt wird. Gerade weil die Realität so weit hinter der Prophetie zurückbleibt, endet der Psalm so, wie er endet – mit der Aufforderung zum Gebet.

SEHNSUCHT NACH DEM NEUEN JERUSALEM

»Betet!«, heißt es am Ende des Liedes. »Betet! Betet! Betet!« *»Wünschet [wörtl. erbittet] Jerusalem Frieden!«* (V. 6), weil wir diese vollkommene Harmonie noch nicht sehen. Bittet für die Sicherheit Jerusalems (V. 7), weil dort noch keine Sicherheit herrscht. Wir müssen um den Frieden und die Sicherheit, die in den Versen 1–5 gefeiert wurden, bitten, und zwar inständig. Bezugnehmend auf die Verbindung zwischen dem Namen »Jerusalem« und dem hebräischen Wort für »Frieden« (*shalom* oder *salem*) kommentiert Geoffrey Grogan: »Der Psalmist scheint dafür zu beten, dass die Stadt ihrem Namen gerecht wird« (*Psalms*, S. 201).

Das ist keine Aufforderung, für Frieden im Nahen Osten zu beten. Es ist natürlich gut, für Frieden im Nahen Osten zu beten, wie es auch gut ist, für Frieden in Fernost, in Amerika, in Afrika und in Europa zu beten. In diesem Psalm geht es aber nicht darum. Der Psalm fordert uns auf, für die Kirche Jesu Christi zu beten. Die schöne Vision der Verse 1–5 soll uns inspirieren, dafür zu beten, dass sie in der Gemeinde Wirklichkeit wird. Wir sollen beten, dass diese Beschreibung zunehmend auf unsere Ortsgemeinde zutrifft. Wir sollen beten, dass unsere Ortsgemeinde zu einem Ort wird, an dem Gott mit seiner vergebenden Gnade gegenwärtig ist, an dem Menschen, die von einer gefährlichen Welt gezeichnet sind, Sicherheit finden und an dem entzweite Völker Mauern einstürzen sehen, wenn sie sich gemeinsam unter die liebende Autorität Jesu Christi, des Königs aus Davids Geschlecht, beugen.

Das ist es, was unsere *»Brüder und Freunde«* so dringend brauchen (V. 8). Um ihretwillen müssen wir dafür beten, dass jede Ortsgemeinde zu einem solchen Ort wird – einem Ort, an dem auch sie Gott, den Vater, durch den Sohn Jesus Christus finden können; an dem sie Versöhnung mit Gott und mit den Menschen finden können, von denen sie entfremdet sind; an dem sie sich gemeinsam mit anderen freudig der Autorität Jesu, des Königs, beugen. Wenn wir dafür beten – und wenn unsere Gemeinden durch Gottes Gnade und aufgrund unseres Einsatzes für ihr Bestes (V. 9) mehr und mehr zu solchen Orten werden –, dann werden wir zu einem Haus des HERRN, zu dem die Menschen kommen, *»zu preisen den Namen des HERRN«* (V. 4).

ZUM NACHDENKEN

1. Wie verändern Psalm 120 und 121 die Art und Weise, wie du Psalm 122 liest?
2. Wenn du die Beschreibung Jerusalems ansiehst, die in Wirklichkeit eine Beschreibung des neuen Jerusalems, der neuen Schöpfung ist: Welche Aussage findest du am tröstlichsten oder inspirierendsten?
3. Warum ist es so wichtig, für die Gemeinde zu beten?

PSALM 126–128

Nun wollen wir drei sehr kurze Psalmen betrachten (Ps 126–128), die jeder auf seine Weise von Zion als Projekt sprechen. Die faszinierend unterschiedliche Bildsprache dieser Psalmen wirft für uns einiges Licht darauf, wie die Arbeit für das Evangelium beim Aufbau von Ortsgemeinden aussieht.

DAS GESCHICK ZIONS

Psalm 126,1–3 blickt zurück auf die Zeit, in der Gott das Geschick Zions wendete, was die meisten deutschen Übersetzungen mit der Rückkehr aus dem Exil verbinden. Es kann sich aber auf jede Zeit beziehen, in der Gott mächtig wirkte, um das Volk Gottes zu retten und von Neuem zu festigen. Der Lieddichter blickt auf eine herrliche Zeit zurück. Es war eine Zeit der traumhaften Wunder (V. 1), ähnlich wie wir vielleicht sagen: »Es war ein traumhafter Urlaub.« Es war eine Zeit des *»Lachens«* und *»Rühmens«* (V. 2). Völker nah und fern hörten davon und sagten zueinander, dass der HERR, der Gott Israels, *»Großes an ihnen getan«* hat. Dem stimmt der Lieddichter zu: »Jawohl«, sagt er, »der Herr hat wirklich Großes an uns getan. Wir waren so glücklich!« (V. 3).

Hier müssen wir kurz innehalten. In dieses Lied einzustimmen heißt, sich einer emotionalen Haltung hinzugeben, die keine größere Freude als die Wiederherstellung Zions kennt. Der Psalm beschreibt eine Welt, in der Zion den Menschen wichtiger ist als ihr persönliches Wohlergehen. Aus der Perspektive des Neuen Bundes ist der Psalm Ausdruck eines Herzens, dem die Sache Christi und die Kirche Christi ein tieferes, leidenschaftlicheres Anliegen ist als Bequemlichkeit, Gesundheit, der eigene Erfolg oder ein guter Ruf. Wir sollten uns danach sehnen, dass die Gemeinde Christi unter der

Schrift vereint ist, dass sie von gottesfürchtigem Leben geprägt ist, dass sie Evangelisation ernst nimmt, dass sie von aufopfernder Liebe zueinander und zu einer Not leidenden Welt erfüllt ist – kurz: dass sie ein leuchtendes Zeugnis der Güte Jesu ist. Es ist eine große Herausforderung, sich danach zu sehnen. Die Verse 1–3 zu singen, ist keine lockere oder einfache Sache. Die meisten von uns können sie nicht mit gutem Gewissen singen, es sei denn, dass Gott tief in unseren Herzen einiges verändert hat. Von Natur aus kümmern sich die meisten von uns mehr um sich selbst als um die Gemeinde Jesu Christi. Ich möchte, dass der HERR *mein* Geschick zum Guten wendet. Dagegen ist mir nicht so wichtig, was er für die Geschicke »Zions«, für die Gemeinde, tut oder nicht tut.

Lasst uns also mit unserer Phantasie in die Gefühlswelt dieser Gläubigen eintauchen. Wir wollen ihre Freude mitempfinden, mit ihnen lachen und mit ihnen die Träume von einem wiederhergestellten Zion träumen. Lasst uns beten, dass wir diese Worte heute in der Bedeutung singen oder sprechen, wie sie dem Neuen Bund entspricht, und dass in unseren Herzen eine solch tiefe Freude am Wohlergehen der Gemeinde Christi – in Form unserer Ortsgemeinde – aufbricht, dass sie all unsere bloß persönlichen Freuden und Sorgen übertrifft.

EINE MIT TRÄNEN GESÄTE ERNTE

Es überrascht vielleicht, dass die Verse 4–6 auf die Verse 1–3 folgen und nicht umgekehrt. Schließlich sind die Verse 4–6 ein leidenschaftliches Gebet für ein Zion, das wiederhergestellt werden soll. Wir würden erwarten, dass die Freude über das wiederhergestellte Zion auf das Gebet folgt. Die Reihenfolge im Psalm ist jedoch umgekehrt – und damit realistisch. Das heißt, die bisherigen Wiederherstellungen Zions, ob nun die Rettungen in der alttestamentlichen Geschichte (wie z. B. zur Zeit König Hiskias, vgl. 2 Kön 18,1–19,21) oder zu neutestamentlicher Zeit (beginnend mit Pfingsten, vgl. Apg 2), sind noch nicht die endgültige Wiederherstellung Zions. Heute blicken wir in vielen Ländern auf Zeiten zurück, in denen die Kirche Christi geachtet wurde und Einfluss besaß, und wir trauern über den jetzigen, trostlosen Zustand der Gemeinde. Wenn das so ist, dann ist dieser Psalm für uns.

Psalm 126, 4 lehrt uns nämlich beten, Gott möge unser Schicksal wenden: *»bringe zurück unsre Gefangenen«*. Wir rufen zum Herrn, dass er uns heute die gleiche Barmherzigkeit erweisen möge, die er seiner Gemeinde in der Vergangenheit erwiesen hat. Das Südland ist ein trockenes Gebiet südlich von Jerusalem, zum Toten Meer hin. Dort gibt es viele Flussbetten. Diese Flussbetten oder Wadis sind die meiste Zeit des Jahres knochentrocken, aber wenn der Regen kommt, können sie sich sehr plötzlich bis zum Überlaufen füllen. Die *»Bäche ... im Südland«* sind also ein Bild für plötzlichen, sogar unerwarteten Segen. Wenn Wasser eine Wüstengegend befeuchtet, dann beginnen Samen, die lange Zeit in der Erde schlummerten, plötzlich zu keimen und zu sprießen. »Bitte tu das für deine Gemeinde«, beten wir zum Herrn, und bitten damit um die Bewässerung durch seinen Geist, der allein neues Leben schenken kann.

Vers 5 redet von Zion als einem Projekt, das man mit einer Ernte vergleichen kann. Die Erwähnung der *»Bäche«* lässt unweigerlich an keimende und sprießende Samen denken, und dafür muss zuerst gesät werden. Vers 5 drückt genau das aus: Zuerst gibt es da Menschen, die *»säen«*. Als Jesus diese Bildsprache aufgreift, *»säen«* diejenigen das Wort Gottes – das ist der Same für die Ernte Zions. Sie säen *»mit Tränen«*, denn Säen ist eine schwere und oft undankbare Arbeit. Dann gibt es jedoch eine Verheißung: Sie *»werden mit Freuden ernten«*. Bei dem Projekt Zion wird die Aussaat zu einer Ernte führen. Wenn diese Ernte dann gekommen ist, wird es Freude und Jubel geben, wie es auch bei den früheren Segenszeiten von Vers 2 der Fall war.

Vers 6 intensiviert auf wunderbare Weise den einfachen Kontrast aus Vers 5. In Vers 5 *»säen«* sie *»mit Tränen«*; in Vers 6 *»gehen«* sie *»hin und weinen und tragen guten Samen«*. Im 4. Jahrhundert malte

Bischof Augustinus von Hippo seinen Hörern folgendes anschauliche Bild vor Augen:

> *»Wenn der Bauer mit dem Pflug auf das Feld geht, dort Samen ausbringt – schlägt ihm dann nicht manchmal der Wind entgegen und schreckt ihn nicht manchmal der Regen? Er blickt zum Himmel, sieht ihn wolkenverhangen, er zittert vor Kälte. Dennoch geht er hinaus und sät. Er fürchtet nämlich, die rechte Zeit zu versäumen, würde er auf das schlechte Wetter achtgeben und auf Sonnenschein warten, und dann keine Ernte zu haben.«*
>
> *(Expositions on the Psalms, S. 605).*

So läuft es bei der Arbeit für das Evangelium. Sie bedeutet schlaflose Nächte, sie bringt uns Spott ein, sie verlangt finanzielle Opfer, sie kostet viel harte Arbeit bei nur wenigen vorzeigbaren Ergebnissen und sie ruft den Widerstand verhärteter Menschen hervor. In der echten Zions-Arbeit gibt es viele Tränen. Wenn die Tränen fehlen, müssen wir sogar hinterfragen, ob die Arbeit echt ist.

Warum ist sie diese Tränen wert? Wiederum intensiviert die zweite Hälfte von Vers 6 den vorhergehenden Vers: Sie *»kommen mit Freuden und bringen ihre Garben«*. Zuvor trugen sie in Vers 6 Samen und weinten, nun tragen sie garbenweise Getreide und jubeln! Es wird eine Ernte geben. Zweifle nicht daran! Diesen Psalm können wir singen, wenn wir in der Arbeit für das Evangelium entmutigt sind – wenn der Boden trocken scheint, wenn die sichtbaren Resultate ausbleiben, wenn die Kosten hoch und die Tränen zu viele sind. Unser Weinen ist eine notwendige Vorstufe für die Freude der Ernte. Zion – das wahre Zion, die Gemeinde Jesu – ist eine Ernte, die mit Tränen gesät und mit jubelnder Freude eingebracht wird. Am Anfang stehen die Tränen, aber die Freude wird folgen. In diesem Zeitalter erleben wir vielleicht einen gewissen Vorgeschmack dieser Ernte und dieses

Jubels, vielleicht sehen wir ein Stück weit Erweckung – vielleicht aber auch nicht. Unabhängig davon wird die Ernte kommen.

Bei einem unzweckmäßigen Vorhaben sagen skeptische Stimmen manchmal: »Das wird in Tränen enden.« Wir Christen sollten so etwas nicht sagen. Stattdessen sollten wir über unsere Arbeit für das Evangelium sagen: »Das wird mit Tränen beginnen, aber es wird ebenso sicher in großer Freude enden.«

EINE IM SCHLAF GEBAUTE STADT

In Psalm 127 ändert sich das Bild. Aus einer Ernte, die man sät und einbringt, wird eine Stadt, die man baut. Im Zusammenhang der Wallfahrtslieder beziehen sich das *»Haus«* und die *»Stadt«* am natürlichsten auf den Tempel und Jerusalem bzw. Zion. Der Bau von Gottes *»Haus«* und Gottes *»Stadt«* – letztendlich der Gemeinde Jesu Christi (siehe z. B. 1 Petr 2,4–5) – ist das Thema, mit dem dieser Psalm beginnt. Es gibt jene, *»die daran bauen«* und es gibt *»Wächter«*. Unterschiedliche Menschen sind an dem Projekt beteiligt. So war es auch bei Salomos Tempel und beim zweiten Tempel nach dem Exil – und bei denen, die unter Nehemia die Mauer bauten (vgl. 1 Kön 5–6; Neh 3). Da sind sie, sie bauen immerfort, halten immerfort Wache. Aber – und das ist die Aussage von Psalm 127,1 – der wahre Erbauer und der wahre Wächter ist der HERR selbst. Es ist in erster Linie sein Projekt, dann erst unseres.

Die Besorgnis, die in Vers 2 spürbar wird, kommt davon, dass wir in unserem Herzen glauben, es sei tatsächlich unser Projekt und unsere Verantwortung. Wenn das so ist, dann kann ich es mir nicht leisten, eine Pause zu machen oder gar zu schlafen. Ich muss früh aufstehen und kann erst sehr spät ins Bett gehen, und in der Zwischenzeit muss ich mich abmühen, um die erdrückende Last der Verantwortung zu tragen. Das ist aber sinnlos, *»umsonst«*. Ich kann härter arbeiten als jeder Mensch zuvor, aber es ist vergeblich. Ich kann für das Evangelium morgens, mittags und abends arbeiten, kann versuchen, die

Gemeinde Jesu Christi zu bauen. Wenn nicht Gott selbst wirkt, wird *nichts* geschehen. Dann ist alles sinnlos, fruchtlos und für mein eigenes Leben verheerend destruktiv.

So sollten wir die Arbeit nicht sehen, *»denn seinen Freunden gibt er es im Schlaf«* (V. 2). Schlaf ist eine Gabe. Schlaf ist ein Ausdruck des Glaubens. Wenn ich schlafe, wenn ich mir Zeit für eine Sabbatruhe nehme, wenn ich in Urlaub gehe, wenn ich irgendetwas tue, das mein Leben erquickt, dann sage ich durch mein Tun: Ich glaube wirklich, dass das Zions-Projekt – das Gemeinde-Projekt – Gottes Sache ist und nicht meine. Gott ist der Erbauer. Gott ist der Wächter. Ich kann schlafen, weil Gott es nicht tut (vgl. Ps 121, 3–4). Die gläubigen Erbauer bauen und die gläubigen Wächter wachen – es gibt Arbeit, die zu erledigen ist! Aber sie schlafen auch und ruhen sich aus, denn sie wissen, dass die Sache letztlich von Gott abhängt.

EINE VON GOTT GEGRÜNDETE FAMILIE

Das dritte Bild für Zion ist eine Familie. Ich weiß nicht, weshalb das Bild in der Mitte von Psalm 127 wechselt. Plötzlich sind wir nicht mehr in der Welt, in der man ein Haus baut und eine Stadt bewacht, sondern in der Welt der Kinder! Vielleicht folgt der Psalm dem Muster des Buches Nehemia. Nehemia kam in das zerstörte nachexilische Jerusalem und baute zuerst die Mauer wieder auf. Dann lesen wir: *»Die Stadt aber war weit und groß, aber wenig Volk darinnen«* (Neh 7, 4). Daraufhin wechselt der Fokus von der Mauer zu den Menschen, die innerhalb der Mauern wohnen werden. Ähnlich beginnt Psalm 127 mit dem Bau der Stadt und scheint dann dazu überzugehen, dass sie nun auch Bewohner braucht.

Wir neigen dazu, die Verse 3–5 und danach Psalm 128 so zu lesen, als würden sie sich in erster Linie auf unsere Ehen und unseren sehr natürlichen Wunsch nach Kindern beziehen. Zwar trifft alles, was hier gesagt wird, auf unsere Ehen zu (es ist gut, sich Kinder zu wünschen, und sich zu freuen, wenn Gott uns mit Kindern segnet). Der Zusammenhang deutet jedoch sehr stark darauf hin, dass das Thema hier weniger die individuellen Kernfamilien sind, sondern jene Familien, die das Volk Zions bilden.

Der Leitgedanke in Ps 127, 3–5 ist Nützlichkeit und das Hauptthema von Ps 128 ist Fruchtbarkeit. In Ps 127, 3–5 sehen wir das Bild einer Familie, in der ein Mann Kinder zeugt, die als *»Pfeile«* in seinem *»Köcher«* beschrieben werden und die sich *»im Tor«* als nützlich erweisen werden. Das heißt, diese Kinder werden den guten Kampf des Glaubens kämpfen. Sie werden nützliche Bürger Zions sein. Es geht weniger darum, dass sie die Herzen ihrer Eltern erfreuen (obwohl sie das ebenso tun), sondern darum, dass sie erfolgreiche Kämpfer im guten Kampf werden.

Auf ähnliche Weise spricht Psalm 128 in Begriffen der Fruchtbarkeit. Wir sehen eine Ehefrau, die als *»fruchtbarer Weinstock«* beschrieben wird (V. 3 – ein Bild, das vielleicht nicht unsere erste Wahl wäre), und Kinder, die *»wie junge Ölbäume«* um den Küchentisch sitzen. Mit dem biblischen Bild der »Frucht« ist Gottgefälligkeit gemeint – ein Leben, das Gottes Charaktereigenschaften widerspiegelt, um eine Gesellschaft aufzubauen, die von Gerechtigkeit, Güte und Liebe geprägt ist. Diese gläubige Familie ist ein wunderbares Bild für Gemeindewachstum durch die Zeugung und das Großziehen von Kindern, die in der Heiligung wachsen und – auf heute bezogen – christusähnliche Glieder der Gemeinde Christi werden.

Dieser Zions-Kontext kommt am Ende des Psalms noch einmal sehr deutlich zum Ausdruck. Jenem Mann wird Segen *»aus Zion«* verheißen: Er wird *»das Glück Jerusalems«* sehen und weil er so lange leben wird, dass er die Kinder seiner Kinder sieht, sieht er auch, dass *»Friede«* über Israel kommt (V. 5–6). Dies bezieht sich nicht auf die Hoffnungen für unsere natürlichen Familien. Es geht um das Wachstum des Volkes Gottes und letztlich der Gemeinde Jesu Christi. In gewissem Sinn wird dieser gottesfürchtige Mann aus Psalm 127, 3–5 und Psalm 128 auch in Jesus Christus erfüllt: Er bekommt viele, viele geistliche Kinder, die ihm ähnlich gemacht werden und das neue Jerusalem bewohnen werden.

Es ist nicht falsch, wenn wir darum beten, dass Gott uns mit Kindern segnen möge. Der Kontext dieser Psalmen ermutigt uns jedoch, unseren Blick darüber hinaus zu erheben. Wir sehen die große Vision der Kirche Jesu Christi, wie sie von immer mehr geistlichen Kindern bevölkert wird, welche durch die Neugeburt Gott gehören. Nochmals: Es ist gut, sich Kinder zu wünschen. Diese Psalmen erinnern uns aber daran, dass es etwas weit Größeres als das gibt – das Wachstum von Christi Gemeinde. Es wäre schade, wenn man sich so sehr auf das erstere fixiert, dass man sich nicht für das letztere einsetzt.

DIE DREI BILDER ZUSAMMENFÜGEN

Wir wollen nun die Gedankengänge dieser drei Psalmen miteinander verknüpfen. Als Nachfolger Jesu sind wir berufen, uns an dem großen Werk zu beteiligen, das im Bauen und Voranbringen Zions, der Gemeinde Jesu, besteht. Das ist eine wunderbare Aufgabe und ein gewaltiges Vorrecht. Wir müssen jedoch die Last dieser drei Bilder in unseren Herzen behalten. Denn es handelt sich um eine Ernte, bei der wir berufen sind, mit Tränen zu säen – im Vertrauen, dass es eines Tages eine fröhliche Ernte geben wird. Es handelt sich außerdem um ein Bauprojekt, dessen Baumeister und Wächter Gott ist; im Letzten ist es nicht unsere Verantwortung. Wir sollen – wir müssen – ausruhen und schlafen, als Zeichen dafür, dass wir wirklich glauben, dass es Gottes Werk ist. Schließlich handelt es sich um eine Familie, in der jede Zeugung – sei sie leiblich oder geistlich – von Gott kommt und in der jegliches gottgefällige Heranwachsen einzig ein unverdienter Segen von Gott ist.

Die Kirche Christi ist das wunderbarste Projekt der Welt. Wir könnten unsere Liebe und unsere Kraft keinem höheren Ziel hingeben. Es lohnt sich, darüber nachzudenken, was das für jeden von uns in seiner konkreten Ortsgemeinde bedeutet. Deine Gemeinschaft wirkt vielleicht nicht besonders beeindruckend. Tatsächlich sehen unsere Ortsgemeinden oftmals ziemlich unscheinbar aus. In Wirklichkeit wird dort aber von Gott – und durch unser Tun – ein Gebäude gebaut, das in der Ewigkeit in herrlicher Pracht erstrahlen wird. Welch ein Vorrecht und welch eine Freude, daran teilzuhaben!

ZUM NACHDENKEN

1. Wie helfen dir diese Psalmen, wenn du deine Arbeit für das Evangelium (oder die von Menschen aus deinem Bekanntenkreis) betrachtest?
2. Wie könnten diese Psalmen deine Prioritäten verändern?
3. Auf welche Weise möchte Gott dich deiner Meinung nach gebrauchen, um das Wachstum der Gemeinde zu fördern?

PSALM 137 UND 139

—

15. SCHMERZ UND TROST IM EXIL

Auf die Wallfahrtslieder (Ps 120–134) folgen drei ziemlich unterschiedliche Psalmen (Ps 135–137), ehe der Psalter mit einer letzten Sammlung von Davidspsalmen (Ps 138–145) und den Halleluja-Psalmen (Ps 146–150) abgeschlossen wird. In diesem Kapitel nehmen wir uns zwei sehr bekannte Psalmen vor: einen, in dem großer Schmerz zum Ausdruck kommt, und einen anderen, der von tiefem Trost erzählt.

PSALM 137

—

EIN LIED, WENN DIR DAS SINGEN VERGANGEN IST

—

Spürst du manchmal eine Diskrepanz zwischen dem, was wir in der Gemeinde singen, und der rauen Realität der Welt da draußen oder vielleicht auch deinem eigenen Leben? Wenn dir das noch nie aufgefallen ist, wird es wahrscheinlich Zeit, denn die Diskrepanz besteht tatsächlich. Möglicherweise nimmt diese Dissonanz sogar zu, da unsere Kirchen immer mehr an den Rand der Gesellschaft gedrängt werden. Wir singen, dass Jesus König über die ganze Welt ist, dass nur in Jesus die von uns benötigte Vergebung zu finden ist, dass

Gott durch Jesus eine kaputte Welt retten wird, dass das Gute siegen und dass es einen neuen Himmel und eine neue Erde geben wird, in denen es keine Sünde, kein Leid und nichts Schlechtes mehr gibt. In der wirklichen Welt da draußen erscheinen diese Aussagen jedoch völlig absurd. Sie passen nicht zu den schwachen, gespaltenen, ramponierten Gemeinden, die wir so oft beklagen. Auch unsere persönlichen Umstände erwecken manchmal den Eindruck, dass das Gute wohl eher nicht siegen wird.

Psalm 137 ist ein Lied für die Zeiten, in denen wir uns nicht danach fühlen, jene Lieder zu singen, die wir gern singen wollen. Es ist ein Lied, das von Menschen gesungen wurde, denen nicht nach Singen zumute war.

BABYLON DAMALS UND HEUTE

Wir wissen nicht, wann Psalm 137 geschrieben und zum ersten Mal gesungen wurde. Er weist aber die Merkmale einer Augenzeugen-Erinnerung auf – da wusste jemand, was es heißt, als Weggeführter in Babylon zu sein (z. B. 2 Kön 25; Jer 52; Klgl; Dan 1). Schon wenig später bezeichnete »Babylon« mehr als ein historisches Reich. Nach Babylons Fall nannten die alttestamentlichen Verfasser zwei Herrscher des persischen Reiches nach wie vor »König von Babel« (vgl. Esra 5,13; Neh 13,6). Es dauerte nicht lange und Babylon wurde zu einem Symbol für die Stadt der Welt – das heißt, für jede Gesellschaft, die feindlich gegen Gott und Gottes Volk eingestellt ist. Diese Symbolik erreicht in Offenbarung 18 ihren Höhepunkt. Bis heute ist sie ein aussagekräftiges Bild geblieben. Beispielsweise schrieb Kenneth Anger 1975 das Buch *Hollywood Babylon*, in dem er dunkle Geheimnisse Hollywoods enthüllte. Wenn wir also in diesem Psalm »Babylon« oder »Babel« hören, sollten unsere Gedanken nicht beim antiken neubabylonischen Reich stehen bleiben. Es handelt sich um das, was der Apostel Johannes einfach *»die Welt«* nennt – eine Gesellschaft, die Gott gegenüber feindlich eingestellt ist.

Zwar wird in manchen Bibelausgaben Psalm 137,1–3 als erster Abschnitt dargestellt, ich werde jedoch die Verse 1–4 als ersten Teil untersuchen. Diese ersten vier Verse sind im Plural formuliert und daher gemeinschaftlich (*»wir«*). In Vers 5 hören wir dagegen, wie sich eine Einzelstimme zu Wort meldet (*»ich«*).

Wir treffen diese weggeführten Gläubigen am Flussufer. Babylon war für sein Bewässerungsnetz aus Flüssen und Kanälen bekannt; Leslie Allen schreibt von einem »komplexen Kanalsystem, das die südbabylonische Ebene durchzog« (*Psalms 101–150*, S. 307). Die Verse 1–4 beginnen mit *»den Wassern zu Babel«* und schließen mit *»fremdem Lande«*. Wir sind also zweifellos weit weg von zu Hause. Hesekiel hatte einige seiner früheren Visionen an einem solchen Fluss (vgl. Hes 3,15); Esra versammelte an einem anderen die Rückkehrer aus dem Exil (vgl. Esra 8,21).

Stell dir die Szene vor: Eine Gruppe von Gläubigen versammelt sich mit ihren Musikinstrumenten am Fluss, vermutlich um zu beten, *»ein Lied von Zion«* zu singen und einander so in ihrem Glauben an den Bundesgott zu ermutigen. Vielleicht singen sie Psalm 46, in dem Zion an einem Strom liegt und die Verheißung erhält, dass es nicht wanken wird. Vielleicht war es auch Psalm 48, in dem Zions Schönheit gerühmt wird und die Feinde schon beim Anblick seiner Pracht erschrocken fliehen. Auch Psalm 50,2 könnte dabei gewesen sein, mit der einprägsamen Wendung: *»Zion, der Schönheit Vollendung«* (SLT). Welche Lieder auch zu ihrem Repertoire gehört haben, es waren sicherlich einige darunter, die die Herrlichkeit Zions gemäß Gottes Zielen feierten.

Dann nähert sich eine Gruppe Babylonier. Sie sehen diese Weggeführten aus Jerusalem, und sie beginnen, sie zu verspotten: »Habt ihr gesungen? Wir konnten den Text nicht richtig verstehen, könntet ihr diese Lieder noch einmal singen?« Es schmerzt so sehr! Wir können uns vorstellen, wie die babylonischen Spötter nachhaken: »O, ihr wollt nicht singen? Woran kann das bloß liegen?« Die Antwort ist allzu offensichtlich. Wie können die Gläubigen von der Uneinnehmbarkeit Zions singen, wenn es doch zerstört wurde? Von der

Herrlichkeit des Gottes Zions, obwohl er entehrt wurde? Von der weltweiten Herrschaft von Zions König, obwohl es keinen mehr gibt? Vom Reichtum Zions, obwohl er vernichtet ist? Nein, die Diskrepanz ist zu groß. Sie hängen ihre Harfen in die Zweige der Bäume und lassen verzweifelt den Kopf hängen.

Die Zionslieder scheinen völlig absurd zu sein – offensichtlich ein Wunschdenken fernab aller Realität. Die Juden selbst griffen die Worte *»der Schönheit Vollendung«* aus Psalm 50, 2 in den Klageliedern auf: *»Ist das die Stadt, von der man sagte, sie sei der Schönheit Vollendung …?«* (Klgl 2, 15 SLT). Nein, sie ist es nicht mehr. Diese Zeiten sind vorbei. Spätere Gläubige wie Simeon und Hanna (vgl. Lk 2, 25–38) haben dieses Lied vermutlich gesungen und Schwermut empfunden. Jesus könnte es gesungen und um das Volk Gottes getrauert haben. Seine Jünger hätten es passenderweise an Karfreitag singen können, als der Eine, der die Erfüllung Zions war, am Kreuz vernichtet wurde.

So ist es auch heute, denn auch wir sind *»Fremdlinge … in der Zerstreuung«* (1 Petr 1, 1). Wir sehen die Realität der Kirche Jesu Christi und es ist ziemlich schwierig, die Herrlichkeit dieser Kirche – wie sie im Wort Gottes verheißen ist – zu besingen, und beharrlich immer weiter zu besingen. Die Versuchung ist groß, unsere Harfen an den Nagel zu hängen, unseren Kopf beschämt hängenzulassen und jeglichen Versuch der Evangeliumsverkündigung aufzugeben. Psalm 137, 1–4 hilft uns, die Tränen dieses Schmerzes zu weinen und die Macht dieser Versuchung zu spüren.

TIEFE LIEBE

In Vers 5 tritt ein nicht namentlich genannter Einzelner vor die entmutigten Gläubigen und beginnt, zu sprechen oder zu singen. Auf sehr bewegende und mutige Weise gelobt er, dass er Jerusalem niemals vergessen wird. Sollte er es doch tun, so ruft er den schlimmsten Fluch auf sich herab, den ein Musiker aussprechen kann: Mit seiner Fähigkeit, ein Instrument zu spielen und zu singen, soll es dann vorbei sein (V. 5–6). Für diesen Sänger ist und bleibt Jerusalem stets seine *»höchste Freude«*. Es ist ein ergreifender Augenblick. Herrlich ironisch stellt er klar: Wenn er nicht von Zion singen kann, dann wird er überhaupt nicht mehr singen, denn nirgendwo sonst ist wahre Freude zu finden.

Wie reagieren die anderen darauf? Ich vermute, es gab unterschiedliche Reaktionen. Einige wurden wohl von stummer Scham gepackt über das, was da geschehen war, und von der Trauer, wie fern sie dem verheißenen Land waren. Andere aber spürten sicherlich massiv die fortwährende Versuchung, auf Babylon zu setzen – den alten Aberglauben an Jerusalem aufzugeben, die neuen, glanzvollen Götter Babylons anzunehmen und sich in der neuen Heimat ein neues Leben aufzubauen. Es ist nicht schwer, sich das vorzustellen. Zu Beginn würde es eine jämmerliche Sache sein, aber mit der Zeit – über die Generationen hinweg – würde man sich an das Leben in Babylon gewöhnen. Man würde sich zurechtfinden, sich anpassen, »einheimisch« werden, Babylons Werte übernehmen und anfangen, Babylons Verhalten nachzuahmen.

Dieser Sänger glaubt jedoch an die Verheißungen, selbst wenn aktuell nichts davon zu sehen ist. Für ihn sind die Verheißungen kostbarer als Gold. »Babylon ist sichtbar, hörbar, greifbar, prächtig und überall um mich herum«, so singt er, »aber ich gründe meine Freude auf die Verheißungen Gottes für Zion.«

Implizit ruft dieser Einzelne damit jeden Mann, jede Frau und jedes Kind aus der Gruppe auf, sich diesem Treuegelöbnis zu Zion anzuschließen. Wer war dieser Einzelne? Wir wissen es nicht. Wir wissen aber, durch wessen Geist er sprach, denn alle Psalmen werden durch den Geist Gottes gesprochen und gesungen, welcher der Geist des kommenden Christus ist. Eines Tages sang Jesus von Nazareth dieses Lied, und als die Synagoge bei den Versen 5 und 6 ankam, war er der Mann, auf dessen Lippen diese Worte mutiger Loyalität ihren Höhepunkt erreichten.

In die Verse 5–6 einzustimmen bedeutet, dass wir unsere Stimmen vereinen und unsere Übereinstimmung mit Jesu Christi loyalem Mut geloben. Ein Akt des Willens ist nötig, um diese Worte auszusprechen – um das *»ich«*, das für Jesus steht, in mein eigenes *»ich«* zu überführen, sodass *»ich«*, der heutige Sänger des Psalms, gelobe, die Gemeinde Jesu Christi als meine höchste Freude zu betrachten. Es ist ein Willensakt nötig, um zu erklären – und es auch so zu meinen –, dass ich mir nicht vorstellen kann, an anderer Stelle als in der Gemeinde wahre Freude zu finden. Das zu sagen, ist keine Kleinigkeit!

Der Apostel Petrus schreibt voller Staunen an Gläubige, die Jesus lieben, obwohl sie ihn nicht gesehen haben (vgl. 1 Petr 1, 8). Ähnlich ist es ein kleines Wunder, wenn Gläubige darauf vertrauen, dass der Gemeinde, der Braut Jesu, eine so glänzende Zukunft bestimmt ist, dass sie die schillerndsten Vorzüge des heutigen »Babylon« bei Weitem übertrifft. Wir haben die Braut (die Gemeinde) noch nicht in ihrer Herrlichkeit gesehen, aber wir wissen, dass sie eines Tages in herrlichen Gewändern schimmern wird (vgl. Offb 19, 7–8) – während Babylon völlig unansehnlich sein wird (vgl. Offb 18, 1–3.21–24).

Das ist aber noch nicht alles. Gerade der letzte Teil des Psalms geht uns gegen den Strich – bis wir ihn richtig verstehen.

TIEFES VERTRAUEN

Das Augenmerk richtet sich in den letzten Versen auf die Feinde, deren Feindschaft das Volk Gottes ins Exil gebracht hat. In Psalm 137, 7 geht es um die Edomiter, in den Versen 8–9 um die Babylonier.

Die Edomiter waren der Feind von nebenan. Als Nachkommen von Jakobs Bruder Esau waren sie mit den Israeliten verwandt, sie lebten östlich von Israel. An dem Tag, als die Babylonier Jerusalem endgültig zerstörten – was taten da die Edomiter? Sie feuerten die Babylonier an! »Weiter so! Gut gemacht!«, schrien sie, *»Reißt nieder, reißt nieder bis auf den Grund!«* (V. 7). Wörtlich bedeutete ihr Ruf:

»Zieht es nackt aus, entblößt es wie ein Vergewaltiger eine Frau« (im Hebräischen wird für diese schreckliche Tat das gleiche Wort verwendet).

Vier kurze Texte des Alten Testaments helfen, dieses Bild zu vervollständigen. Erstens erfahren wir aus Klagelieder 4,21–22, dass die Edomiter das gleiche Schicksal erleiden sollten, »entblößt« (das gleiche Wort) zu werden, das sie bei Jerusalem gefordert hatten. Zweitens und drittens erwähnt Hesekiel zweimal ihre Rachsucht und althergebrachte Feindschaft gegen Juda (vgl. Hes 25,12; 35,5). Viertens geht es in der kurzen Prophetie Obajdas ausschließlich um die Taten der Edomiter.

Eigentlich ist das Gebet in Psalm 137,7 ziemlich zurückhaltend: *»HERR, vergiss den Söhnen Edom nicht ...«* Der Psalmist legt das Schicksal Edoms in die weisen und gerechten Hände des Herrn. Das Gebet beinhaltet allerdings auch die Zuversicht, dass Gott den Verrat Edoms nicht ohne gerechte Strafe durchgehen lassen wird. Wenn sich ein Edomiter von Edom abkehrt und Gottes Volk Israel anschließt (wie sich die Moabiterin Rut von Moab abwandte), wird er gerettet. Wer aber in der Loyalität zu Edom verharrt, dem wird Gott den selbst gewählten Verrat nicht vergessen.

Feindseligkeit gegen die Gemeinde Christi ist wohl dann am schmerzlichsten, wenn sie aus nächster Nähe kommt: von Menschen, von denen wir erwarten könnten, dass sie unsere Freunde sind, und zuweilen sogar von innerhalb der sichtbaren Institution der Gemeinde. Wenn das geschieht, ruft uns sowohl dieser Psalm als auch das Neue Testament (z. B. 2 Tim 4,14) auf, die Sache Gott anzuvertrauen, der alles sieht und weiß.

Der zweite Feind ist Babylon, der Inbegriff der Feindseligkeit.

Psalm 137,9 wird oftmals als Beispiel für die rachsüchtige Gewalt des Alten Testaments zitiert – ein furchterregender Vers. Tatsächlich ist er jedoch nicht rachsüchtig, sondern notwendig (siehe die Untersuchung von Ps 109 in Kap. 13). Es handelt sich nicht um einen Fluch, sondern um eine Aussage über etwas, das wahr ist. Hier kommt die Zuversicht in Bezug auf den schlussendlichen Fall Babylons zum

Ausdruck: Diejenigen, die diesen Untergang herbeiführen, tun den Willen Gottes und sind – in diesem objektiven Sinn – gesegnet und zu beglückwünschen: *»Wohl dem, …«* Es geht hier nicht um eine grausame subjektive Freude daran, Leid zu verursachen; es geht um das Tun des Willens Gottes.

Der Punkt ist, dass Babylon zur Verwüstung geweiht ist. Obwohl es als *»Tochter Babel«* bezeichnet wird – was Assoziationen wie »kultiviert, zart, elegant, schön, wohlhabend, rein« hervorruft –, hat Gott seine Zerstörung angeordnet. Entsprechende Prophetien sind zum Beispiel in Jesaja 47 und Jeremia 50–51 zu finden. Dieser Psalm stärkt unser Vertrauen, dass Gott das tun wird, was er angekündigt hat.

Was ist aber mit den Kindern in Psalm 137, 9? Ein alter (und antisemitisch gesinnter) Gelehrter schrieb, Vers 9 sei eine Äußerung »des antiken Judentums, das wusste, wie man hasst und Rache übt« (zitiert in Othmar Keel, *The Symbolism of the Biblical World*, S. 9 [in aktuellen dt. Ausgaben fehlt das Zitat, Anm. d. Übers.]). Das stimmt aber nicht – diese Realität des Kampfes ist keineswegs spezifisch jüdisch. Wenn man in der antiken Kriegsführung einen Feind wirklich und endgültig besiegen wollte, ließ man die Alten in Ruhe, beseitigte aber die jungen Männer (die kämpfen und Kinder zeugen konnten), die jungen Frauen (die Kinder gebären konnten) und die Kinder (die ansonsten erwachsen wurden, dann selbst kämpften, und den Fortbestand dieses feindlichen Volkes sicherten). So traurig es ist, das Aufschlitzen schwangerer Frauen war in der antiken Kriegsführung üblich (z. B. 2 Kön 8, 12; Lk 19, 44). Ein siegreicher Angreifer wollte sichergehen, dass seine Feinde keine Zukunft haben. Othmar Keel vermutet in seinem wissenschaftlichen Werk *Die Welt der altorientalischen Bildsymbolik und das Alte Testament*, dass das Wort *»Kinder«* hier symbolisch zu verstehen ist, wie auch die *»Tochter«* in *»Tochter Babel«* symbolisch gemeint ist (S. 8). Wie er schreibt, würden wir mit unserer weniger anschaulichen Redeweise eher sagen: »Selig, wer deiner sich stets erneuernden Herrschaft ein Ende bereitet!« Gemeint ist das Gleiche.

In Psalm 137, 9 geht es also darum, dass Babylon eines Tages nicht mehr existieren wird. Das ist abschreckend, aber notwendig. Wenn die Kinder Babylons weiterleben, wird auch Babylon leben und sich wieder erheben. Doch es kommt der Tag, an dem Babylon sich nicht mehr erheben wird. Wir sehen diese endgültige Niederlage am deutlichsten in Offenbarung 18, 21–24 mit dem bekräftigenden Refrain *»nicht mehr«*. Eines Tages wird das Böse nicht mehr sein. Eines Tages wird es keine Feindschaft gegen Gott und sein Volk mehr geben.

Das ist eine wunderbare Hoffnung. Sie ist ernüchternd, denn Gottes herannahendes Gericht wird schrecklich sein – und endgültig. Es ist jedoch erforderlich und gut. Das Wissen, dass dieses endgültige Gericht kommt und dass eines Tages kein Babylon mehr existiert, wird uns ermutigen, weiterhin durch den Geist das Lob des Gottes und Vaters des Herrn Jesus Christus und das Lob Jesu zu singen. Mit den Worten von Psalm 137: Wir werden unsere Harfen nicht aufhängen. Wir müssen uns nicht für das Gericht schämen; es ist eine ernüchternde Wahrheit, die uns froh machen soll und unsere Entschlossenheit stärken, den Menschen weiterhin das einzige Evangelium weiterzusagen, das Rettung vor diesem Gericht bietet.

Nur Jesus – das Lamm, das für Sünder starb – kann seine Gemeinde beim Singen dieses Psalms anführen. Schließlich ist nur in ihm solch intensive Trauer über den trostlosen Zustand seines Volkes zu finden (V. 1–4; vgl. Lk 19, 41–44), nur von ihm hören wir eine derart aufrichtige Freude an seinem Volk (Ps 137, 5–6) und nur in ihm existiert ein solch heiliger und reiner Entschluss, dass es eines Tages kein Babylon und kein Edom mehr geben wird (V. 7–9).

ZUM NACHDENKEN

1. Wann hattest du das Gefühl, keine Freudenlieder singen zu können?
2. Wie wäre im Vergleich dazu die Erfahrung, von Gott und seiner Gemeinde getrennt zu sein?

3. Wie fühlt sich das Wissen an, dass die Freude, zu Gottes Volk zu gehören, ewig anhalten wird und dass die Feindschaft gegen Gott aufhören wird?

PSALM 139

In Psalm 137 wurden wir ermutigt, uns in tiefem Kummer Christus anzuschließen und Loyalität sowie Zuversicht zu bekennen. Nun werden wir in Psalm 139 sehen, dass unser Sein »in Christus« der Schlüssel ist, um dies zu singen.

LEBEN IN DER GEGENWART GOTTES

Bist du dir jeden Augenblick bewusst, in der Gegenwart Gottes zu leben? Ich selbst denke viel zu oft nicht daran. Die Reformatoren verwendeten für diesen Gedanken den lateinischen Ausdruck *coram Deo*. Dieser Psalm wird uns helfen, ihn auszuleben – und das wird in unserem Leben einen gewaltigen Unterschied machen.

Einige Teile des Psalms sind sehr beliebt. Diese Verse zieren christliche Kalender und Instagram-Bilder – wir lieben sie. Es gibt aber auch zwei Teile, die wir gern auslassen. Erstens zucken wir zusammen, wenn wir bei den Versen 19–22 ankommen. Wir wünschen uns, dieser Abschnitt stünde nicht da; die Verse scheinen den herzerwärmenden Andachtsfluss zu unterbrechen. Zweitens vergessen wir, dass der Psalm mit *»Ein Psalm Davids«* überschrieben ist. Wie immer müssen wir bedenken, dass er zunächst ein Psalm Davids war – und daher später ein Psalm Jesu. Wir müssen verstehen, wie er vom König gesungen wurde, ehe wir ihn als solche singen können, die mit dem König durch den Glauben vereint sind. Das wird uns anleiten, die Verse 19–22 zu singen.

Die 24 Verse des Psalms sind als vier gleich große Abschnitte zu je sechs Versen strukturiert. In jedem dieser Abschnitte heben sich die letzten beiden Verse (V. 5–6; 11–12; 17–18; 23–24) in gewisser Weise von den vier vorhergehenden ab und helfen uns, zu verstehen, wie wir auf den ersten Teil des Abschnitts reagieren sollten.

Außerdem klingen die Wörter »erforschen« und »(er)kennen« aus Vers 1 im Schlussgebet der Verse 23–24 wieder an (*»Erforsche mich, Gott, und erkenne mein Herz«*). Dies rundet den Psalm ab und hilft, sein Thema zu bestimmen.

ER KENNT MICH ZUTIEFST

Gottes Erkenntnis beherrscht diesen ersten Abschnitt. Die Formulierungen *»erforschest … kennest«* (V. 1), *»weißt … verstehst«* (V. 2), *»siehst«* (V. 3), *»wüsstest«* (V. 4) und *»Erkenntnis«* (V. 6) geben das Thema vor. In diesem Psalm geht es nicht einfach um die Lehre von Gottes Allwissenheit: die Wahrheit, dass Gott alles weiß. Gott weiß tatsächlich alles, aber der König spricht hier davon, dass Gott *ihn* mit einer persönlichen, in einer Beziehung verankerten Erkenntnis kennt: Gott weiß nicht nur Dinge *über ihn*, sondern *kennt ihn*. Gott kennt seinen König in vertrauter Weise, weil er der HERR ist, der Bundesgott, und weil er mit dem König in einer Bundesbeziehung steht. Er kennt jede Bewegung des Königs, er kennt die Gedanken des Königs, er kennt sein »Gehen« (das öffentliche Leben) und sein »Liegen« (das Privatleben), er weiß, was der König sagen wird und weshalb, er weiß *»alles«*.

Die Beziehung zwischen dem Bundesgott und seinem Bundeskönig aus Davids Geschlecht ist von außerordentlicher Vertrautheit geprägt. In den Versen 5–6 reagiert der König mit Ehrfurcht und Verwunderung darauf, von Gott in einer derart tiefen, persönlichen Beziehung erkannt zu sein. Dieses Kennen ist erstaunlich, und zwar nicht wegen des kognitiven Inhalts (was Gott über ihn weiß), sondern wegen der nahen Beziehung, die es erschafft.

Die Beziehung zwischen Gott, dem Vater, und dem König, der häufig als Gottes *»Sohn«* bezeichnet wird (z. B. Ps 2,7), findet ihre Erfüllung im Herrn Jesus Christus. Er konnte über sich selbst sagen: *»[N]iemand kennt den Sohn als nur der Vater; und niemand kennt den Vater als nur der Sohn«* (Mt 11,27). Es ist zuallererst Jesus, der Psalm 139,1–6 voller Ehrfurcht und Verwunderung darüber singt, wie tief ihn der Vater kennt.

Doch welch ein Wunder: Jesus, der Sohn, fährt in Matthäus 11,27 fort: *»[N]iemand kennt den Vater als nur der Sohn und wem es der Sohn offenbaren will.«* In Christus, dem geliebten Sohn, ist jeder Gläubige mit dieser vertrauten, persönlichen Erkenntnis *»von Gott erkannt«* (Gal 4,9). Als Teilhaber der Sohnschaft Jesu darf er Gott im Rahmen einer privilegierten Beziehung kennen – als jemand, der jetzt Sohn bzw. Tochter Gottes ist. Es besteht also ein Unterschied zwischen der sachlichen Wahrheit, dass Gott alles weiß und somit alles über jeden weiß (einschließlich der Gedanken und Absichten unseres Herzens), und der Beziehung, die bedeutet, dass Gott alle, die in Christus sind, mit einer tiefen, in Hingabe und Beziehung gegründeten Erkenntnis kennt. Er weiß alles über uns alle; aber er kennt uns in Christus im Rahmen einer *Beziehung*. Vielleicht kann man einen kleinen (wenn auch unvollkommenen) Vergleich ziehen zwischen der Art, wie jemand seine Verlobte vor der Hochzeit kennt, und dem viel tieferen Kennen nach der Hochzeit.

Dass Gott seine Kinder auf solche Weise kennt, ist ein Wunder, über das wir mit Ehrfurcht nachdenken sollten. Es ist zudem eine Warnung vor den schrecklichsten Worten, die jemand am Jüngsten Tag von Jesus hören kann, nämlich: *»Ich habe euch nie gekannt; weicht von mir«* (Mt 7,23).

SEINE GEGENWART UMGIBT MICH UNERSCHÜTTERLICH

In Psalm 139, 1–6 ging es nicht um Gottes Allwissenheit, sondern darum, dass er Christus auf persönliche Weise kennt – und mit ihm alle, die in ihm sind. Ebenso geht es in den Versen 7–12 nicht einfach um Gottes Allgegenwart. Es stimmt, dass Gott an allen Orten voll und ganz gegenwärtig ist, und das zu jeder Zeit. In diesen Versen handelt es sich jedoch wieder um eine persönliche Gegenwart. David singt von Gottes *»Geist«*, der mit der Gegenwart von Gottes *»Angesicht«* gleichgesetzt wird (V. 7). Dabei stellt er nicht nur fest, dass er keinen Ort im Universum finden kann, an dem Gott nicht ist. Er sagt, dass er keinen Ort im Universum findet, an dem Gott nicht *bei ihm* ist.

Mit dramatischer Erzählkunst sagt David in Vers 7: »Angenommen, ich wollte vor dem Gott weglaufen, der mit mir im Bund steht. Was würde passieren?« Er verwendet in den Versen 8–10 zwei Paare von Extremen, um das Ausmaß seines Gedankenspiels deutlich zu machen. Zunächst stellt er sich in Vers 8 vor, so hoch hinaus wie nur möglich zu gelangen – *»gen Himmel«* – und anschließend tief und immer tiefer hinunter in die Tiefen des Chaosmeeres, wo der Eingang zum Scheol ist (zum Ort der Toten). Davids Antwort lautet: »Ob ich nun so hoch hinaus gelange wie nur möglich oder so tief hinunter, wie man sich nur vorstellen kann (und alles dazwischen) – du wirst dort bei mir sein.« (Das ist ein weiteres Beispiel eines Merismus.)

Als Nächstes sagt David in den Versen 9–10: »Angenommen, ich ginge sehr weit nach Osten (*›Flügel der Morgenröte‹* – bis zum östlichen Horizont, wo die Sonne aufgeht) oder sehr weit nach Westen (*›am äußersten Meer‹* – bis jenseits des Mittelmeers) oder irgendwohin dazwischen, *›so würde auch dort deine Hand mich führen und deine Rechte mich halten‹*.« Der Punkt ist nicht nur, dass Gott dort ist. Es geht darum, dass Gott auch dort *für ihn da* ist – Gott ist persönlich anwesend, um ihn zu halten und zu beschützen. Die persönliche Gegenwart des Bundesgottes gewährleistet die Sicherheit des Königs.

In den Versen 11–12 denkt der König über diese tröstliche Wahrheit nach. Selbst wenn er sich in die dunkelste Finsternis hineinbegeben würde, ohne Aussicht auf Licht, wird der Gott, der Licht ist und *»wie der Tag«* leuchtet, dort anwesend sein. Keine Finsternis kann den Gott überwinden, der Leben und Licht ist; und dieser Gott hat einen unverbrüchlichen Bund mit dem König geschlossen.

Welch ein Trost muss das für Jesus gewesen sein, als er in einem Land der tiefen Finsternis wohnte und schließlich am Kreuz in den Todesschatten tauchte! Selbst dort durfte er an der Zuversicht festhalten, dass Gott über ihn wacht und ihn durch den Schlaf des Todes hindurch ins Auferstehungsleben bringen wird.

In Christus – und nur in Christus – ist die liebende Gegenwart Gottes, unseres himmlischen Vaters, unverbrüchlich und unerschütterlich bei uns, wie finster das Tal des Todes auch sein mag, in das wir geführt werden. Nichts in der gesamten Schöpfung, nicht einmal die tiefe Finsternis des Todes, kann *»uns scheiden … von der Liebe Gottes, die in Christus Jesus ist, unserm Herrn«* (Röm 8,39).

ER HAT MICH MIT KREATIVITÄT UND WEISHEIT GESTALTET

In Psalm 139,13–18 gibt es eine Reihe von Formulierungen, die schöpferisches Tun ausdrücken: *»bereitet … gebildet«* (V. 13), *»gemacht … deine Werke«* (V. 14), *»gemacht … gebildet«* (V. 15), *»noch nicht bereitet … alle Tage …, die noch werden sollten«* (V. 16). Hierin liegt eine kostbare allgemeine Wahrheit: Gott ist es, der jeden einzelnen Menschen ab seiner Empfängnis nach Gottes Ebenbild formt. Ich denke aber, dass wir hier auch eine konkretere und speziellere Wahrheit finden, die nicht alle Menschen betrifft, sondern gezielt Christus und jene, die in Christus sind. Ich will das erklären.

Lange Zeit bevor David durch den Propheten Samuel zum König gesalbt wurde (vgl. 1 Sam 16), bereitete ihn Gott Zelle um Zelle im Leib von Isais Frau. David war Gottes Werk, der Mann, der dazu geschaffen war, Gottes Herz abzubilden. Er wurde für das Königtum bereitet und jeder Tag seiner Herrschaft stand im Voraus in Gottes Buch geschrieben (Ps 139,16). Bei David umfasste dies Tage der Sünde wie auch Tage des Glaubens. Dass Gott David so sorgfältig und akribisch gestaltete, war eine Vorwegnahme des größeren, wunderbareren Geschehens im jungfräulichen Leib Marias: Dort wurde später ein winziger Embryo gebildet, und Zelle um Zelle nahm ein ganz und gar menschlicher Mann Gestalt an, der dennoch ganz und gar göttlich war. Das war das größte Wunder der gesamten Menschheitsgeschichte. Jesus von Nazareth wurde geformt und gestaltet, liebevoll vom Vater bereitet: der menschgewordene Sohn Gottes, der in jeder Hinsicht den Willen des Vaters tun würde. Jeder Tag und jede Nacht des irdischen Lebens Jesu standen im Buch des Vaters geschrieben, als es sie noch nicht gab. Deshalb konnten die Propheten Jahrhunderte im Voraus so ausführlich über ihn schreiben, denn sie waren vom Geist jenes Gottes inspiriert, der diese Tage gestaltet und angeordnet hatte, ehe sie Wirklichkeit wurden. Welch unendliche Kunstfertigkeit und welch erstaunliche Weisheit müssen im Spiel gewesen sein, als Jesus, das menschgewordene Wort, gestaltet wurde!

Während David in den Versen 17–18 über seine eigene Erschaffung nachdenkt, stellt er fest, wie *»schwer«* diese *»Gedanken«* Gottes sind: die Gedanken und Absichten Gottes, die für jeden einzelnen Tag in allen Einzelheiten in sein Leben hineingeschrieben wurden. Wie *»groß«* ist doch der Schatz an Weisheit, die nötig ist, um dieses eine menschliche Leben auf solche Weise zu formen. Gottes Gedanken müssen *»mehr als der Sand«* sein!

Wiederum ist es eine erstaunliche Wahrheit, dass jeder, der in Christus ist, über sich selbst sagen darf: »Auch ich bin Gottes persönliches, liebevoll gestaltetes Werk. Auch ich wurde von Gott in Christus Jesus geschaffen, um genau jene guten Werke zu tun, die Gott zuvor für mich bereitet hat (vgl. Eph 2,10). Ich sollte nicht bedauern, dass ich nicht jemand anderes bin, dass ich nicht andere Eltern oder eine andere Kindheit hatte. So unzulänglich mir die Dinge auch scheinen mögen und so schmerzhaft sie sind, darf ich dennoch in Christus darauf vertrauen, dass Gott mich gerade so geformt hat, wie er es für mich beabsichtigte.«

EIN GEBET WIE EIN BUMERANG

Im letzten Abschnitt, in Psalm 139,19–24, sehen wir, dass für den Psalmisten

> *»die Feinde des HERRN seine Feinde sind. Es kann für den Psalmisten keine moralische oder geistliche Neutralität geben. Er weiß, auf wessen Seite er steht.«*
>
> *(Robert Davidson, The Vitality of Worship, S. 449)*

Wenn ich meine, dass *ich* – mit meinen gemischten Motiven und meinem rachsüchtigen Herzen – die Verse 19–22 beten soll, dann ist mir ein großer Fehler unterlaufen. Auf meinen Lippen wären diese Worte in der Tat furchtbar. Allein auf den Lippen des Königs – letztlich des vollkommenen Königs, des Herrn Jesus – ist es überhaupt denkbar, dass diese Worte gebetet werden. Denn Jesus ist Gottes geliebter und liebender Sohn und der von ihm eingesetzte König. Feindschaft gegen Jesus ist daher Feindschaft gegen den Vater. Die Feinde Jesu sind per Definition die Feinde Gottes. Daher ist es richtig und rein, wenn er betet, dass diese Feinde – wenn sie denn in ihrer eingefleischten Feindseligkeit verharren – von der Erde entfernt werden, sodass es keine Rebellion mehr gibt. In Christus – und nur in Christus – können wir uns (mit äußerster Vorsicht) diesem Gebet anschließen, dass das Böse am Ende vernichtet werden möge.

Im Herzen Davids und im Herzen von Gläubigen mit einem geistgeleiteten Gewissen wird ein solches Gebet natürlich zu einer Art Bumerang. Es bringt uns dazu, unser eigenes Herz anzusehen. Das ist meiner Meinung nach der Grund, weshalb der König in den letzten beiden Versen sein Volk zu diesem Gebet anleitet: Ich soll beten, dass der Gott, der die Herzen erforscht, mein Herz erforscht (V. 23), um zu erkennen und zu prüfen, was darin ist. Gott soll sicherstellen, dass jeder Gedanke und jede Vorstellung, die *»bösem Wege«* entspricht, weggenommen wird und ich stattdessen *»auf ewigem Wege«* geleitet werde (V. 24). Am Ende dieses Psalms führt uns Jesus dahin, uns von Neuem dem Gott zu öffnen, der uns erforscht und erkennt (V. 1), damit er uns abermals erforscht und erkennt (V. 23).

Wenn du und ich diesen Psalm in Christus beten, machen wir uns Gottes erstaunlich vertraute Erkenntnis bewusst – er kennt jeden von uns auf persönliche Weise, bis in die Tiefen unserer Gedanken, Hoffnungen, Ängste und Phantasien. Wir vergewissern uns von Neuem, dass es für uns, die wir in Christus sind, keinen noch so finsteren Ort im Universum gibt, der uns von der Liebe und Fürsorge des Vaters trennen könnte. Wir schätzen die unendliche Weisheit, mit der uns unser himmlischer Schöpfer und Vater gestaltete und mit der er jeden Tag und jede Nacht unseres irdischen Lebens vorherbestimmt hat. Zudem öffnen wir uns von Neuem seinen liebenden, erforschenden Augen, damit er uns reinigt und auf den Weg zum ewigen Leben leitet, wo schließlich alles Böse ein Ende haben wird.

ZUM NACHDENKEN

1. Was könnte dir helfen, dich jeden Tag daran zu erinnern, dass du in der Gegenwart Gottes lebst?
2. Welchen Unterschied macht es für dich, wenn du diesen Psalm mit dem Wissen liest, dass er in erster Linie von Gottes König handelt?
3. Welchen »bösen Weg« soll Gott aus deinem Herzen, deinen Gedanken oder deinem Leben entfernen?

PSALM 145 UND 148

16. DAS ABSCHLIESSENDE HALLELUJA

Wir kommen nun zu unseren letzten beiden Psalmen. Zunächst nehmen wir uns den letzten Davidspsalm des Psalters vor – einen Psalm, in dem unser König uns in dem Lob anleitet, das in den abschließenden fünf Psalmen so schwungvoll zum Ausdruck kommt. Danach betrachten wir einen dieser abschließenden fünf Psalmen als Beispiel für die Art des endgültigen Lobpreises, den wir singen dürfen.

PSALM 145

DER AUFRUF DES KÖNIGS ZUM LOBPREIS

Das Problem mit Lobpreis ist: Wenn jemand mich dazu auffordert, Gott zu loben, will ich oftmals nicht. Du kannst mich zum Lobpreis ermahnen, bis du schwarz wirst. So sehr du mir deine Ermahnungen auch um die Ohren schlägst – du wirst nichts sagen können, das mein mürrisches, niedergeschlagenes oder trauriges Herz in ein Herz verwandelt, aus dem mit fröhlicher Begeisterung Lobpreis sprudelt. Im Gegenteil, du wirst wahrscheinlich sogar bewirken, dass ich mich noch schlechter fühle. Wenn ich dir so zuhöre, bestätigt das etwas, das ich schon immer vermutet habe: dass ich in Sachen Lobpreis ein Versager bin, wie bereits in so vielen anderen Bereichen meines Lebens als Christ.

Oberflächlich gesehen tut Psalm 145 genau das: Er ruft mich auf, mich dem Lobpreis hinzugeben. In den Versen 1–2 gibt es drei Wörter für Lobpreis: *»erheben«*, *»loben«* und *»rühmen«*. Es handelt sich um Synonyme, und zusammengenommen zeichnen sie ein Bild des uneingeschränkten Lobpreises. Es handelt sich um ein ununterbrochenes Lob, denn es geschieht *»täglich«*. Es ist außerdem ein unendliches Lob, *»immer und ewiglich«* (was zweimal gesagt wird). Wenn wir diese Verse aussprechen, geloben wir Gott uneingeschränktes, ununterbrochenes, unendliches Lob. Wie sollten ich oder du dazu in der Lage sein? Wir sind es nicht.

Dennoch ist Lobpreis unerlässlich. Wenn Gott nicht gepriesen wird, wird er einer Not leidenden Welt auch nicht kundgetan, denn durch Lobpreis erzählen wir anderen von Gott. Wenn wir den Menschen sagen, wie gut und groß Gott ist, ist das Lob Gottes. Gott wirklich zu kennen, heißt, ihn zu preisen. Lobpreis ist nicht das Sahnehäubchen auf dem Glaubenskuchen – Lobpreis ist die notwendige Voraussetzung, damit der wahre Gott erkannt wird. Abgesehen davon: Wenn mein Leben nicht von Lobpreis geprägt und geformt ist, stehe ich geistlich in ernster Gefahr, zur Anbetung eines anderen Gottes verleitet zu werden – einer Anbetung, die mir mehr Lebensfreude verspricht, diese aber entweder nicht schenkt oder sogar Schlimmeres bedeutet.

Lobpreis ist also wichtig. Es gibt im Psalter viel Auf und Ab, während die Tonart von der Klage zum Lob und wieder zur Klage wechselt. Da ist kein einfacher, ungebrochener Verlauf erkennbar. Wenn wir aber das Bild des Psalters als Ganzes nehmen, gibt es eine allmähliche Bewegung hin zum Lob. Sind wir bei den letzten fünf Psalmen angekommen, dann dominiert der Lobpreis mit überschwänglicher Begeisterung.

LOBEN LERNEN

Die Frage ist daher: Wie können wir loben lernen? Dieser Psalm gibt uns eine wunderbare Antwort. Der Schlüssel liegt darin, zu bedenken, dass es sich um einen Psalm Davids handelt – tatsächlich ist er der letzte Psalm Davids in der endgültigen Anordnung des Psalters und ein besonders wichtiger Psalm. Die erste Person, die die Verse 1–2 spricht und die Gott uneingeschränktes, ununterbrochenes und unendliches Lob zusagt, ist der König. Zur alttestamentlichen gemeinschaftlichen Anbetung gehörte es, dass der König als repräsentatives Haupt das Volk im Lobpreis anleitete. Genau das tut David hier.

König David gelang es natürlich nicht, dieses Versprechen zu halten. Es gab Tage – insbesondere den schrecklichen Tag, als er mit Batseba schlief, und die Tage nach diesem Verhängnis –, an denen sein Leben ganz bestimmt nicht Gottes Lob verkündigte. Letztlich konnte er auch nicht für *»immer und ewiglich«* loben, denn er starb irgendwann.

Dieses Gelöbnis Davids ruft – wie so viel im hinteren Teil des Psalters – »nach einem Lob, das noch ausstand« (Claus Westermann, *Praise and Lament in the Psalms*, S. 161). Diese Psalmen riefen beständig nach jenem wunderbaren Lob, doch kein Israelit konnte es erbringen – bis Jahrhunderte später ein Junge in der Synagoge die Psalmen sang. Er wuchs heran, vom Kind zum Jugendlichen und zum jungen Mann, und jedes Mal, wenn er den Aufruf zum Lob hörte, antwortete er aus vollem Herzen: »Ja! Ja, ich will Gott loben. Ja, ich will mit allem, was ich tue, und jedem Wort, das ich sage, den Vater verkündigen« (vgl. Joh 1,18). Jesus Christus lobte Gott so, wie es zu Beginn dieses Psalms versprochen wird, mit absoluter Zuverlässigkeit, Lauterkeit, Ausdauer und Vollkommenheit. (Deshalb zitiert Hebr 2,12 die fast identische Aussage aus Ps 22,23: *»Ich will deinen Namen kundtun …, ich will dich … rühmen«*.)

Auch heute lobt Jesus, der König, Gott, den Vater-König: Der König preist den König. Oder genauer gesagt, der göttlich-menschliche König leitet sein Volk in der Anbetung Gottes, des Vater-Königs. Für uns ist das eine große Erleichterung. Wir hatten befürchtet, unseren widerstrebenden Herzen einen Lobpreis abringen zu müssen, zu dem wir gar nicht fähig sind. Nun erfahren wir, dass wir nicht gebeten werden, das Mikrophon in die Hand zu nehmen und den Lobpreis anzuleiten. Nein, wir sind eingeladen, in den Chor Jesu einzustimmen und uns dem Lob anzuschließen, das er bereits anführt.

Im Hauptteil des Psalms gibt es zwei zentrale Themen des Lobes. Aus diesen beiden Motiven ergeben sich die Gründe, weshalb Jesus, unser König, uns im Lobpreis des Vaters anleitet.

EIN LOB SEINER GÜTE

Psalm 145, 3–13a verknüpft Größe mit Güte. Wie wir sehen werden, liegt genau diese Kombination jenseits dessen, was von menschlicher Weisheit ergründet werden kann. David spricht in Vers 3 von unausforschlicher Größe. Anschließend beherrscht diese Größe die Verse 4–6. Achte auf die Formulierungen: *»deine gewaltigen Taten«* (V. 4); *»deiner hohen, herrlichen Pracht … deinen Wundern«* (V. 5); *»deinen mächtigen Taten … deiner Herrlichkeit«* (V. 6). Das Wort, das an dieser Stelle mit »Wunder« übersetzt wird, meint hier (wie auch sonst im Alten Testament) Dinge, die unser Verstehen und unsere Kontrolle übersteigen; die Rede ist von mächtiger Einsicht oder weiser Stärke.

In den Versen 7–9 verlagert sich der Schwerpunkt auf die Güte. David besingt Gottes *»große Güte«* und *»Gerechtigkeit«* (V. 7); Gott tut, was recht und gut ist. In Vers 8 klingt mit der Liste *»Gnädig … barmherzig … geduldig … von großer Güte«* die im Alten Testament am häufigsten wiederholte Beschreibung Gottes an. Sie war zum ersten Mal zu hören, als Gott nach dem Vorfall mit dem goldenen Kalb die Sünde seines Volkes vergab (vgl. 2 Mose 34, 6). Seitdem findet sie ihren Widerhall durch das gesamte Alte Testament hindurch: Dieser Bundesgott ist ausnahmslos gut. Auch in Psalm 145, 9 wird Gott beschrieben als *»allen gütig ... erbarmt sich«*.

In den Versen 10–13a wandert der Schwerpunkt zurück zur Macht. Achte auf die Begriffe: *»deines Königtums ... Macht ... gewaltigen Taten ... Königtums ... ewiges Reich ... Herrschaft«*. In einem alten Choral klingt das so:

> *»Erkennt und erhebt den Herrn dieser Welt,*
> *der alles, was lebt, erschafft und erhält ...*
> *Erzählt, was er tut, besingt seine Macht:*
> *Die Werke sind gut, die er sich erdacht ...«*
> *(Feiern & Loben, Nr. 58)*

Manchmal ist es schwer, Gott als zugleich allmächtig und vollkommen gut zu erkennen. Wenn er allmächtig ist, weshalb sollte er eine Welt erschaffen, in der schlechte Dinge geschehen? Ist er vollkommen gut, dann kann er also nicht allmächtig sein. Auf diese Weise schmälern wir entweder seine Güte und meinen, er müsste eine moralisch durchwachsene Gottheit sein; oder wir schmälern seine Macht und folgern, dass es Dinge gibt, die außerhalb seiner Kontrolle liegen. David preist Gott hier aber ziemlich unbefangen für die Tatsache, dass er in seiner unendlichen Weisheit und Macht sowohl allmächtig als auch vollkommen gut ist. Er preist Gott wegen genau der beiden Eigenschaften, die laut unserem »Problem des Bösen« nicht gleichzeitig wahr sein können! Zweifellos hat David mit dem Problem gerungen. Sicherlich haben die Menschen, die diesen Psalm in Buch V platzierten – nach dem Exil, als die meisten Verheißungen Gottes völlig unrealistisch zu sein schienen –, gründlich darüber nachgedacht. Sie hielten nicht deswegen an diesen Dingen fest, weil sie weniger gebildet waren als wir oder die Welt nicht so aufmerksam wahrnahmen. Nein, sie wussten so gut wie wir, dass guten Menschen schlechte Dinge widerfahren und schlechten Menschen gute.

Sicherlich stand Jesus selbst in der Versuchung zu bezweifeln, dass sein Vater vollkommen gut und allmächtig ist. Als die Städte, in die er einen Großteil seiner Energie investiert hatte, sich weigerten, umzukehren (vgl. Mt 11,20–23), reagierte er dennoch mit diesem Lob: *»Ich preise dich, Vater, Herr des Himmels und der Erde, dass du dies Weisen und Klugen verborgen hast und hast es Unmündigen offenbart«* (V. 25). Er wusste, dass sein Vater der *»Herr des Himmels und der Erde«* ist – es gibt hier keine Schmälerung seiner Souveränität! Er wusste außerdem, dass der Vater weise und gut ist.

Den Inbegriff dieses Problems kann man in der Kreuzigung sehen. Sie war die böseste Tat, die jemals von Menschen verübt wurde, und doch zugleich von Gott angeordnet und gewollt, um sein wunderbares und gutes Ziel der Rettung seines Volkes zu erreichen (vgl. Apg 2,23). Der Dichter William Cowper beschrieb es so:

»Geheimnisvoll in tiefer Nacht
Vollendet Gott, was er bedacht …

Er, dessen Weisheit niemals fehlt,
Legt seinen Plan, den er gewählt,
Hinab in heil'ge Tiefen still,
Und thut allmächtig, was er will.

Treibt zweifelnde Gedanken fern,
Und traut auf Gnade froh dem Herrn,
Der hinter dunkler Wolkenschicht
Verbirgt ein freundlich Angesicht.«
(»Geheimnisvoll in tiefer Nacht«, Glockenklänge, S. 149)

Diese Wahrheit bringt David ganz natürlich zu seinem zweiten Thema: Die Güte Gottes ist eine treue Güte.

EIN LOB SEINER TREUE

Beachte, wie ähnlich sich Psalm 145,13b und 17 sind. Hier wie dort wird gesagt, dass der HERR *»gnädig in allen seinen Werken«* ist. Er ist *»getreu«*, seine Verheißungen zu halten. Der Abschnitt, der die Verse 13b–20 umfasst, wird durch diesen (Beinahe-)Refrain nochmals unterteilt.

Zunächst ist Gott der Welt gegenüber treu. Diejenigen, an denen Gott treu handelt, werden beschrieben als *»alle, die da fallen ... alle ..., die niedergeschlagen sind ... Aller Augen ... alles, was lebt«*. Hier zeigt sich eine Treue gegen die gesamte Menschheit, tatsächlich sogar gegen jedes Lebewesen, einschließlich der Tiere, Vögel, Fische und selbst der Grashalme. Das ist eine Großzügigkeit gegen alle, ohne jegliche Unterscheidung: Sie gilt den Bösen und den Gerechten, den Komplexen und den Einfachen, den Vernunftbegabten und den weniger Vernunftbegabten, den Empfindungsfähigen und den Empfindungslosen – einfach jedem Lebewesen.

Der Bund, auf den sich das bezieht, ist Gottes Verheißung an Noah. Er besiegelte mit dem Regenbogen, dass er die gute Ordnung des Universums aufrechterhalten wird: Tag und Nacht, Jahreszeiten, Ernten usw. (vgl. 1 Mose 9,9–11). Damals verhieß Gott, diese Welt niemals zur Hölle auf Erden werden zu lassen. Das Böse mag furchtbar sein, doch ihm werden in diesem Zeitalter stets Grenzen gesetzt. Nach der Finsternis wird die Sonne aufgehen. Nach dem Winter wird der Frühling anbrechen. Nach der Dürre wird Regen fallen. Das ist so, denn Gott, der himmlische *Vater, »lässt seine Sonne aufgehen über Böse und Gute und lässt regnen über Gerechte und Ungerechte«* (Mt 5,45). Jeder Tag des Lebens ist ein Tag der allgemeinen Gnade Gottes für alle. Gott gab Noah diese Verheißung, und er hält sie.

Daneben gibt es noch eine andere Treue gegenüber einem anderen Bund; eine noch tiefere Treue, da es ein größerer Bund ist, der gehalten wird. Diese Verheißung nahm ihren Anfang durch den

Bund mit Abraham in 1. Mose 12, wurde über Jahrhunderte aufrechterhalten und in Jesus Christus erfüllt. Es handelt sich um die Verheißung, dass es eines Tages einen neuen Himmel und eine neue Erde geben wird, die von Jesus Christus, dem Nachkommen Abrahams, regiert wird – und von seinem ganzen Volk mit ihm.

Der Akzent liegt hier also auf der Nähe des Bundesgottes bei *»allen, die ihn anrufen, allen, die ihn mit Ernst anrufen«* (Ps 145,18), den *»Gottesfürchtigen«* (V. 19) und *»alle[n], die ihn lieben«* (V. 20): das heißt, seinem Volk. Ganz gleich, wie freundlich er gegenüber jedermann war, am Ende wird dieser Bund triumphieren. Wer in gottloser Feindseligkeit gegen diesen guten Schöpfer verharrt, wird letztlich vertilgt werden (V. 20b). Bis es aber soweit ist, ist jeder Tag ein Tag der Einladung zum Evangelium und ein Tag der Gnade.

Jesus verkündigte den Vater als den Einen, der jedem Lebewesen der gesamten geschaffenen Ordnung stetige Treue erweist. Vor allem aber verkündigte er ihn als den Einen, der seine unermüdliche Verlässlichkeit all denen zeigt, die durch Jesus auf ihn vertrauen.

STIMME IN DEN CHOR MIT EIN

So spricht der König nun seine Einladung aus (V. 21). Er wiederholt sein eigenes Gelöbnis, dass sein *»Mund … des HERRN Lob verkündigen«* soll. Das hat er getan. Jesus hat dies auf vollkommene Weise erfüllt, als er kam, um den Vater zu verkündigen, und indem er – durch seinen Geist und mittels seiner Evangeliumsboten – den Vater weiterhin kundtut (vgl. Joh 17,26). Deshalb ruft er aus: *»[A]lles Fleisch lobe seinen heiligen Namen immer und ewiglich«* (Ps 145,21b). Das ist der Punkt, an dem wir ins Spiel kommen – nicht, um den Lobpreis zu beginnen, denn Jesus hat das bereits getan, und nicht, um den Lobpreis anzuführen, denn das tut Jesus längst, sondern um in den Chor mit einzustimmen.

Damit kommen wir auf das Lobpreis-Problem zurück. Du und ich, wir wissen, dass es nicht funktioniert, einfach zum Loben ermahnt zu werden. Ein Mensch, der versucht, mich aufzumuntern und zum Lobpreis zu motivieren, wird mein Herz nicht erreichen. Wenn ich jedoch durch den Geist Gottes, den Geist Christi, wiedergeboren bin, dann wird etwas in meinem Herzen aufbrechen. In mir wird der Wunsch entstehen, in den großen Chor des Lobes auf den Vater einzustimmen, den Jesus leitet. Mein König leitet mich als Teil seines Volkes an, das Lob Gottes, des Vater-Königs, zu singen. Weil der Geist unseres großen Anbetungsleiters in unseren Herzen wohnt, entspringt es dem Kern unseres Seins, mitsingen zu wollen. Wir loben, weil der Geist Jesu in uns den echten Wunsch weckt, in das Lob einzustimmen!

ZUM NACHDENKEN

1. Wo konntest du Gottes Güte, Treue und Macht sehen – in diesem Psalm, im Leben Jesu und in deinem eigenen Leben?
2. Wie kannst du dich selbst daran erinnern, Gott häufiger zu loben?
3. Welche Auswirkungen könnte dein Lobpreis auf die Menschen um dich herum haben?

PSALM 148

Die Psalmen 146–150 sind innerhalb des Psalters eine Art Antwort auf den Aufruf des Königs zum Lobpreis. Sie enthalten genau die Sorte Lob, zu dem sich der König verpflichtet hat.

Johannes Calvin beschrieb das Universum als ein Schauspiel der Herrlichkeit Gottes (vgl. Institutio I, 5.1 und I, 5.8). Im sichtbaren Universum sehen wir einen Abglanz des Wesens und Charakters Gottes aufleuchten. Dies deutet ein anderer großer Schöpfungspsalm an:

»Licht ist dein Kleid« (Ps 104,2). *»Licht«* steht hier als Kurzformel für das gesamte sichtbare Universum. Es ist, als wäre das sichtbare Universum eine Art »Enttarn-Umhang« (das Gegenteil eines Tarnumhangs!), den der unsichtbare Gott trägt, um sich sichtbar zu machen.

So einfach ist es aber nicht. Bei der Betrachtung der Welt werden sicherlich einige schöne, geordnete, erstaunliche Wunderwerke zutage treten, die wir gern als Hinweise auf den Schöpfer begreifen. Es werden aber auch einige hässliche Dinge sichtbar – düstere und böse Gegebenheiten. Was machen wir damit? Sollen wir uns einfach die Aspekte der Schöpfung herauspicken, die wir gern als Sinnbilder des Schöpfers haben wollen? Das ist keine Lösung!

Psalm 148 wird uns helfen, die Schöpfung aus der richtigen Perspektive zu betrachten. Er gibt Antwort auf die Frage: Was muss geschehen, damit das Universum eindeutig und einstimmig die Herrlichkeit Gottes widerspiegelt und verkündet? Inwiefern singt es sein Lob?

HALLELUJA

Die Psalmen 146–150 beginnen und enden jeweils mit dem Wort *»Halleluja«*, was in deutschen Bibeln teils übersetzt als *»Lobt den HERRN«* wiedergegeben wird. Das ist korrekt, denn die hebräische Wendung *»Halleluja«* beinhaltet einen Imperativ im Plural. Gemeint ist etwas wie: »Dann mal los, Leute, ich möchte, dass ihr den HERRN, den Bundesgott, den Gott der Bibel preist!« Es handelt sich also weniger um einen Ausruf des Lobes, sondern vielmehr um einen Aufruf zum Lob.

Im Zentrum von Psalm 148 steht der Aufruf an die gesamte geschaffene Ordnung, unmissverständlich den Gott zu preisen, der sie gemacht hat. Es handelt sich um einen scheinbar einfachen Psalm, der jedoch leicht missverstanden wird.

Der Psalm zerfällt in zwei ungleiche Teile. In den Versen 1–6 sehen wir den Aufruf an die hohen Dinge der Schöpfung, Gott zu preisen. Danach werden in den Versen 7–13 die niedrigeren, irdischen

Dinge zum Lob Gottes angehalten. Wir können uns das wie einen großen Chor auf zwei Ebenen vorstellen. Der Dirigent blickt zuerst zur Empore hoch und gibt dem oberen Chor das Zeichen zum Lobpreis. Dann wendet er seinen Blick dem Chor auf der unteren Ebene zu und fordert ihn zum Lob auf. Zuletzt entdecken wir einen überraschenden Abschluss (V. 14), der sich als der Schlüssel zum gesamten Psalm erweisen wird.

DIE SCHÖPFUNG AUSSERHALB UNSERER REICHWEITE MUSS GOTT PREISEN

Zu Beginn des Psalms hören wir mehrere Male einen Aufruf (V. 1–4) und sehen anschließend die Begründung oder Motivation für den Aufruf (V. 5–6). Nachdem in Vers 1 als Überschrift eine Zusammenfassung vorangestellt wurde (*»im Himmel … in der Höhe«*), beginnt der Aufruf (unter Verwendung der für biblische Poesie typischen Bildsprache) ganz oben, mit den übernatürlichen Geschöpfen (V. 2). Die *»Engel«* in ihren riesigen *»Heerscharen«* sind rationale Wesen. Sie sind übernatürliche Geister, niedriger als Gott (denn sie sind nicht göttlich), aber größer als Menschen. Sie können entscheiden, ob sie Gott loben oder nicht loben wollen, und es sieht so aus, als hätten einige von ihnen rebelliert (vgl. Jud 6). Es hat den Anschein, als seien der Teufel und seine bösen Geister gefallene Engel.

Dieser Aufruf zum Lob könnte bedeuten, dass es in der übernatürlichen Sphäre an etwas fehlt. Das Neue Testament bezeichnet den Teufel als den *»Mächtigen, der in der Luft herrscht«* (Eph 2, 2), und spricht von einem geistlichen Kampf in den himmlischen Regionen, wo die *»Herren der Welt, die über diese Finsternis herrschen, mit den bösen Geistern unter dem Himmel«* zu finden sind (Eph 6, 12). Daher ist dieser Ruf nicht überflüssig: Lobt ihn, *alle* seine Engel!

Dann begeben wir uns sozusagen etwas nach unten zu den unbelebten Himmelskörpern (Ps 148, 3–4). *»Sonne«*, *»Mond«* und die

»leuchtenden Sterne« sollen den HERRN loben, ebenso die *»Himmel aller Himmel«* und die *»Wasser über dem Himmel«*. In der Kosmologie der biblischen Poesie ist der Himmel wie eine Zimmerdecke (die *»Feste«* aus 1 Mose 1,7), über der sich die Behälter für solche Dinge wie Regen, Hagel und Schnee befinden. Das sind die *»Wasser über dem Himmel«* (vgl. auch Hiob 38,22–38). Der Psalmist sagt, dass sie *alle* Gott loben sollen.

Das Wort *»Himmel«* verknüpft zwei Vorstellungen. Einerseits kann damit einfach der Himmel »dort oben« gemeint sein. Andererseits wird damit auf poetische und leicht nachvollziehbare Weise von Orten gesprochen, die außerhalb unserer Reichweite liegen, über und jenseits von uns. Letztlich ist damit »Gottes Raum« gemeint – der Bereich, in dem Gott in unzugänglichem Licht wohnt. Gott ist nicht körperlich dort oben in den Wolken; doch auf diese Weise können wir leichter erfassen, dass Gott außerhalb unserer Reichweite liegt.

Es passiert leicht, dass wir die Macht unerreichbarer Dinge überbewerten. Insbesondere neigt die Menschheit dazu, Sonne, Mond und Sterne für mächtige Gottheiten zu halten. Man müsse sie anbeten, weil sie die Ereignisse auf der Erde beeinflussen. Jeder, der schon einmal bei einem Horoskop Rat gesucht hat, hat dadurch diese Sicht bestätigt. In manchen Kreisen übernehmen verstorbene Heilige oder Engel und Geister eine ähnliche Funktion. Die Bibel lehnt jedoch all das ab. Nein, das alles sind Geschöpfe, die aufgerufen sind, sich vor ihrem Schöpfer zu beugen und ihn zu loben.

Was aber ist damit gemeint, dass unbelebte Objekte wie Sonne, Mond und Sterne Gott preisen? Psalm 148,5–6 zeigt uns zwei Wahrheiten, die uns helfen, das zu verstehen. Erstens wurden diese Dinge geschaffen; sie sind nicht der Schöpfer, sondern geschaffene Körper. Zweitens *»lässt [er] sie bestehen ... er gab eine Ordnung, die dürfen sie nicht überschreiten«* (V. 6). Die Formulierungen *»lässt ... bestehen«* und *»Ordnung«* verweisen auf das, was Theologen die »Schöpfungsordnung« nennen – die Matrix von physikalischen und moralischen Gesetzen, die dem Universum Ordnung geben, und zwar nicht nur in materieller, sondern auch in moralischer Hinsicht. Die

Himmelskörper loben Gott, indem sie sind, was sie sind, und tun, was sie tun: das heißt, indem sie mit ihren Gesetzmäßigkeiten und ihrer Funktion die Ordnung darstellen, die Gott in die Schöpfung hineingelegt hat. Die Sonne lobt Gott, indem sie scheint, indem sie an ihrem Platz im Sonnensystem bleibt usw. Der Mond lobt Gott, indem er die Erde regelmäßig umkreist. In gewissem Sinn verkünden die geschaffenen Dinge genau dadurch, dass sie das sind, wozu sie bestimmt sind, das Lob Gottes. Ihre Regelmäßigkeit zeugt von seiner Treue. Ihre Vielfalt zeugt von seiner Kreativität. Was uns an ihnen zum Staunen bringt, zeugt von seiner Schönheit. Dieses Prinzip gilt auch für den Rest der geschaffenen Ordnung. Auch wir, als geschaffene menschliche Wesen, loben Gott, indem wir in Übereinstimmung mit der Ordnung und dem Ziel leben, für die er uns geschaffen hat.

Wenn wir diesen Aufruf hören, erinnert uns das daran, niemals Sonne, Mond und Sterne, Geister, Engel oder Heilige anzubeten (und keine Horoskope zu lesen). Er erinnert uns auch, den Einen anzubeten, der all diese Dinge gemacht und ihnen jeweils ihren Platz in seiner wunderbaren Schöpfung zugewiesen hat.

DIE IRDISCHE SCHÖPFUNG MUSS GOTT PREISEN

—

Was aber ist mit hier unten? Der nächste Abschnitt des Psalms (V. 7–13) ist etwas länger, und seine Länge deutet auf ein Problem hin. Er beginnt mit drei Vers-Paaren, die das abdecken, was wir die Biosphäre nennen.

Die Verse 7–8 rufen das, was wild ist, zum Lob Gottes auf. Die *»großen Fische«* (in anderen Übersetzungen mit »Seeungeheuer« wiedergegeben), die in den *»Tiefen des Meeres«* leben (V. 7), beziehen sich vermutlich weniger auf Wale, Haie und dergleichen, sondern eher auf die mythischen Meeresungeheuer oder Drachen, die man aus alten Göttersagen kennt. Das Alte Testament greift darauf zurück, wenn es von den Geistmächten des Bösen redet. Am bekanntesten ist der Leviatan. Er kommt in Hiob 41 vor und dient dort als Darstellung des Teufels mit all seinen Schrecken.

Gemeinsam mit diesen finsteren, übernatürlichen Mächten werden die wilden Wetterphänomene *»Feuer, Hagel, Schnee und Nebel, Sturmwinde«* genannt (Ps 148, 8). All diese furchterregenden und extremen Vorgänge unterliegen der Kontrolle des Gottes, den sie loben sollen, denn auch von ihnen gilt, dass sie *»sein Wort ausrichten«*. Es gibt keinen zweiten Gott, keine rivalisierende Macht. Auch diese seltsamen Erscheinungen mit ihren erschreckenden Auswirkungen tun niemals etwas anderes als das, was ihnen der Schöpfer aufträgt. Auf die denkbar merkwürdigste Weise loben sie ihn, indem sie das tun, was sie tun!

In Vers 9 kommen wir zu den unbeweglichen Dingen: *»Hügel«* (niedrig) und *»Berge«* (hoch), *»Zedern«* (große Bäume) und *»Fruchtbäume«* (kleine Bäume). Anschließend spricht der Psalmist in Vers 10 von unvernünftigen Geschöpfen: wilde *»Tiere«* und gezähmte Nutztiere (*»Vieh«*), kleine krabbelnde Fluginsekten und große fliegende Vögel. Auch sie loben Gott, indem sie so sind, wie sie geschaffen wurden, und indem sie das tun, wofür sie geschaffen wurden.

Während beim oberen Chor eine allgemeine Bewegung vom Höheren zum Niedrigeren stattfand, verläuft hier die allgemeine Bewegung vom Niedrigeren zum Höheren – in Bezug auf die Bedeutung, nicht topographisch (vgl. die Erschaffung des Menschen als Höhepunkt von Gottes Schöpfung in 1 Mose 1). In Psalm 148, 11–12 erreichen wir den Gipfel: Menschen sollen Gott preisen. Die Menschheit wird zunächst anhand ihrer Mächtigen dargestellt (*»Könige ... Fürsten ... Richter«*, V. 11) und dann in Form aller Menschen: Junge und Alte, Männer und Frauen (V. 12). Jedes menschliche Wesen, ob mächtig oder schwach, alt oder jung, männlich oder weiblich – ausnahmslos jeder ist aufgerufen, Gott zu loben. Schlussendlich wird einzig der gemeinsame frohe Lobpreis des Schöpfers die Menschheit vereinen (wie wir in Ps 122 gesehen haben).

Ps 148, 13 nennt den Grund für den Lobpreis des unteren Chores, so wie die Verse 5–6 eine Begründung für das Lob des oberen Chores nannten. Es handelt sich um einen ziemlich einfachen Grund, und vielleicht gilt er auch für beide Teile des Chores: Gott, der Schöpfer, ist unvergleichlich groß. Nichts ist so hoch, dass es mit seiner einzigartigen Größe vergleichbar wäre, denn einzig der Schöpfer hat geschaffen: *»seine Herrlichkeit reicht, so weit Himmel [der obere Chor] und Erde [der untere Chor] ist«*. Von den höchsten Engeln bis hinab zu den Wettersystemen des Himmels, von der untersten Kategorie der unbelebten Gegenstände bis zur höchsten, nämlich dem Menschen, erfolgt der Ruf: Ihr alle sollt euren Schöpfer preisen!

Gerade der Mensch ist aber das Problem. Was auch immer bei den Geistern und Dämonen los ist, wir wissen mit Sicherheit, dass Menschen diesen Aufruf zum Lobpreis nicht beherzigen, weder jetzt noch in Zukunft. Wie Paulus in Römer 1,21–32 anschaulich zeigt, haben wir die rechte Anbetung Gottes eingetauscht gegen die verkehrte Anbetung geschaffener Dinge. Es ist, als würde sich im Chor die Gruppe der Menschen vom Dirigenten wegdrehen und anfangen, andere Teile des Chors zu loben und zu besingen, seien es andere Menschen (die als Götter angebetet werden) oder Tiere (die heilige Kuh), Himmelskörper (die Anbetung der Sonne) oder materiellen Götzen.

Deshalb benötigen wir die Überraschung, die der letzte Vers bereithält.

WIR WERDEN ERWECKT, UM GOTT ZU LOBEN

Plötzlich und scheinbar aus dem Nichts in einem Schöpfungspsalm finden wir in Psalm 148,14 eine Erwähnung von Gottes *»Heiligen«*, identifiziert als die *»Israeliten, das Volk, das ihm nahe ist«*. Wo kommen sie auf einmal her? Die Antwort liegt in dem Wort *»Horn«*. *»Horn«* steht in der biblischen Bildsprache für die Stärke und Macht, die von einem Herrscher ausgeübt wird. Im Alten Testament wird es häufig für Gottes gesalbten König verwendet, den kommenden

Messias (z. B. 1 Sam 2,10). Gott wird ein *»Horn«* für sein Volk erwecken, wenn er für sie einen mächtigen Messias erweckt, der eine neue Menschheit anführt und prägt: Menschen, die den Aufruf aus Psalm 148,11–12 beherzigen. Das wird die alte Menschheit in Adam niemals tun, denn Adam sündigte und die gesamte Menschheit in ihm. Deswegen kamen Tod, Krankheit, Leid und die ganze Traurigkeit einer seufzenden Schöpfung in die Welt. Zacharias, der Vater von Johannes dem Täufer, wusste, dass sein Sohn der Prophet ist, der das Kommen des Messias ankündigt. Darum sang er nach Johannes' Geburt: *»Gelobt sei der Herr, der Gott Israels! Denn er hat besucht und erlöst sein Volk und hat uns aufgerichtet ein Horn des Heils im Hause seines Dieners David«* (Lk 1,68–69).

Die Rede von den *»Heiligen«* bezieht sich auf Menschen, die sich durch Bundestreue zu Gott auszeichnen. Diese Menschen – diese neue Menschheit unter dem gesalbten König – werden *»ihm nahe«* sein. Der erste dieser Menschen war Jesus Christus selbst, der seit aller Ewigkeit die denkbar vertrauteste Beziehung zum Vater genoss (vgl. Joh 1,18). Nun aber erschafft Jesus – das gesalbte *»Horn«*, der starke Messias – die Menschheit neu, um das Ebenbild Gottes darzustellen. Diese Menschen werden umgestaltet in das Ebenbild Jesu, der das vollkommene Ebenbild Gottes ist.

Dann – und nur dann, wenn diese neue Menschheit vollständig ist – wird die gesamte geschaffene Ordnung das unzweideutige Schauspiel der Herrlichkeit Gottes sein. Das ist ein wunderbarer und schöner, jedoch kein bequemer Psalm. Er kann auch niemals allein ein Schöpfungspsalm sein. Notwendigerweise muss er von der Erlösung handeln, und deshalb von Jesus Christus und dem Evangelium, das wir einer Not leidenden Welt bringen müssen. Das dringendste Bedürfnis der geschaffenen Ordnung ist nicht Fürsorge für die Schöpfung, so gut und wertvoll das auch sein mag. Noch dringender braucht sie das Evangelium von Jesus Christus, dem gesalbten König, dem starken *»Horn«*, der ein Volk erwecken wird, das Gott nahe ist – eine neue, erlöste Menschheit, die ihren rechten Platz innerhalb der geschaffenen Ordnung einnehmen wird, indem sie ein Leben des gehorsamen Lobes für ihren Schöpfer lebt. Man kann Jesus und dieser neuen Menschheit die Herrschaft über den neuen Himmel und die neue Erde bedenkenlos anvertrauen, denn der Auftrag, Verwalter und Bewahrer der Schöpfung zu sein, wird freudig und bereitwillig befolgt werden.

Bis dahin werden Christen tun, was sie können, um verantwortungsbewusste Verwalter der Schöpfung zu sein. Sie werden es aber zu ihrer Priorität machen, das Evangelium von Jesus, dem König, zu verbreiten. Zudem werden wir mit unserem ganzen Leben – unserer Fürsorge für die Schöpfung, unserer verantwortungsbewussten Haushalterschaft und vor allem unserer Verkündigung des Evangeliums Jesu – in den Lobpreis unseres Schöpfers einstimmen, den er in so hohem Maß verdient. Dies tun wir, weil wir Teil der neuen Menschheit geworden sind, die durch Jesu Tod und Auferstehung erschaffen wurde, und weil wir nun ein Leben des frohen Gehorsams leben können.

ZUM NACHDENKEN

1. Wie kann dir der Blick auf die geschaffene Welt helfen, Gott zu preisen?
2. Wie kannst du einer Not leidenden Welt das Evangelium von Jesus Christus bringen?
3. Für wen könntest du beten, dass er anfängt, dem Gott, der ihn geschaffen hat, zu gehorchen und ihn zu loben?

ANHANG

PSALMEN IM NEUEN TESTAMENT

Im Neuen Testament gibt es neben eindeutigen und ausdrücklichen Zitaten aus den Psalmen auch zahllose Anklänge an die Sprache der Psalmen. In diesem Anhang habe ich versucht, die bedeutsamsten davon zusammenzustellen, wenngleich man noch viele weitere dazunehmen könnte. Es ist schwer, hier ein Ende zu finden.

Psalm		Erwähnung im Neuen Testament
2	V. 1–2	Apostelgeschichte 4, 25–27; Offenbarung 19, 19
	V. 7	Matthäus 3, 17 = Markus 1, 11 = Lukas 3, 22; Matthäus 17, 5 = Markus 9, 7 = Lukas 9, 35; Hebräer 1, 5; 5, 5
	V. 8–9	Offenbarung 2, 26–27; 12, 5; 19, 15
4	V. 3.5	Epheser 4, 25–26
5	V. 10	Römer 3, 13
6	V. 4	Johannes 12, 27
	V. 9	Matthäus 7, 23; Lukas 13, 27
8	V. 3	Matthäus 21, 16
	V. 5–7	Hebräer 2, 6–8; 1. Korinther 15, 27; Epheser 1, 22
9	V. 8–9	Apostelgeschichte 17, 31

10	V. 7	Römer 3,14
11	V. 6	Offenbarung 14,10; 19,20; 20,10; 21,8
14	V. 1–3	Römer 3,10–12
16	V. 8–11	Apostelgeschichte 2,25–28; 13,35
18	V. 3	Lukas 1,69
	V. 5	Apostelgeschichte 2,24
	V. 50	Römer 15,9
19	V. 5	Römer 10,18
22	V. 2	Matthäus 27,46; Markus 15,34
	V. 6	Römer 5,5
	V. 8	Matthäus 27,39
	V. 10–11	Matthäus 27,43
	V. 13–14	2. Timotheus 4,17–18
	V. 19	Matthäus 27,35; Markus 15,24; Lukas 23,34; Johannes 19,24
	V. 23	Hebräer 2,12
24	V. 1	1. Korinther 10,26
	V. 4	Matthäus 5,8
26	V. 6	Matthäus 27,24
28	V. 4	2. Timotheus 4,14; 1. Petrus 1,17; Offenbarung 20,12–13
29	V. 3	Apostelgeschichte 7,2
31	V. 6	Lukas 23,46; Apostelgeschichte 7,59; 1. Petrus 4,19
32	V. 1–2	Römer 4,7–8

34	V. 9	1. Petrus 2, 3
	V. 13–17	1. Petrus 3, 10–12; Hebräer 12, 14; 2. Timotheus 2, 22; Römer 14, 19
	V. 21	Johannes 19, 36
35	V. 19	Johannes 15, 25
36	V. 2	Römer 3, 18
37	V. 11	Matthäus 5, 5
40	V. 7–9	Hebräer 10, 5–9
41	V. 10	Johannes 13, 18
44	V. 23	Römer 8, 36
45	V. 7–8	Hebräer 1, 8–9
48	V. 3	Matthäus 5, 35
51	V. 3–5	Lukas 18, 13
	V. 6	Römer 3, 4
68	V. 19	Epheser 4, 8
69	V. 5	Johannes 15, 25
	V. 10	Römer 15, 3
	V. 22	Matthäus 27, 34.48; Markus 15, 23.36; Lukas 23, 36; Johannes 19, 28–29
	V. 23–24	Römer 11, 9–10
	V. 26	Apostelgeschichte 1, 20
78	V. 2	Matthäus 13, 35
	V. 24	Johannes 6, 31
79	V. 3	Offenbarung 16, 6
82	V. 6	Johannes 10, 34
86	V. 9	Offenbarung 15, 4

89	V. 27	1. Petrus 1, 17
	V. 28	Offenbarung 1, 5
91	V. 11–12	Matthäus 4, 6; Lukas 4, 10–11
93	V. 1	Offenbarung 19, 6
94	V. 11	1. Korinther 3, 20
95	V. 7–11	Hebräer 3, 7–11
96	V. 13	Apostelgeschichte 17, 31
97	V. 1	Offenbarung 19, 6
98	V. 9	Apostelgeschichte 17, 31
99	V. 1	Offenbarung 19, 6
102	V. 26–28	Hebräer 1, 10–12
104	V. 4	Hebräer 1, 7
	V. 12	Matthäus 13, 32; Markus 4, 32; Lukas 13, 19
105	V. 40	Johannes 6, 31
109	V. 8	Apostelgeschichte 1, 20
110	V. 1	Matthäus 26, 64; Markus 12, 36; 14, 62; Lukas 20, 42–43; Apostelgeschichte 2, 34–35; Römer 8, 34; 1. Korinther 15, 25; Epheser 1, 20; Kolosser 3, 1; Hebräer 1, 3.13; 8, 1; 10, 12–13; 12, 2
	V. 2	Matthäus 27, 44
	V. 4	Hebräer 5, 6.10; 6, 20; 7, 17.21
	V. 7	Lukas 22, 69
112	V. 9	2. Korinther 9, 9
116	V. 3	Apostelgeschichte 2, 24
	V. 10	2. Korinther 4, 13
	V. 11	Römer 3, 4

118	V. 6–7	Hebräer 13, 6
	V. 22	Markus 12, 10–11; Lukas 20, 17; Apostelgeschichte 4, 11; 1. Petrus 2, 4.7
	V. 25–26	Matthäus 21, 9.42; 23, 39; Markus 11, 9–10; Lukas 13, 35; 19, 38; Johannes 12, 13
125	V. 5	Galater 6, 16
130	V. 8	Titus 2, 14
135	V. 14	Hebräer 10, 30
140	V. 4	Römer 3, 13
146	V. 6	Apostelgeschichte 4, 24; 14, 15; 17, 24; Offenbarung 10, 6; 14, 7

LITERATURVERZEICHNIS

Leslie C. Allen, *Psalms 101–150*, Word Biblical Commentary, Waco: Thomas Nelson, 2002.

Robert Alter, *The Art of Biblical Poetry*, New York: Basic Books, 1985.

Christopher Ash, *Teaching Psalms: From Text to Message*, 2 Bde., Fearn: Christian Focus Publications, 2017–2018.

Augustine, *Expositions on the Psalms*, Nicene and Post-Nicene Fathers, 1. Reihe, Bd. 8, Peabody: Hendrickson, 2004.

Andrew A. Bonar, *Christ and His Church in the Book of Psalms*, London: James Nesbit & Co, 1859.

Johannes Calvins Auslegung der Heiligen Schrift, Bd. 4, *Die Psalmen: 1. Hälfte*, Neukirchen: Verlag der Buchhandlung des Erziehungsvereins, o. J.

Johannes Calvins Auslegung der Heiligen Schrift, Bd. 5, *Die Psalmen: 2. Hälfte*, Neukirchen: Verlag der Buchhandlung des Erziehungsvereins, o. J.

Johannes Calvin, *Der Psalmenkommentar: Eine Auswahl*, Calvin-Studienausgabe, Bd. 6, 2. Aufl., Neukirchen-Vluyn: Neukirchener, 2010.

Johannes Calvin, *Reformatorische Anfänge: 1533–1541*, Calvin-Studienausgabe, Bd. 1.1, Neukirchen-Vluyn: Neukirchener, 1994.

Peter C. Craigie, *Psalms 1–50*, Word Biblical Commentary, Nashville: Thomas Nelson, 1983.

Robert Davidson, *The Vitality of Worship: A Commentary on the Book of Psalms*, Grand Rapids: Eerdmans, 1998.

John H. Eaton, *Kingship and the Psalms*, London: SCM Press, 1976.

Philip Eveson, *Psalms*, 2 Bde., Darlington: Evangelical Press, 2014.

Feiern & Loben: Die Gemeindelieder, Holzgerlingen: Hänssler, 2003.

Glockenklänge: Eine Liedersammlung für Sonntagsschulen und Jugendvereine, Cleveland: Deutsches Verlagshaus der Reformierten Kirche in den Ver. St., 1896.

John Goldingay, *Psalms*, 3 Bde., Grand Rapids: Baker, 2006–2008.

Geoffrey W. Grogan, *Psalms*, Grand Rapids: Eerdmans, 2008.

Allan Harman, *Psalms: A Mentor Commentary*, 2 Bde., Fearn: Christian Focus, 2011.

William L. Holladay, *The Psalms through Three Thousand Years*, Minneapolis: Fortress Press, 1996.

John Keats, *Gedichte*, übertragen von Gisela Etzel, Leipzig: Insel Verlag, [1910].

Othmar Keel, *Die Welt der altorientalischen Bildsymbolik und das Alte Testament: Am Beispiel der Psalmen*, Reprografischer Nachdruck der 5. Aufl., Darmstadt: Wissenschaftliche Buchgesellschaft, 2021.

Othmar Keel, *The Symbolism of the Biblical World*, New York: Seabury Press, 1978.

Derek Kidner, *Psalms*, 2 Bde., Downers Grove: IVP, 1983.

A. F. Kirkpatrick, *The Books of Psalms*, Cambridge: University Press, 1912.

Hans-Joachim Kraus, *Psalmen*, 1. Teilband, Biblischer Kommentar Altes Testament, 5. Aufl., Neukirchen-Vluyn: Neukirchener Verlag des Erziehungsvereins, 1978.

Hans-Joachim Kraus, *Psalmen*, 2. Teilband, Biblischer Kommentar Altes Testament, 4. Aufl., Neukirchen-Vluyn: Neukirchener Verlag des Erziehungsvereins, 1972.

Eric Lane, *Psalms*, 2 Bde., Fearn: Christian Focus, 2006.

James L. Mays, *Psalms*, Louisville: John Knox Press, 1984.

Rettungsjubel: Zum Gebrauch in Evangelisations- und Glaubens-Versammlungen, 7. Aufl., Wandsbek: Verlagsbuchhandlung Bethel, o. J. [1906].

O. Palmer Robertson, *The Flow of the Psalms*, Phillipsburg: P & R, 2015.

Charles Spurgeon, *Psalms*, 2 Bde., Crossway Classic Commentaries, Wheaton: Crossway, 1993.

C. H. Spurgeon, *Die Schatzkammer Davids: Eine Auslegung der Psalmen von C. H. Spurgeon*, 3. Aufl., Bielefeld: CLV, 2004.

Marvin E. Tate, *Psalms 51–100*, Word Biblical Commentary, Nashville: Thomas Nelson, 1990.

Willem A. VanGemeren, *Psalms*, Expositor's Bible Commentary, Bd. 5, Grand Rapids: Zondervan, 2008.

Bruce K. Waltke, James M. Houston, *The Psalms as Christian Worship*, Grand Rapids: Eerdmans, 2010.

Claus Westermann, *Praise and Lament in the Psalms*, Atlanta: John Knox Press, 1981.

George Whitefield, *Sermons of George Whitefield*, Wheaton: Crossway, 2012.

Michael Wilcock, *The Message of Psalms*, 2 Bde., The Bible Speaks Today, Downers Grove: IVP, 2001.

DANKSAGUNGEN

Ich danke The Proclamation Trust und Christian Focus Publications für die Erlaubnis, Material zu verwenden und anzupassen, das bereits in meinem zweibändigen Werk *Teaching Psalms* veröffentlicht wurde. Dies wiederum war die Frucht mehrerer Jahre, in denen ich in London im Rahmen des Cornhill Training Course die Psalmen unterrichtete und in verschiedenen Gemeinden sowie bei unterschiedlichen Konferenzen über die Psalmen predigte. Ich bin dankbar für alle, die zuhörten, nachfragten und mir Feedback gaben, um mein Verständnis in vielen Punkten zu schärfen und zu präzisieren. Ich danke außerdem einer Reihe von Theologen und Pastoren, mit denen ich bei Tyndale House zusammenarbeiten durfte, insbesondere Dr. James Hely Hutchinson und Dr. Kim Phillips. Auch danke ich meinen hervorragenden Lektoren, Carl Laferton und Katy Morgan, für ihre Ermutigung, ihre klugen Kommentare und die sorgfältige Arbeit an den Details.

Die Deutsche Nationalbibliothek verzeichnet diese Publikation in der Deutschen Nationalbibliographie; detaillierte bibliographische Daten sind im Internet über dnb.de abrufbar.

Titel des englischen Originals:
Psalms For You
© 2020 by Christopher Ash
Published by
The Good Book Company

www.verbum-medien.de
info@verbum-medien.de

Übersetzung:
Tanja Bittner
Lektorat:
Florian Gostner
Buchgestaltung und Satz:
Samuel Hinterholzer
Druck und Bindung:
Finidr

1. Auflage 2023
Best.-Nr. 8652 054
ISBN 978-3-98665-054-4
E-Book 978-3-98665-055-1
DOI 10.54291/h259588245

Solltest du Fehler in diesem Buch entdecken, würden wir uns über einen kurzen Hinweis an fehler@verbum-medien.de freuen.

Evangelium 21

Zu Evangelium21 gehören Christen aus verschiedenen Kirchen und Gemeinden, die ihren Glauben fest auf Jesus Christus gründen. Ausgerichtet auf die von den Reformatoren wiederentdeckten Wahrheiten – *Gnade allein, Glaube allein, die Schrift allein, Christus allein und zu Gottes Ehre allein* – setzt Evangelium21 Impulse, durch die Gemeinden gestärkt werden.

Als Anlaufstelle für Gleichgesinnte und Interessierte empfehlen wir Kontakte und Ressourcen. Die von uns angebotenen Materialen und Veranstaltungen betonen die Zentralität des Evangeliums für den Gemeindealltag und für das gesamte Leben.

evangelium21.net

www.verbum-medien.de